ATLAS ILUSTRADO DE LA GUERRA CIVIL ESPAÑOLA

Dirección editorial
Isabel Ortiz

Proyecto editorial
adosaguas

Coordinación editorial
Myriam Sayalero

Textos
Jesús de Andrés Sanz
Jesús Cuéllar Menezo

Documentación gráfica
Carmen del Río,
con la colaboración de
Marta Alegría y Hugo García

Maquetación
adosaguas

Mapas y cuadros
Fernando de Santiago

Preimpresión
Miguel A. San Andrés

Campezo, s/n-28022 Madrid
Tel.: 913 009 100-Fax: 913 009 118
Impreso en España

Jesús de Andrés
Jesús Cuéllar

Atlas ilustrado de la Guerra Civil Española

Prólogo de Paul Preston

susaeta

Sumario

Atlas ilustrado de la Guerra Civil Española

PRÓLOGO

PAUL PRESTON

Albert Camus ha sido quien mejor ha explicado la fascinación universal de la Guerra Civil Española al escribir lo siguiente: «Fue en España donde los hombres aprendieron que es posible tener razón y, aún así, sufrir la derrota; que la fuerza puede vencer al espíritu, y que hay momentos en que el coraje no tiene recompensa. Esto es, sin duda, lo que explica por qué tantos hombres en el mundo consideran el drama español como una tragedia personal». A los sesenta y nueve años de su estallido, la Guerra Civil Española todavía genera discusiones apasionadas y a veces crispadas. En muchos sentidos, su escala geográfica, la cantidad de bajas, las consecuencias demográficas y sus horrores tecnológicos, han quedado empequeñecidos por muchos conflictos posteriores. A la luz de la Segunda Guerra Mundial, Corea y Vietnam, y las guerras del Oriente Medio y del Golfo, la Guerra Civil Española puede parecer una riña menor y olvidable. Después de Hiroshima y de Dresde, la polémica provocada por el bombardeo de Guernica parece incomprensible. Los sucesos de Guernica se mantienen vivos gracias a la fuerza del cuadro de Picasso, pero se recuerdan sobre todo porque fue la primera destrucción total por bombardeo aéreo de un objetivo civil indefenso. Nos recuerdan que la Guerra Civil Española fue el ensayo de la guerra a escala mundial que se avecinaba y abrió las puertas a nuevas y horrendas formas de hacer la guerra que provocaron el terror del mundo.

No es de extrañar que la Guerra Civil Española siga despertando interés y debate, tanto de tipo académico como polémico. De hecho, tanto es así que se han publicado cerca de veinte mil libros sobre el conflicto. En un principio, esto fue debido al hecho de que durante casi cuarenta años, políticos, religiosos, militares y propagandistas del victorioso general Franco elaboraron una interpretación de la guerra cuya finalidad era justificar el golpe militar de 1936, la Guerra Civil y la consiguiente dictadura. Se nutrían cuidadosamente de los recuerdos de la guerra y de la sangrienta represión tanto para humillar a los vencidos como para recordar a los vencedores implicados en las redes franquistas de corrupción y represión que entre ellos y la venganza de sus víctimas solamente quedaba el Caudillo. Esta historiografía, o mejor dicho propaganda, provocó un contraesfuerzo tanto de los republicanos vencidos como de estudiosos independientes extranjeros. Ahora, a los casi treinta años de la muerte de Franco, hay pocos indicios de que la inundación se vaya a detener. Aunque pueda parecer una contradicción, la profusión de libros sobre el tema y la amargura de las polémicas recientes son tales que existe una fuerte justificación para un libro más como este espléndido *Átlas ilustrado de la Guerra Civil Española,* precisamente porque ofrece a los que no son ni historiadores especialistas ni polemistas políticamente motivados una guía fiable y equilibrada en un tema tan complejo y discutido.

En los últimos dos o tres años, ha sido apremiante la necesidad de una simple introducción tan falta de partidismos, tan lúcidamente escrita y tan profusa e inteligentemente ilustrada como esta. Dentro de España y más allá de sus fronteras, la ruptura final del tabú del llamado «pacto del olvido» ha tenido un impacto dramático. Las víctimas de la violencia republicana fueron recordadas y lloradas en los años inmediatamente posteriores a la Guerra Civil. Este no ha sido el caso de los muertos republicanos. Incluso después de la muerte del dictador, hubo una cortina de silencio en aras de la necesidad de alentar el crecimiento de la frágil flor de la democracia. No hubo ninguna iniciativa oficial pero, a nivel local, muchos historiadores seguían investigando la represión y, a veces, las listas que aparecieron en sus libros han sido las únicas lápidas para recordar la suerte de las víctimas. Últimamente, con la democracia ya suficientemente consolidada para sostener un debate serio sobre la Guerra Civil y sus consecuencias, ha cobrado una terrible urgencia debido a la inevitabilidad biológica de la desaparición de los testigos. La creación consiguiente de asociaciones dedicadas a la recuperación de la memoria histórica y el comienzo de unos intentos de localizar los restos mortales de los desaparecidos han ayudado a cerrar las heridas emocionales de las familias de las víctimas. Sin embargo, también ha provocado un resurgimiento de la polémica a manos de unos autores que quieren argumentar que los sufrimientos de las víctimas republicanas estaban, de alguna forma, justificados.

Estas nuevas polémicas llegan para complicar una tarea ya harto difícil para quien no es especialista con dedicación exclusiva al tema. Una proporción importante de la literatura duradera sobre la Guerra Civil Española fue producida en los años cuarenta por los mismos vencidos y muchos simpatizantes extranjeros, quienes presentaron la guerra como la lucha de un pueblo oprimido para conseguir una vida digna frente a las oligarquías reaccionarias y sus aliados nazis y fascistas. Durante la guerra fría, hubo una complicación añadida porque las interpretaciones antifranquistas de la guerra civil se dividían entre los que atribuyeron la victoria de Franco al apoyo generoso de Hitler y Mussolini, así como al espaldarazo furtivo de las democracias occidentales, por una parte, y los que explicaban todo en términos del aplastamiento estalinista de la revolución izquierdista en España. Luego, para complicar todavía más la cuestión, en los años sesenta, setenta y ochenta, sucesivas generaciones nuevas, viendo algunos paralelismos con las luchas de liberación nacional en Vietnam, Cuba, Chile y Nicaragua, buscaron inspiración en el idealismo y los sacrificios asociados con la experiencia española. Se complicaron más las cosas en los años noventa cuando la apertura de los archivos soviéticos dio un nuevo ímpetu a los que quieren ocultar o disminuir la lucha antifascista de la República española. Estar al tanto de esta masiva y constantemente cambiante producción historiográfica, y de los debates y discusiones que provoca, ya no está al alcance del lector medio.

Este problema se ha agudizado profundamente como consecuencia de la creación del movimiento para la recuperación de la memoria histórica de la Guerra Civil y de la represión posterior. En los años cuarenta, los propagandistas de Franco presentaron la Guerra Civil como una cruzada religiosa y heroica en contra de una conspiración bestial judeo-bolchevique-masónica, retratando a los vencidos como los peleles de Moscú y perpetradores sangrientos de sádicas atrocidades. Ahora, tales ideas han sido resucitadas por unos polemistas que han asumido la tarea de mancillar el impulso popular a favor de la recuperación de la memoria histórica. Nostálgicos de la dictadura, dichos escritores se permiten ignorar los inmensos logros investigadores de dos generaciones de historiadores españoles tachándolos de ser simplemente una fabricación de mitos políticamente correctos. Al hacer esto, han añadido un nivel de crispación al cotidiano debate político en España. La presencia continua de la Guerra Civil en el discurso político diario, y la continua avalancha de libros sobre el tema, causan inevitablemente una confusión para el lector no especialista. Por lo tanto, hay que agradecerles a Jesús de Andrés y Jesús Cuéllar su síntesis tan equilibrada y amena. La combinación de su texto tan lúcido y las ilustraciones brillantemente elegidas y maravillosamente reproducidas hacen de este *Átlas ilustrado de la Guerra Civil Española* un libro indispensable.

Escribir con sencillez sobre un tema tan complejo es una tarea muy difícil y es algo que han logrado admirablemente. No simplifican la Guerra Civil Española. Es imposible minimizar su tremenda importancia histórica. Más allá de su impacto trascendental dentro de España misma, la Guerra Civil Española fue el punto álgido internacional de los años treinta. Baldwin y Blum, Hitler y Mussolini, Stalin y Trotsky, todos desempeñaron papeles sustanciosos en el drama español. El Eje Roma-Berlín se fraguó en España a la vez que se descubrió brutalmente el fracaso de la política de apaciguamiento de las democracias. Franco creyó, con razón, que le había hecho un servicio enorme a Hitler al derrotar a la República, porque alteró fundamentalmente el equilibrio de poder en contra de los aliados occidentales. Una victoria republicana podría haber reforzado la defensa francesa a la amenaza fascista, podría incluso haber evitado el pacto Hitler-Stalin, disminuyendo drásticamente la confianza en sí mismo de Mussolini e, incluso, posiblemente podría haber evitado del todo la Segunda Guerra Mundial. Todo esto no es más que especulación. Lo que es absolutamente cierto es que la República española debilitó profundamente la capacidad militar de la Italia fascista. Además, mientras la República seguía luchando, Hitler no pudo lanzarse a la guerra total y por lo tanto los británicos tuvieron más posibilidad de organizar su propio rearme.

La dictadura de Franco fue la institucionalización de su victoria. Había perseguido deliberadamente una lenta guerra de desgaste, para destrozar al ejército republicano, implantando purgas horrendas en los territorios conquistados, toda una inversión de terror para establecer los cimientos de su futuro régimen. Los franquistas asesinaron a casi 150.000 hombres y mujeres entre 1936 y 1943. Los presos de guerra llegaron a más de 450.000 y muchos fueron obligados a servir en batallones de trabajo utilizados como mano de obra barata en la construcción de presas, puentes y canales de irrigación. El fruto más notorio de su trabajo fue el gran mausoleo de Franco, el Valle de los Caídos cerca de El Escorial. 400.000 españoles fueron obligados a partir al exilio, muchos de los cuales nunca volvieron. El coste emocional del exilio era, y es, incalculable. La gran mayoría sufrió una considerable privación material. Muchos tuvieron que alistarse en la Legión Extranjera Francesa, o fueron obligados a trabajar en las brigadas alemanas de mano de obra esclava o bien recluidos en campos de concentración o exterminio nazis. Para los que quedaron en España, la vida se basaba en el miedo diario. El hambre y la casi imposibilidad de encontrar trabajo disminuía la capacidad combativa de los vencidos. Para quien quiera empezar a entender esta historia trágica, y se sienta abrumado e inhibido por la colosal pila de libros sobre el tema, ya tiene en este *Átlas ilustrado de la Guerra Civil Española* el vademécum ideal.

Los antecedentes del conflicto

La guerra. Para generaciones de españoles, los que la vivieron y los que sufrieron directamente sus consecuencias, la guerra civil iniciada en 1936 fue la guerra a secas. A lo largo de casi tres años España fue centro de atención mundial. Hacia ella dirigieron sus miradas aquellos países europeos en los que la situación política no era menos delicada, aquellos en los que el fascismo ya se había aupado al poder y aquellos otros que, aunque más lejanos cultural o geográficamente, contemplaban con preocupación los continuos vaivenes experimentados por los regímenes de la Europa conformada tras la Primera Guerra Mundial. Sólo cuarenta años más tarde, al disolverse la dictadura a que la guerra dio lugar, España volvió a ser objeto de la curiosidad internacional, en este caso por un motivo mucho más agradable: la transición a la democracia que, además de homologar a nuestro país con el resto de las

ALEGORÍA DE LA REPÚBLICA
(Pág. 6) La II República española y los valores sobre los que se asentó personificados en forma de mujer. Tras ella, la bandera republicana: roja, amarilla y morada.

NIÑOS JUGANDO A LA GUERRA
(Pág. 7) Lo que en la década de 1920 era un juego de niños se convertiría en el mayor drama de la historia contemporánea española.

FERNANDO VII Y MARÍA CRISTINA DE BORBÓN
Defensor del absolutismo a ultranza, su antiliberalismo lastraría la evolución política de España en el siglo XIX. Su cuarta esposa, María Cristina de Borbón, madre de la futura Isabel II, sería regente entre los años 1833 y 1840.

democracias occidentales, vino, en cierta forma, a cerrar algunas de las heridas abiertas por aquel enfrentamiento.

La Guerra Civil ha sido el episodio central de nuestra historia contemporánea. A ella condujeron desencuentros y confrontaciones larvadas durante décadas y de ella han derivado los acontecimientos históricos desarrollados desde entonces, incluido nuestro presente más inmediato. No debe entenderse, sin embargo, tal y como se han precipitado a determinar algunos historiadores, que fuera un hecho inevitable. Ni la historia estaba escrita previamente ni fue fruto de ninguna maldición que pesara sobre el pueblo español. Simplemente fue la consecuencia directa del fracaso de un golpe de Estado, el del 18 de julio de 1936, en un momento de máxima tensión y polarización políticas. Una vez en marcha, eso sí, enseguida se destaparon odios, rencores y violencias hasta entonces desconocidos. Un inevitable afán por imponer ideas y conductas a propios y extraños completó el panorama de un conflicto que sólo acabó, como no podía ser de otra forma, con la victoria del más fuerte.

En un siglo plagado de guerras de todo tipo, la Guerra Civil Española no ha perdido en ningún momento el interés que despertó desde su inicio. En ella, además de españoles contra españoles, se enfrentaron por primera vez las principales ideologías del siglo XX –comunismo, fascismo, liberalismo democrático–, cuya batalla principal se trasladaría a la Segunda Guerra Mundial y a la posterior *guerra fría*. Paradojas de la historia, el transcurso de los años ha terminado invirtiendo el resultado de un conflicto cada vez más lejano en el tiempo, pero igualmente atractivo a los ojos de todo aquel interesado en descubrir el pasado.

CUBA
Más de cuatro siglos de presencia española en Cuba vieron su fin en el fatídico 1898. En la foto, arriada de la bandera.

EL *MAINE*
Acorazado estadounidense cuyo hundimiento sirvió de justificación para la declaración de guerra por parte de EE UU a España. En la fotografía, entrando al puerto de La Habana.

EL REINADO DE ALFONSO XIII

Cuando Alfonso XIII es proclamado Rey de España, en marzo de 1902, el sistema político de la Restauración no se encuentra en su mejor momento. Tan sólo cuatro años antes, en el fatídico 1898, se han perdido los últimos territorios de ultramar (Cuba, Puerto Rico y Filipinas) tras una humillante derrota en la guerra mantenida con Estados Unidos. Este descalabro provoca una grave crisis y abre un debate público en el que políticos e intelectuales intentan averiguar sus causas y buscan posibles soluciones.

Antonio Cánovas del Castillo, el político que organizó en 1874 el regreso de la dinastía borbónica, tras una serie de experiencias revolucionarias, e inspiró la Constitución de 1876, que daría paso al período constitucional más estable hasta la fecha, es asesinado por un anarquista italiano en 1897. Si el padre del nuevo rey, Alfonso XII, que reinó hasta 1885, fecha de su prematura muerte, y su madre, María Cristina, reina regente hasta su mayoría de edad, habían disfrutado de la tranquilidad política que acompañó al sistema ideado por Cánovas, el nuevo monarca alcanza la jefatura del Estado en un momento en el que los síntomas de desgaste de un modelo basado en la alternancia pactada de los dos grandes partidos políticos comienzan a ser palpables.

El siglo XIX español en poco había diferido de lo ocurrido en otros países europeos. Tras la invasión napoleónica de 1808, la lucha entre liberales y partidarios del antiguo régimen fue la constante que atravesó una época llena de conflictos, algaradas, pronunciamientos y otras manifestaciones diversas de la violencia política reinante. Esta lucha se manifestaría en la contienda inicial entre los liberales partidarios de la Constitución de Cádiz de 1812 y los absolutistas atrincherados al lado de Fernando VII, y tendría su continuación a lo largo de prácticamente todo el siglo en las

LA IGLESIA CATÓLICA Y LA RESTAURACIÓN
Identificado con la defensa de los valores tradicionales, Alfonso XIII favoreció cuanto pudo a la Iglesia. En 1918 se consagró España al Sagrado Corazón de Jesús. En la imagen, saliendo de un templo.

ISABEL II
Hija de Fernando VII y madre de Alfonso XII, en su largo reinado (1833-1868) se consolidó el tránsito al Estado liberal. Murió en París en 1904.

VIOLENCIA ANARQUISTA
Alfonso XIII y Victoria Eugenia sufrieron un atentado el día de su boda, tras lanzar Mateo Morral una bomba desde un balcón. El terrorismo anarquista acabó durante la Restauración con la vida de centenares de personas, entre ellas la de los presidentes del Gobierno Cánovas (1897), Canalejas (1912) y Dato (1921).

diferentes guerras carlistas. Unos, los liberales, se caracterizaron por defender la preeminencia del parlamento sobre el rey, que bajo la fórmula de la *monarquía constitucional* conservaba buena parte de su poder, a la vez que la vigencia de derechos y libertades; mientras que los absolutistas, por su parte, rechazaban la idea de representación y eran partidarios del gobierno del monarca, sin limitación alguna, y del papel principal de la Iglesia Católica en el juego político. Si Fernando VII fue un absolutista que sólo hizo concesiones a los liberales cuando se vio forzado a ello, como cuando, por ejemplo, tras el pronunciamiento de Riego de 1820 fue obligado a reponer la Constitución liberal y cínicamente pregonó aquello de «marchemos todos juntos y yo el primero por la senda constitucional», Isabel II se apoyó en los liberales para combatir a los carlistas que, respaldados por la Iglesia y los sectores más ultraconservadores de las zonas rurales de Navarra, Vascongadas, Cataluña y Aragón, pretendían restablecer un sistema absolutista que llevaba décadas disolviéndose. Junto a esta contienda, la creación de una Administración estatal estructurada (que incluyó una nueva división provincial en 1833) y de una conciencia nacional latente fueron los dos fenómenos que, con mayor o menor éxito, caracterizaron la acción política de dicho período.

Llegada la Restauración, el liberalismo se había impuesto de forma natural, recibiendo el apoyo incluso de la Iglesia Católica, que consideró más oportuna su presencia en el sistema que su oposición. No cabe decir lo mismo de la democracia. A pesar de que el sufragio se hizo universal (masculino) en junio de 1890, el sistema político se apoyó en una ficción democrática mediante la cual se celebraban elecciones no competitivas que permitían una

PROTAGONISTAS

ALFONSO XIII

Hijo de Alfonso XII y de María Cristina de Habsburgo, nace el 17 de mayo de 1886 en Madrid. Su educación reflejará el marchamo conservador y religioso impuesto por la corte y por su madre. En 1902, a los dieciséis años, accede a la mayoría de edad y a la corona, después de la regencia de María Cristina. El 31 de mayo de 1906 se casa con la nieta de la reina Victoria de Inglaterra, Victoria Eugenia de Battenberg, que renuncia a su confesión anglicana para desposarse. Ambos salen ilesos del atentado sufrido el día de la boda, que produjo más de 20 muertos. El nuevo monarca respetará al principio la alternancia política, pero se esforzará cada vez más por imponer su autoridad. En 1922, sin colaboración de la corte, realiza un viaje a la deprimida región de Las Hurdes. Un año después, ante el deterioro del orden público y la prolongada guerra de Marruecos, da su beneplácito al golpe de Estado de Primo de Rivera. En enero de 1930 la dictadura primorriverista es sustituida por la efímera «dictablanda» de Dámaso Berenguer, jefe de la Casa Militar del Rey. A pesar de la resistencia regia, en abril de 1931 tienen lugar las elecciones municipales que dan la victoria en las grandes ciudades a los partidos republicanos. Alfonso XIII abandona España ese mismo mes hacia el exilio. Muere en Roma en 1941, después de abdicar en su hijo, Juan de Borbón.

LA GENERACIÓN DEL 98

RAMÓN MARÍA DEL VALLE-INCLÁN
En sus obras satirizó a la sociedad española de comienzos de siglo. En Luces de Bohemia*, su mejor obra teatral, sentó los principios de lo que denominaría «esperpento».*

La expresión «Generación del 98», acuñada por Azorín en los artículos recopilados en el libro *Clásicos y modernos*, de 1913, denomina al heterogéneo grupo de intelectuales –novelistas, ensayistas, científicos y poetas– que, partiendo de una actitud de rebeldía y de crítica hacia la sociedad de la Restauración, saltó a la palestra en la época del llamado «Desastre del 98», que se concreta en la pérdida de las últimas colonias de ultramar: las Islas Filipinas y, sobre todo, Cuba. Ese conjunto de intelectuales inició, mediante la reflexión ensayística profunda y la incorporación de corrientes literarias europeas, una renovación de las lánguidas letras españolas del momento, que se prolongaría posteriormente en la llamada «Edad de Plata», cuyo principal exponente fue la «Generación del 27», principalmente poética.

Autores como Unamuno, Azorín, Baroja, Maeztu, Blasco Ibáñez, Valle-Inclán o los hermanos Antonio y Manuel Machado heredaron el pesimismo regeneracionista de Ganivet o Costa, para quien España era un enfermo asolado por el «mal gobierno», que sólo se salvaría mediante el progreso económico y la presencia de un régimen presidencialista de tintes autoritarios. En medio de la crisis de identidad nacional que propiciaron la derrota colonial y la emergencia de los nacionalismos catalán y vasco, los autores del 98, muy variopintos y carentes de un credo o un compromiso políticos unificadores, coincidieron en su preocupación por el legado de la historia de España y por el papel de ésta en el mundo, atacando la incuria de la clase política y buscando el remedio a las dolencias del enfermo patrio en el pueblo, depositario de los «valores españoles» y agente de esa «intrahistoria» definida en 1895 por Unamuno en *En torno al casticismo*, así como en cierto acercamiento a las naciones prósperas de Europa. En 1901, los novelistas Baroja y Azorín, y el ensayista Maeztu publicaron un manifiesto en la revista *Juventud*, mostrándose «deseosos de cooperar a la generación de un nuevo Estado social en España», mediante la «aplicación de la ciencia social a la miseria de la vida». Las críticas de este grupo al parlamentarismo liberal entroncarán posteriormente con diferentes corrientes europeas (unas autoritarias y otras democráticas) y se transmitieron a figuras como Ortega y Gasset (autor de *La rebelión de las masas*, que a veces se considera miembro de la propia Generación del 98), sirviendo de fundamento para propuestas de superación de dicho sistema completamente enfrentadas: Maeztu refrendará el golpe de Estado de Primo de Rivera, Antonio Machado apoyará la II República y su hermano Manuel se pondrá del lado de los golpistas tras el levantamiento militar del 18 de julio de 1936. La Generación del 98 legó a la vida intelectual española del siglo XX, y aun de nuestros días, una de sus obsesiones: la preocupación por el «problema de España».

BENITO PÉREZ GALDÓS (1843-1920)
El escritor canario, autor de una amplia obra en la que destacan las series de Episodios Nacionales*, ejercería un notable influjo sobre los autores noventayochistas.*

SAGASTA Y CÁNOVAS
Ambos políticos (en la imagen a la izquierda y a la derecha, respectivamente), líderes de los partidos conservador y liberal, son caricaturizados en distintas publicaciones de la época.

alternancia constante de los dos grandes partidos, el Liberal y el Conservador. Sagasta, al frente de los liberales, y Cánovas, de los conservadores, se turnaron sucesivamente en la dirección del Gobierno. Este fraude electoral era posible gracias a la particular estructura de poder clientelar existente: el denominado caciquismo. Los caciques, verdaderos *empresarios políticos,* conseguían el apoyo de sus clientelas naturales a través del intercambio de favores de todo tipo (un cargo, una licencia, un destino en el servicio militar, un trámite administrativo...) que eran devueltos en forma de voto y apoyo incondicional. A su vez, el cacique local estaba directamente relacionado con la élite madrileña con la que mantenía idéntico vínculo que, en último término, aseguraba la elección del Gobierno de turno. Ni que decir tiene que el funcionamiento de este sistema sólo se concebía gracias a la desmovilización social y a la ausencia de opinión pública.

LA CRISIS DE LA RESTAURACIÓN

Iniciado el siglo, por tanto, determinados grupos sociales e instituciones buscan una solución a la crisis del sistema. Los intelectuales, agrupados en torno a la Generación del 98, emprenden una reflexión sobre el futuro de España. Algunos, como Joaquín Costa, señalan el origen del problema: la oligarquía y el caciquismo, graves lacras que deben superarse regenerando el país con fomento e instrucción. Las clases industriales catalanas y vascas, muy afectadas por la definitiva pérdida de las colonias y escépticas ante el futuro de España, se repliegan en la exaltación de su propia identidad. Los excluidos, obreros y jornaleros, piden participar y se afanan en fortalecer sus organizaciones. Es el momento en el que surgen y se refuerzan los sindicatos y partidos socialistas, entre los que destacan la UGT y el Partido Socialista Obrero Español de Pablo Iglesias, y el movimiento anarquista. La Iglesia, que al calor del poder supo

ALFONSO XIII Y EL EJÉRCITO
La figura del rey-soldado, reinstaurada por Cánovas, hacía del monarca jefe natural del cuerpo de oficiales, evitando así el clásico intervencionismo militar. Sin embargo, el excesivo apoyo de Alfonso XIII al ejército le costaría la corona. En la imagen, en una entrega de despachos.

Antonio Maura
(Izquierda). Líder del partido conservador desde 1903, fue presidente del Gobierno en distintas ocasiones.

Conde de Romanones
(Al lado). Desde su posición prominente en el Partido Liberal ocupó distintos cargos: ministro, presidente del Gobierno, del Senado, alcalde de Madrid...

recuperar su posición privilegiada, es atacada desde distintos frentes: el Partido Liberal, en su deseo de marcar las diferencias con los conservadores, regresa a sus fueros anticlericales; socialistas y anarquistas la atacan como defensora de los intereses de la burguesía y portadora de sus principios; intelectuales como Galdós o Blasco Ibáñez critican su condición de rémora para el progreso. Los militares, en fin, humillados tras el desastre de las colonias y criticados por buena parte de la sociedad, reclaman el protagonismo perdido. Alejados en su momento del poder gracias a la habilidad de Cánovas, que a la vista de lo ocurrido hasta entonces consideró conveniente apartarlos, poco a poco consiguen, aumentando su presión, hacerse notar en la política nacional. La ocupación del norte de Marruecos, donde la Conferencia de Algeciras había favorecido en 1906 la presencia española, es la ocasión propicia para resarcirse de las deshonras y ofensas sufridas.

Aunque el turno electoral sigue su curso, siendo Francisco Silvela y Antonio Maura los líderes más destacados por los conservadores, y José Canalejas y el conde de Romanones por los liberales, los Gobiernos son más breves y la situación política se hace más compleja e inestable. La ocupación de Marruecos, alentada por un Maura deseoso de recuperar el prestigio internacional, tendrá mayores dificultades de las inicialmente previstas. La cólera popular se desata en 1909, en la denominada Semana Trágica de Barcelona, al ser movilizados los reservistas tras una grave derrota en el Barranco del Lobo, en Marruecos. Los mismos sectores que empujan a la presencia colonial apoyándose en un exaltado discurso patriótico compran la exclusión del servicio militar para sus hijos. A la guerra son enviadas las clases humildes que no poseen recursos pero

Huelgas obreras
(Arriba). Distintas oleadas de huelgas, impulsadas sobre todo por la CNT y la UGT, se extendieron por España durante la Restauración. En la imagen, un obrero cacheado en Madrid en 1911.

Campañas de Marruecos
A lo largo de dieciocho años (1909-1927), el conflicto marroquí enfrentó al ejército español con los habitantes del Rif. En la fotografía, soldados del Batallón de Figueras formados en un acuartelamiento melillense en 1909.

MIGUEL PRIMO DE RIVERA

Nace el 8 de enero de 1870 en Jerez de la Frontera, Cádiz, en el seno de una familia adinerada de tradición militar. En 1888 se gradúa en la academia militar de Toledo y marcha a su primer destino en Melilla. Posteriormente, es enviado a Cuba como ayudante del capitán general Martínez Campos y de allí retorna con el grado de teniente coronel. De nuevo en Marruecos, participa en la guerra de Melilla y accede al generalato en 1911. En 1915 es nombrado gobernador militar de Cádiz, en 1919 capitán general de Valencia y en 1922 de Barcelona, después de heredar de su tío Fernando, muerto en Annual el año anterior, el título de Marqués de Estella. Al llegar al poder el 13 de septiembre de 1923, mediante un pronunciamiento en la propia Ciudad Condal, Miguel Primo de Rivera carece de un programa de acción claro y su prioridad es recuperar el orden público y solucionar el problema marroquí. Disolvió las Cortes, suspendió las garantías constitucionales y, en Cataluña, donde la conflictividad callejera se superponía a las demandas regionales, acabó temporalmente con la actividad de la CNT –que quedará dividida entre posibilistas y extremistas de la FAI, fundada en 1927– pero enajenándose el apoyo de los regionalistas moderados al eliminar la Mancomunidad catalana. El régimen de Primo de Rivera participa de la retórica del «nuevo orden» mussoliniano, aunque dando prioridad al tradicionalismo que se resumía en el lema «Nación, religión y monarquía». A pesar de haber defendido en años anteriores la necesidad de abandonar Marruecos, en 1926 el dictador opta por la intervención y logra uno de sus principales éxitos, poniendo fin a la sangrienta guerra colonial norteafricana, tras aliarse con Francia para vencer a las tropas de Abd el Krim. Sin embargo, su programa desarrollista de «revolución desde arriba» no logró granjearse el apoyo de las clases adineradas –que consideraban a Primo un advenedizo–, de los políticos –a los que tanto había denostado– o de los intelectuales –ya en 1926 se constituyó Alianza Republicana, con figuras como Unamuno, Machado, Marañón o Negrín–. Las principales iniciativas políticas de Primo

de Rivera –la constitución del partido Unión Patriótica en 1924 y la organización de una Asamblea Nacional consultiva en 1927– fracasaron por falta de apoyos. La UGT, después de colaborar con el régimen en el establecimiento de comités paritarios y en otras reformas laborales, lo dio por muerto en 1929, al igual que la nobleza y el propio ejército, que había sido su principal apoyo. El 28 de enero de 1929, después de superar varias intentonas de deponerle por la fuerza, Primo de Rivera, con su salud muy debilitada, abandonó el poder y dio paso a Berenguer. El padre de José Antonio Primo de Rivera, fundador de Falange, que a su llegada al poder había sido considerado, en cierto sentido, el «cirujano de hierro» proclamado por Costa y que, después, sería precursor de algunos elementos del Estado nacional-católico franquista, murió exiliado en París el 16 de marzo de 1930 en un modesto hotel.

El general Primo de Rivera, presidente del directorio militar, a bordo del acorazado Victoria Eugenia *en un viaje a Marruecos.*

La neutralidad española
Distintos sectores de la sociedad española se posicionaron sobre la posible participación (y de qué lado) de España en el conflicto europeo. En la fotografía, manifestación de mujeres españolas en Washington protestando contra la ley de neutralidad.

que, llegado este momento, tienen mayor capacidad movilizadora que nunca. La Semana Trágica, en la que se unen reivindicaciones de sociedades obreras y estallidos de feroz anticlericalismo, culmina con la intervención del ejército y un centenar de muertos. El posterior fusilamiento del anarquista Francisco Ferrer Guardia, chivo expiatorio sometido a un irregular proceso, trae consigo lo único que faltaba, el descrédito internacional.

La dictadura de Primo de Rivera

La presencia en Marruecos, cada vez mayor, obliga a realizar un esfuerzo económico insoportable y lanza al país a la guerra abierta. Más de 65 000 soldados son enviados allí a partir de 1912, fecha en que se establece el protectorado. Se trata de un conflicto que a nadie favorece, excepto a los jóvenes oficiales del ejército africanista, que consiguen condecoraciones y ascensos a gran velocidad. Las diferencias entre éstos y los oficiales destinados en la península levantan agravios en los segundos. Aunque España no participa en la Primera Guerra Mundial no consigue, sin embargo, escapar del clima bélico internacional. En 1917, pasada la euforia económica inicial derivada de la no intervención en la guerra, distintos sectores económicos y sociales inician protestas, desde quejas corporativas hasta movimientos de tipo revolucionario, a lo largo y ancho del país. El conflicto marroquí llega a su punto álgido en 1921, cuando el ejército español es derrotado en Annual perdiendo buena parte del territorio conquistado desde 1909 y dejando miles de muertos en una retirada caótica. El escándalo desatado, un nuevo desastre, sitúa de nuevo a los militares en el punto de mira.

La creciente participación e influencia del ejército en la vida pública llega a su cenit el

El creciente peso militar
Pese a no participar en la Primera Guerra Mundial, la sociedad española experimentaría un elevado crecimiento del militarismo debido a las campañas en Marruecos. En la fotografía, misa de campaña en un parque.

PRIMO DE RIVERA Y MARRUECOS
El ataque de Abd el Krim a la zona francesa del protectorado, en 1925, dio lugar al entendimiento hispano-francés que provocaría el desembarco de Alhucemas. En la imagen, entrevista del dictador con el jefe de la zona francesa.

13 de septiembre de 1923, fecha en la que el general Primo de Rivera pone en marcha desde Barcelona, donde era capitán general, un pronunciamiento que conduce a la dictadura. En el manifiesto que explica su acción, pese a comenzar diciendo que «no tenemos que justificar nuestro acto», realiza un pormenorizado listado de todos los males que, desde su punto de vista, aquejan al país y respaldan su conducta: asesinatos, atracos, depreciación de la moneda, intrigas políticas, propaganda comunista y separatista... Inmediatamente se constituye un Directorio militar en Madrid que es apoyado por Alfonso XIII, vinculando de esta forma la suerte de la monarquía a la de la dictadura recién iniciada. El intervencionismo golpista del ejército, en vista del éxito alcanzado en esta ocasión, será una constante antiliberal en futuros contextos de crisis.

La dictadura de Primo de Rivera intenta atajar desde un primer momento los dos principales problemas: Marruecos y el orden público. En el primer caso, tras el desembarco de Alhucemas, facilitado por el acuerdo con Francia, se consigue la pacificación. En cuanto al orden público, la protesta es reprimida y, sin desaparecer del todo, mitigada. La oposición a la dictadura surge sobre todo del mundo universitario e intelectual. Unamuno, que es desterrado a Fuerteventura en 1924, será el símbolo de la lucha contra Primo de Rivera y su movimiento corporativo y antiliberal. La oleada de protestas en la universidad, iniciada en 1928 al concederse a la Iglesia la capacidad de expedir títulos universitarios (especialmente a los jesuitas de Deusto), acaba con el cierre de la Universidad de Madrid en 1929 y el abandono de sus cátedras, como señal de protesta, de profesores de la talla de Ortega y Gasset, Jiménez de Asúa o Sánchez Román, entre otros. Aunque la dictadura, en un primer momento, logra notables éxitos económicos (un ambicioso plan de obras públicas, un

LOS MILITARES «AFRICANISTAS»
La intervención en Marruecos y la creciente participación del ejército en la política serían el caldo de cultivo para los golpes de Estado militares. En la foto, de izquierda a derecha, en Alhucemas (Marruecos), tres militares golpistas: Sanjurjo, Primo de Rivera y Franco.

Empresas estatales
Durante la dictadura de Primo de Rivera se hizo un esfuerzo por modernizar el país, que incluyó la creación, en 1924, de la Compañía Telefónica Nacional de España. En la imagen, grupo de telefonistas.

Dámaso Berenguer
Tras la dimisión de Primo de Rivera, en enero de 1930, el general Berenguer será llamado por Alfonso XIII para presidir el nuevo Gobierno.

crecimiento importante de la producción industrial, la creación de empresas estatales...), fracasa en la articulación de un sistema político capaz de gestionar las demandas sociales. En 1924, imitando las dinámicas seguidas en la Italia de Mussolini, intenta crear un partido a su medida, la Unión Patriótica, que pese a su empeño fracasa estrepitosamente. Sin una ideología definida, sin unas instituciones firmes, sin apoyo popular y con el rechazo de una parte del propio ejército (donde el malestar por la cuestión de los ascensos da lugar a la declaración del estado de guerra en 1926 y, más aún, a la disolución del cuerpo de Artillería en 1929) el futuro del régimen se hace inviable. En el momento en que la situación económica empeora, a partir de 1929, y la movilización contra la dictadura aumenta, su caída es inevitable.

El advenimiento de la República

En enero de 1930, retirada la confianza de todos los sectores que le habían apoyado, Primo de Rivera abandona el poder y se traslada a vivir a París. Totalmente destruido el régimen liberal tras la dictadura, incluso en su versión ficticia de alternancias entre conservadores y liberales, Alfonso XIII nombra al general Berenguer nuevo presidente del Gobierno. El daño causado por la dictadura al sistema político fue enorme: no sólo impidió la normalización democrática del régimen de la Restauración, que podía haber incorporado a los sectores hasta entonces excluidos, sino que acabó con las estructuras dinásticas en las que se había apoyado la monarquía hasta entonces. Libres de la opresión de la dictadura, los opositores al régimen, republicanos y socialistas principalmente, experimentarán un auge insospechado. La conflictividad social vuelve a las calles. Los intelectuales, como Ortega y Gasset, Antonio Ma-

Obras públicas
La dictadura de Primo de Rivera realizó notables inversiones en infraestructuras. En la fotografía, construcción de una central hidroeléctrica en Villalba de la Sierra, en el río Júcar (Cuenca).

ALEJANDRO LERROUX (1864-1949)
Periodista y político republicano, líder del Partido Republicano Radical, sería jefe del Gobierno tras la victoria conservadora en las elecciones generales de 1933.

EL PACTO DE SAN SEBASTIÁN
Fachada del edificio donde se firmó, en 1930, el pacto por la República.

chado o Marañón, entre otros, se ponen del lado de la república. Viejos y nuevos políticos como Niceto Alcalá-Zamora, Miguel Maura, Manuel Azaña o Alejandro Lerroux no ocultan su opción política ni sus deseos de que se haga efectiva. En agosto de 1930 las fuerzas republicanas acuerdan la sustitución de la monarquía y las principales reformas que, una vez derribada, deberían llevarse a cabo. Es el denominado Pacto de San Sebastián, en el que participan partidos como Acción Republicana, Acció Republicana de Catalunya, el Partido Radical, la Organización Republicana Galega Autónoma (ORGA) o el Partido Republicano Radical Socialista, más un grupo de intelectuales que se incorpora a título propio. Su intención es, ante todo, conseguir la llegada del régimen republicano. La definición precisa de sus características y el diseño de sus instituciones son dejados para las futuras Cortes Constituyentes. Tan sólo se destaca, como concesión a los partidos catalanes que suscriben el Pacto, el compromiso de dotar a Cataluña de autonomía política.

La dictadura, además, ha provocado la división en el ejército: frente a una mayoría conservadora, autoritaria y monárquica, surgen grupos de republicanos y de defensores de la democracia que, junto con los agraviados por razones profesionales, se oponen a la monarquía. Como consecuencia de las diferencias y tensiones existentes, numerosas conspiraciones han pretendido derribar al régimen de Primo de Rivera. La conspiración del coronel Segundo García, en 1925, la *sanjuanada* de 1926 o la sublevación del regimiento de artillería de Ciudad Real, en 1929, forman parte del extenso catálogo de intentonas. A finales de 1930 los militares republicanos tratan de acabar con la monarquía a través de un pronunciamiento consumado en la ciudad de Jaca. Su fracaso convierte a Fermín Galán y Ángel García Hernández, jóvenes

PROTAGONISTAS

NICETO ALCALÁ-ZAMORA

El futuro presidente de la República entre 1931 y 1936 nació en 1877 en Priego de Córdoba, en una familia liberal y terrateniente. Licenciado en Derecho, inicia su carrera política con Romanones. En 1906 es elegido diputado y entre 1917 y 1922 ocupa sucesivamente los ministerios de Instrucción Pública, Fomento y de la Guerra. En 1930 se hace republicano, desengañado con el apoyo del rey a la dictadura. En agosto del mismo año preside el Comité Revolucionario antimonárquico que suscribe el Pacto de San Sebastián. Tras la victoria republicana en las municipales del 12 de abril, negocia con Romanones el exilio de Alfonso XIII. Ocupa la presidencia del Gobierno Provisional, pero deja el cargo por discrepancias en materia de reforma agraria y por la aprobación de la separación entre Iglesia y Estado. Sus críticas quedarán reflejadas en *Los defectos de la Constitución de 1931*.

El 11 de diciembre de 1931 Alcalá-Zamora se convierte en el primer presidente de la Segunda República, pero su labor moderadora no logrará satisfacer ni a la izquierda ni a la derecha. La victoria del Frente Popular en las elecciones de febrero de 1936 y la extrema polarización de la sociedad española conducen a su destitución. El golpe de Estado de 1936 le sorprende fuera de España. Se exilia primero en Francia y después en Argentina, en cuya capital muere en 1949, tras negarse al ofrecimiento franquista de regresar y negociar la devolución de sus bienes.

Galán y García Hernández
La sublevación de estos dos militares en Jaca fue un intento de acabar con la monarquía a través de la presión de las armas. A la izquierda, un cartel de homenaje elaborado durante la República. En la fotografía, dirigiéndose al juicio que les condenaría a muerte.

oficiales fusilados al día siguiente de su acción, en mártires del nuevo régimen que se anuncia. Tres días después de la sublevación de Jaca, el 15 de diciembre, la aviación vuelve a intentarlo sin éxito, siendo encarcelados los responsables políticos de ambas operaciones (Alcalá-Zamora, Fernando de los Ríos, Largo Caballero, Miguel Maura...). Otros implicados en el intento de acabar con la dictadura (Azaña, Lerroux, Prieto...) consiguen escapar a Francia. Presionado desde todos los ángulos posibles, Berenguer, que no ha tenido tiempo de poner en marcha su *dictablanda,* abandona el poder. El almirante Aznar toma el testigo al frente del Gobierno en febrero de 1931 e inmediatamente, apenas dos semanas después de hacerse con el poder, elabora un calendario electoral que se iniciará el 12 de abril, día en que tendrán lugar las elecciones municipales.

El anuncio de los comicios y la movilización despertada en torno a ellos los convierte en un plebiscito sobre la permanencia o no de la monarquía. Los candidatos republicanos y socialistas vencen en las ciudades, donde las elecciones ofrecen mayores garantías democráticas al escapar el voto del control de los caciques locales. En 41 capitales de provincia (Madrid, Barcelona, Valencia, Sevilla...) se imponen las candidaturas republicano-socialistas frente a las monárquicas. El día 13, ante la evidencia de los hechos, se reúne el Consejo de Ministros. El conde de Romanones, miembro más destacado del último Gobierno de la monarquía, aceptando el carácter plebiscitario de las elecciones, hace un certero balance de la situación que sería recordado en sus memorias: «mi tesis se redujo a sostener que aun suponiendo, y era mucho suponer, que el Gobierno contara con medios para resistir, no debíamos siquiera intentarlo, pues la fuerza se puede y se debe emplear contra los hechos revolucionarios, pero se carece de fuerza moral para emplearla contra las manifestaciones del sufragio. El

El Gobierno republicano
El Gobierno provisional durante una comida en la que se acordó ofrecer la presidencia de la República a Alcalá-Zamora.

PSOE y Partido Republicano Radical

PSOE (Partido Socialista Obrero Español)

Fundado en 1879 en Madrid por el tipógrafo Pablo Iglesias, quien también establecería en 1888 su rama sindical, la Unión General de Trabajadores (UGT), el PSOE, principal partido de la izquierda en los primeros años treinta, inicia la Segunda República sin haber resuelto su pugna interna entre moderados y radicales, que ya se había manifestado durante la dictadura de Primo de Rivera y que, ante el impacto de la Revolución Rusa de 1917, produjo en 1921 la escisión de parte de sus juventudes, que constituirían el Partido Comunista de España (PCE).

Los principales líderes del partido, Indalecio Prieto y Largo Caballero, sin determinar qué era más prioritario para el PSOE, sostener la República o promover un cambio social radical, acordarán cooperar por el momento con la Acción Republicana de Azaña en los gobiernos del primer bienio republicano, y así promover un régimen laico que tomara importantes medidas laborales, educativas o referentes al reparto de la tierra a través de la reforma agraria. La imposibilidad de profundizar en ésta hasta donde exigían las bases agrarias socialistas será determinante para explicar el fin de la coalición republicano-socialista. Tras las elecciones de noviembre de 1933, que ganarán la CEDA y el Partido Radical, los militantes y dirigentes del PSOE y la UGT se irán radicalizando.

La entrada de la CEDA en el gobierno en el otoño de 1934 dará la señal para el inicio de la revolución de octubre, que, con el apoyo de gran parte de los líderes del PSOE, trataba de establecer una república socialista. El desarrollo del levantamiento armado, que sólo logró aunar a todas las fuerzas obreras en Asturias y que cayó finalmente ante una represión que produjo cientos de muertos y detenidos, inclinará la balanza dentro del PSOE hacia la vía revolucionaria propugnada por Largo Caballero.

Los socialistas concurrirán a las elecciones de febrero de 1936 dentro del Frente Popular de izquierdas, pero no habrá un presidente de gobierno socialista hasta septiembre de 1936, momento en que el propio Largo Caballero accederá al cargo, una vez iniciada la guerra.

El gabinete, que tratará de acercarse a la CNT y que contará con Prieto en el Ministerio del Aire y la Marina, dará paso en marzo de 1937 a otro presidido por el también socialista Negrín, quien, sin embargo, se apoyará sobre todo en los comunistas, avalados por el apoyo bélico soviético.

Tras la caída de la República, los principales líderes socialistas se dispersarán por el exilio o serán víctimas de la represión franquista, y el PSOE, que mantendrá viva su estructura, sobre todo fuera de España, se convertirá en uno de los principales partidos de la transición democrática posterior a la muerte de Franco.

Partido Republicano Radical

La figura del abogado y periodista Alejandro Lerroux (1864-1949) domina la trayectoria del Partido Radical, fundado en Barcelona en 1908 con la pretensión de aunar a las clases medias anticatalanistas y alarmadas por las tendencias revolucionarias de socialistas y anarcosindicalistas, en torno a un discurso republicano vagamente progresista, anticlerical y fundamentalmente demagógico.

El Partido Radical, presente en el pacto de San Sebastián y en los primeros gobiernos republicanos, apoyará inicialmente, desde una cierta opción de centro, las medidas laicizantes y anticlericales del primer bienio, hasta que sus disensiones con los socialistas muestren claramente su giro a la derecha, que se materializará en las elecciones de noviembre de 1933. Entre esta fecha y octubre de 1934, momento en que la CEDA entra en el gobierno, los gabinetes sólo estarán integrados por miembros del Partido Radical, aunque siempre con el apoyo exterior de la coalición derechista. En medio de la contrarreforma que suponen los gobiernos del periodo, de la aguda agitación social y de la competencia de radicales y cedistas por el control de las clientelas locales, el partido de Lerroux, a falta de unas bases y de una ideología inequívocas, se irá descomponiendo progresivamente. Llegará solo a las elecciones de febrero de 1936 (después de dos escisiones y de los escándalos financieros que precipitarán su salida del gobierno), quedando al margen de los frentes de derecha e izquierda que determinarán el resultado electoral. La influencia del Partido Radical, que pasará de tener 93 diputados en 1931 a 8 en 1936, desaparecerá por completo durante la Guerra Civil. Alejandro Lerroux, que durante la contienda y hasta 1947 permanecerá exiliado en Estoril, Portugal, volverá a España en ese mismo año y morirá en Madrid en 1949.

Comité Nacional del Partido Republicano Radical, presidido por Alejandro Lerroux (sentado, con gafas, en el centro), en una reunión celebrada en el Congreso. Arriba, Pablo Iglesias.

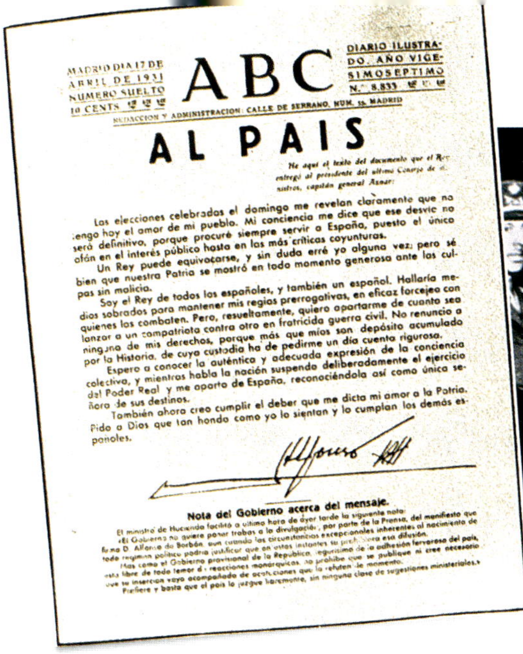

MADRID DIA 17 DE ABRIL DE 1931 NUMERO SUELTO 10 CENTS.

ABC

DIARIO ILUSTRADO. AÑO VIGESIMOSEPTIMO N.º 8.833

REDACCION Y ADMINISTRACION: CALLE DE SERRANO, NUM. 55. MADRID

AL PAIS

He aquí el texto del documento que el Rey entregó al presidente del último Consejo de ministros, capitán general Aznar:

Los elecciones celebrados el domingo me revelan claramente que no
tengo hoy el amor de mi pueblo. Mi conciencia me dice que ese desvío no
será definitivo, porque procuré siempre servir a España, puesto el único
afán en el interés público hasta en las más críticas coyunturas.

Un Rey puede equivocarse, y sin duda erré yo alguna vez; pero sé
bien que nuestra Patria se mostró en todo momento generosa ante las culpas sin malicia.

Soy el Rey de todos los españoles, y también un español. Hallaría medios sobrados para mantener mis regias prerrogativas, en eficaz forcejeo con
quienes los combaten. Pero, resueltamente, quiero apartarme de cuanto sea
lanzar a un compatriota contra otro en fratricida guerra civil. No renuncio a
ninguno de mis derechos, porque más que míos son depósito acumulado
por la Historia, de cuya custodia ha de pedirme un día cuenta rigurosa.

Espero a conocer la auténtica y adecuada expresión de la conciencia
colectiva, y mientras habla la nación suspendo deliberadamente el ejercicio
del Poder Real y me aparto de España, reconociéndola así como única señora de sus destinos.

También ahora creo cumplir el deber que me dicta mi amor a la Patria.
Pido a Dios que tan hondo como yo lo sientan y lo cumplan los demás españoles.

Alfonso XIII

Nota del Gobierno acerca del mensaje.

El ministro de Hacienda facilitó a última hora de ayer tarde la siguiente nota:
«El Gobierno no quiere poner trabas a la divulgación, por parte de la Prensa, del manifiesto que firma D. Alfonso de Borbón, aun cuando las circunstancias excepcionales inherentes al nacimiento de todo régimen político podría justificar que en estos instantes se prohibiera esa difusión.
Mas como el Gobierno provisional de la República, seguro de la adhesión fervorosa del país, está libre de todo temor de reacciones monárquicas, no prohíbe que se publique ni cree necesario que su inserción vaya acompañada de acotaciones que la refuten de momento.
Prefiere y basta que el país lo juzgue libremente, sin ninguna clase de sugestiones ministeriales.»

Carta de Alfonso XIII
Desde su exilio en París, Alfonso XIII publicaría en el diario monárquico ABC *una carta explicando las razones de su salida de España.*

El Exilio
Tras un largo viaje (Madrid-Cartagena-Marsella-París), Alfonso XIII llega a la capital francesa, donde es recibido por las autoridades galas.

máuser es un arma inadecuada contra el voto». El día 14, a la vez que en Éibar (Guipúzcoa) se inicia la celebración por el resultado obtenido, celebración que se extendería enseguida a Barcelona y San Sebastián, el rey pide a Romanones que establezca contacto con los líderes republicanos. Tras conversar con Alcalá-Zamora, quien había sido su secretario particular, y corroborar que el general Sanjurjo, al mando de la Guardia Civil, ha hecho saber que no seguirá apoyando al régimen monárquico, Romanones aconseja al rey, tal y como exigen los líderes republicanos, que abandone inmediatamente España. A primera hora de la tarde, mientras la multitud agita banderas republicanas en la Puerta del Sol madrileña, Alfonso XIII emprende el camino del exilio. En automóvil se dirige hasta el puerto de Cartagena, donde embarcará al amanecer del día 15 rumbo a Marsella. De forma pacífica, sin violencia, el 14 de abril se proclama la República.

La nueva constitución

Tras la festiva llegada del nuevo régimen se constituye un Gobierno Provisional en el que están integrados desde republicanos conservadores como su presidente, Alcalá-Zamora, centristas, como Lerroux (ministro de Estado), o de izquierda, como Azaña (ministro de Guerra), hasta socialistas como Francisco Largo Caballero (Trabajo), Indalecio Prieto (Hacienda) y Fernando de los Ríos (Justicia). Su proyecto, ambicioso y transformador, expresado al día siguiente de la proclamación de la nueva República en un documento público, tendrá antes que controlar a las propias fuerzas republicanas que, animadas por el cambio, pretenden tomar su propio camino: la proclamación unilateral de un Estado catalán por parte de Macià en Barcelona o el incendio de conventos a manos de anticlericales descontrolados nada ayudan a consolidar a un joven sistema con no pocos ene-

La fiesta republicana
La República es celebrada por la multitud en las principales ciudades españolas. En la fotografía, la Puerta del Sol madrileña el 14 de abril de 1931.

LA CUESTIÓN RELIGIOSA
Las políticas de laicización despertaron la oposición de los sectores conservadores y la actividad antirrepublicana de la Iglesia Católica.

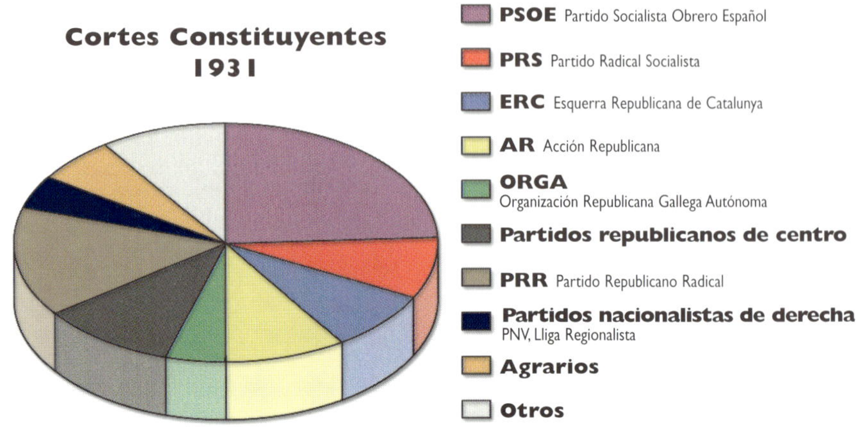

migos. Sin duda, las intenciones de los integrantes del Gobierno son diferentes y diversas. Para los primeros, los republicanos moderados, el nuevo régimen debe limitarse a articular una democracia liberal que renueve las corrompidas dinámicas políticas de la monarquía pero sin ir más allá en la modificación de la estructura social. Para los republicanos de izquierda, por su parte, es imprescindible una transformación cultural radical que saque al país del analfabetismo, la superstición y el atraso para sentar las bases de una modernización efectiva que debe pasar por la construcción de un Estado laico, separado de la perniciosa influencia de la Iglesia, liberal y democrático en su sentido más profundo. Para los socialistas, en el seno de cuyo partido coexisten corrientes bastante distintas entre sí, el objetivo compartido es el de la creación de un marco político que permita avanzar hacia un futuro sistema socialista (bien a través de un sistema democrático liberal, bien a través de la dictadura del proletariado) y, a corto plazo, corregir los desequilibrios y desigualdades que afectan a las clases más desfavorecidas. Pese al acuerdo en lo fundamental, las tensiones no tardan en surgir.

En primer lugar se aborda la creación de un marco constitucional, para lo que se convocan inmediatamente elecciones a Cortes Constituyentes que se celebran, en medio de la máxima expectación, el 28 de junio de 1931. El resultado es mayoritariamente favorable para las candidaturas compuestas por republicanos de izquierda y socialistas, consiguiendo el PSOE, el único partido con una organización digna de tal nombre en todo el territorio, un total de 114 diputados (incluidos algunos destacados profesores universitarios como Julián Besteiro, Jiménez de Asúa o Juan Negrín, entre otros). En los escaños del Parlamento republicano se sientan representantes de todas las tendencias y

ACCIÓN REPUBLICANA/ IZQUIERDA REPUBLICANA

Tanto Acción Republicana (AR) como Izquierda Republicana (IR), formados en 1925 y 1934, se articulan en torno a Manuel Azaña (1880-1940). Gracias a él AR deja de ser una mera agrupación de intelectuales republicanos para convertirse en pilar gubernamental entre 1931 y 1933. Los gabinetes de coalición entre Acción Republicana, los radical-socialistas de Marcelino Domingo y el PSOE impulsarán las políticas más innovadoras y controvertidas de la Segunda República, que concitarán la oposición de la derecha, e incluso de sectores republicanos, sin complacer tampoco a la izquierda revolucionaria.
En 1933, la coalición reformista, fragmentada y desmoralizada, pierde el poder en las elecciones de noviembre frente a una derecha mucho más organizada en la CEDA y un Partido Radical que ya había dejado de apoyar las reformas. En 1934, Azaña se decide a articular un amplio proyecto de republicanismo progresista y forma Izquierda Republicana a partir de AR, la Organización Republicana Gallega Autónoma (ORGA) y parte considerable del radical-socialismo. El proyecto se verá interrumpido por la detención de su fundador tras la revolución de octubre de 1934. El momento culminante de IR no llega hasta 1936, cuando se constituye en principal impulsora del Frente Popular, gran coalición de izquierdas vencedora en las elecciones de febrero del mismo año. Después de los comicios, Azaña accede a la Presidencia de la República, pero su partido, minoritario y carente de base popular, va perdiendo importancia frente al empuje político y miliciano de socialistas, anarquistas y comunistas. Durante la guerra se mantiene en un forzado segundo plano, pero no dimite hasta el 27 de febrero de 1936, ya en el exilio francés, en el que muere el 4 de noviembre de 1940.

LOS NUEVOS SÍMBOLOS
La bandera republicana es izada en el balcón del Ministerio de la Gobernación, en la Puerta del Sol de Madrid.

EL APOYO DE LOS INTELECTUALES
Desde un primer momento, la República contó con el apoyo firme de la mayor parte de la intelectualidad española. En la fotografía, el escritor Ramón Pérez de Ayala, que sería embajador en Londres entre 1931 y 1936.

regiones junto a lo más granado de la élite política y cultural. Entre los diputados se cuentan 64 catedráticos y medio centenar de escritores y periodistas. Intelectuales y profesores como Gregorio Marañón, Ortega y Gasset, Sánchez Román o Unamuno protagonizan el debate público parlamentario; Américo Castro, Salvador de Madariaga y Ramón Pérez de Ayala son nombrados embajadores.

Las nuevas Cortes celebran su primera sesión coincidiendo con la simbólica fecha del 14 de julio, aniversario de la toma de La Bastilla durante la Revolución Francesa. Para la redacción de un borrador de la nueva Constitución se elige a una comisión encabezada por Jiménez de Asúa, socialista moderado, e integrada por veinte diputados más de todas las tendencias. En apenas tres semanas se redacta la ponencia que es presentada a las Cortes para su discusión. La elaboración y aprobación del nuevo texto constitucional, por tanto, queda en manos de la coalición vencedora en las elecciones de junio: un heterogéneo grupo integrado por republicanos de izquierda y socialistas, prácticamente el mismo que sustenta y forma parte del Gobierno Provisional con la excepción de los republicanos más moderados y conservadores. En líneas generales, no hay gran debate en torno a la forma del Estado presentada en el borrador: supremacía legislativa (con una sola cámara), independencia judicial, reconocimiento y autonomía para las regiones, presidente de la República elegido por un período de seis años que designa al jefe del Gobierno (que debe a su vez ser aprobado por las Cortes), etc..

La discusión estalla en el mes de octubre al debatirse la redacción definitiva del artículo 26, que trata de normali-

LAS CORTES CONSTITUYENTES
Presionadas por la urgente necesidad de articular el sistema político de la República, la nueva Constitución fue redactada en apenas cinco meses. En la imagen, componentes de la mesa de las Cortes en 1931. Con las manos entrelazadas, su presidente, Julián Besteiro.

LA DERECHA CATÓLICA *Su líder, Gil Robles, aglutinaría el descontento de amplios sectores de la sociedad con la República. En la fotografía, durante una visita a la fábrica de armas de Guernica en 1935.*

zar las relaciones entre el Estado y la Iglesia Católica y que en el borrador de la comisión dice que todas las confesiones serán consideradas como asociaciones sometidas a las leyes generales del país; que el Estado no podrá, en ningún caso, favorecer ni auxiliar económicamente a las iglesias, asociaciones e instituciones religiosas; y que el Estado podrá disolver determinadas órdenes religiosas y nacionalizar sus bienes. En realidad, la intención de los gobernantes republicanos no va más lejos de lo acontecido en otros países europeos que han definido sus respectivas separaciones en las décadas anteriores. En el caso español la reacción de la Iglesia, y de los grupos apoyados por el clero, es proporcional a los desmedidos privilegios de que disfruta. El debate, sin embargo, se convierte en una discusión sin fin sobre los beneficios o desgracias, dependiendo de las posturas, que el catolicismo ha traído consigo para la historia de España. El ministro de Fomento, Álvaro de Albornoz, dirá que «al influjo teológico de la Iglesia se deben las taras de nuestro carácter, el sentido inquisitorial de la justicia, el sentimiento catastrófico de la vida, que incapacita al país para una reforma moderna». Para Gil Robles, representante de los grupos católicos, el artículo 26 es un ataque «contra las mejores tradiciones españolas»; Antonio Pildáin, diputado nacionalista vasco y sacerdote (nombrado obispo en 1936), llega a afirmar que, en caso de aprobarse, cabe la «resistencia activa a mano armada». Manuel Azaña, ministro de Guerra, que juega un papel fundamental para conseguir la aprobación del artículo, dirá un año después que «la Iglesia no tenía derecho a utilizar al Estado como su brazo secular, que le pagara sus gastos del culto, impusiera sus puntos de vista espirituales a la juventud y controlara funciones tales como el matrimonio y el entierro». El artículo se acepta finalmente el 13 de octubre y provoca la dimisión de los dos miembros más conservadores, católicos practicantes, del Go-

PROTAGONISTAS

JOSÉ MARÍA GIL ROBLES

Nace el 27 de noviembre de 1898 en Salamanca. En 1919 se licencia en Derecho y en 1922 logra una cátedra en La Laguna (Tenerife). Durante la dictadura de Primo de Rivera es secretario de la Confederación Nacional Católico-Agraria. Ya en la República, funda Acción Nacional (después Acción Popular), germen de la CEDA y eje gubernamental, junto a los radicales, entre 1933 y 1936. En mayo de 1935 es nombrado ministro de la Guerra. Tras la victoria del Frente Popular en febrero de 1936, su ambigüedad respecto al acatamiento de la legalidad republicana (el llamado «accidentalismo») y la utilización de la violencia contra la revolución acabarán por hacerle perder el apoyo de los monárquicos y de la extrema derecha, ahora subyugada por la oratoria incendiaria de Calvo Sotelo.

Siempre cercano a los militares «africanistas», después del golpe militar del 18 de julio trata de conseguir en Lisboa armas para los rebeldes, pero, tras la guerra, vive en el exilio hasta 1953. En la década de 1960 es partidario de una «convergencia democrática» que facilitara la sustitución del franquismo. Muere el 14 de septiembre de 1980 en Madrid. Entre sus libros figuran *No fue posible la paz* (1968) o *La monarquía por la que yo luché* (1976).

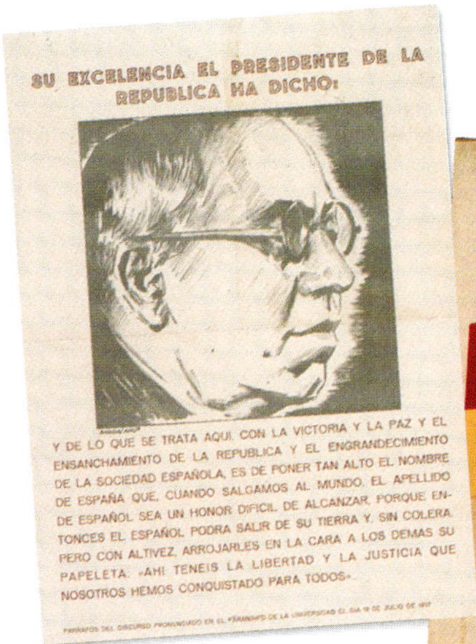

MANUEL AZAÑA (1880-1940) *Intelectual, político y escritor; ocuparía los cargos de presidente del Gobierno y presidente de la República.*

DEFENSORES Y AGRESORES *La República recibió ataques desde todos los ángulos que acabaron debilitándola. El posicionamiento, a favor o en contra, movilizaría a la sociedad española.*

bierno Provisional: su presidente, Alcalá-Zamora, y el ministro de Gobernación, Miguel Maura. Azaña es nombrado presidente de un Gobierno Provisional en el que apenas introduce cambios. La cuestión religiosa ha supuesto la primera fractura para el nuevo régimen y ha abierto heridas que no cicatrizarán: para Gil Robles toda acción política deberá encaminarse a la revisión constitucional que acabe con el laicismo, cuando no directamente al fin de la República.

La nueva Constitución es aprobada el 9 de diciembre de 1931. La necesidad de recuperar a los republicanos conservadores y el prestigio de su figura hacen que Alcalá-Zamora sea elegido presidente de la República Española un día después. Azaña es designado de nuevo presidente del Gobierno (que deja de ser provisional) el día 16: sus dotes políticas, su gestión al frente del ministerio de Guerra y su participación en los debates parlamentarios le han convertido en el político más destacado del momento. En coalición con los socialistas, a los que prefiere tener cerca y no en la oposición, el Gobierno de Azaña intenta poner en marcha los objetivos compartidos que posibilitaron la llegada de la joven República, es decir, los de conseguir un Estado democrático, laico y moderno, y sobre los que en cierta medida ya ha discurrido la labor del Gobierno Provisional.

REFORMAS Y PROBLEMA TERRITORIAL

El camino democrático emprendido es constatable tanto en la celebración abierta de elecciones como en el proceso de elaboración de la nueva Constitución. Más problemas tiene el intento, en un breve espacio de

EL PRIMER PRESIDENTE *Niceto Alcalá Zamora sería elegido primer presidente de la República Española con la unanimidad de todos los grupos políticos, manteniéndose en la jefatura del Estado entre diciembre de 1931 y abril de 1936. En la imagen, litografía alegórica de la República y su presidente.*

LAS GRANDES REFORMAS
La autonomía catalana y la reforma agraria serían dos de las cuestiones más importantes abordadas por la República. La prensa jugaría un papel destacado en la formación de la opinión pública.

HERALDO DE MADRID

Precio: Diez céntimos

Dieciséis páginas

Los representantes parlamentarios de los diversos partidos opinan sobre la Reforma agraria y el Estatuto de Cataluña

"EN AMBAS LEYES—DICE LERROUX—SE HA LLEGADO A UNA FORMULA, QUE, SIN SER LA DE NUESTRA PREFERENCIA, RESPETAREMOS Y CUMPLIREMOS CON TODA LEALTAD"

LA BELLEZA DEL CUERPO FEMENINO

Página 14 — HERALDO DE MADRID

LAS SESIONES DE CORTES

CON ANIMACION EXTRAORDINARIA Y ASISTENCIA DEL GOBIERNO Y TODOS LOS DIPUTADOS SON APROBADAS LAS LEYES DE ESTATUTO DE CATALUÑA Y DE REFORMA AGRARIA

También son aprobados todos los dictámenes que figuraban en el orden del día

La ley de Reforma agraria ha sido aprobada por 318 votos contra 19 y el Estatuto de Cataluña por 314 contra 34

Estos resultados son acogidos con ovaciones y vivas a España y a Cataluña

Queda aprobado el Estatuto

tiempo, de generalizar el laicismo o modernizar las estructuras agrarias del país. En su afán por recuperar el tiempo perdido, la República pone en marcha un ambicioso plan educativo: entre 1931 y 1933 se habilita a más de 7.000 maestros y se crean más de 10.000 nuevas escuelas. La Iglesia, que hasta ese momento se ha ocupado prácticamente sin competencia de la educación en España, se ve duramente afectada. Siguiendo el precepto constitucional, se prohíbe la enseñanza por parte de las órdenes religiosas y se disuelve la Compañía de Jesús. Otras decisiones encaminadas a restringir la presencia de la religión en el ámbito público, la aprobación del divorcio, la ley sobre cementerios civiles o los conflictos con la jerarquía eclesiástica terminan de movilizar a los católicos, si no lo estaban ya bastante, en contra del nuevo régimen.

La reforma agraria, aprobada en septiembre de 1932, intenta redistribuir la propiedad de la tierra, mayoritariamente en manos de la nobleza terrateniente. Para ello se apoya en la expropiación de latifundios y en el asentamiento de campesinos en las tierras expropiadas. El rechazo de los afectados y la lentitud de los trámites burocráticos impiden que se avance lo suficiente aunque consiguen, de nuevo, enfrentar a la República con poderosos sectores sociales. Además se intenta reformar al ejército, aquejado de un exceso de oficialidad y demasiado involucrado en asuntos políticos. Azaña ha llevado a cabo desde un primer momento, al poco de ser nombrado ministro de Guerra en el Gobierno Provisional, una impecable reforma desde el punto de vista técnico que, sin embargo, ni es consensuada con los afectados ni va acompañada de una modernización del propio ejército, levantando, de nuevo,

LA EDUCACIÓN
El esfuerzo educativo realizado por la República no tendría parangón en todo el siglo XX. En la fotografía, escolares aprendiendo a modelar.

Cataluña
Distintos partidos políticos defendieron los derechos históricos y la particular identidad catalana. En la imagen, cartel de Acció Catalana.

Lluís Companys i Jover (1883-1940)
Presidente de la Generalitat de Cataluña en distintos momentos (1934; 1936-1939), fue uno de los máximos representantes del nacionalismo catalán de izquierda.

oposiciones y hostilidad. De esta forma, la República se gana en sus dos primeros años de existencia el rechazo, que tan caro terminará costándole, de la Iglesia, los terratenientes y una parte del ejército.

Junto a estas reformas, la cuestión territorial, especialmente la catalana, es otro de los ejes de discusión sobre los que gira la política republicana. Desde el último cuarto del siglo XIX y de forma principal a partir del «desastre» de 1898, determinados sectores sociales catalanes y, en menor medida, vascos y gallegos, van a impulsar el conocimiento y reconocimiento de sus diferencias culturales, las cuales, poco a poco, consiguen articularse políticamente. Durante el reinado de Alfonso XIII, la clase política catalana se agrupa en torno a la Lliga Regionalista, partido conservador de la burguesía que formará parte activa de la política española del momento y que es dirigido por Prat de la Riba (fundador del Institut d'Estudis Catalans), hasta su fallecimiento en 1917, y Francesc Cambó, posteriormente. La vinculación de la Lliga con la monarquía favorece que otros grupos catalanistas de izquierda protagonicen la transición al nuevo régimen republicano. Formarán parte del pacto de San Sebastián políticos como Carrasco Formiguera, por Acció Catalana, Matías Malliol, por Acció Republicana de Catalunya, y Jaume Aiguader, por Estat Català. Junto a ellos, el galleguista Santiago Casares Quiroga, por la ORGA, completa la representación de los regionalismos; el Partido Nacionalista Vasco, anclado en su particular tradicionalismo, no suscribió el Pacto. Con el advenimiento de la República, el 14 de abril, el coronel Macià, cofundador junto a Lluís Companys

Esquerra Republicana de Catalunya
Partido hegemónico de la izquierda republicana catalana y del catalanismo en general. Maciá y Companys, presidentes de la Generalitat, fueron sus principales líderes. Algunas acciones irresponsables de ambos (1931, 1934) pusieron en jaque a la República.

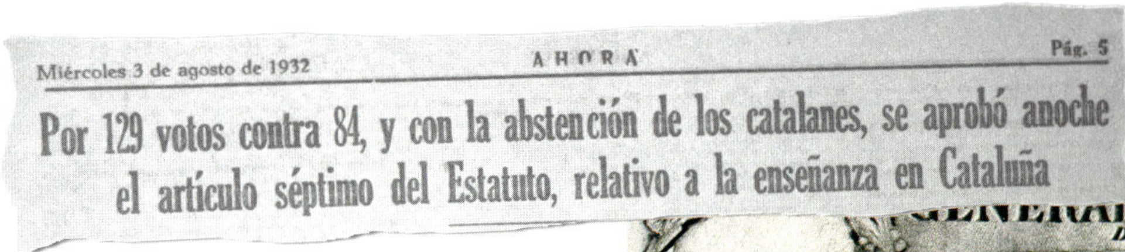
Miércoles 3 de agosto de 1932 AHORA Pág. 5

Por 129 votos contra 84, y con la abstención de los catalanes, se aprobó anoche el artículo séptimo del Estatuto, relativo a la enseñanza en Cataluña

LA AUTONOMÍA CATALANA
Tras una larga discusión, el Estatuto de autonomía catalán se aprueba en septiembre de 1932. En vigor hasta 1939 (con un pequeño paréntesis entre octubre de 1934 y febrero de 1936), sentaría las bases sobre las que se estructura la actual autonomía de Cataluña.

de Esquerra Republicana de Catalunya, proclama, como ya se ha señalado, el Estado catalán, invitando a otras regiones a asociarse en una federación ibérica. Asustado por la inesperada acción de Macià, el Gobierno Provisional envía a Barcelona a dos de sus ministros catalanes, Marcelino Domingo y Nicolau d'Olwer, junto a un socialista, Fernando de los Ríos, para intentar frenar una operación que puede tener consecuencias fatales para el nuevo sistema. Entre los tres consiguen convencer al anciano líder catalán para que espere a la elaboración de una Constitución republicana que, tal y como se pactó en San Sebastián, incluirá la autonomía para Cataluña, y a la aprobación de su Estatuto por las Cortes. A cambio, Macià presidirá la Generalitat, que en los meses que transcurren hasta la aprobación del texto constitucional hace las veces de régimen preautonómico, mientras que Companys es nombrado gobernador civil de Barcelona, en un primer momento, y ministro de Marina, tras la formación del Gobierno de Azaña. Entre los meses de mayo y septiembre de 1932 se discute en las Cortes el proyecto de Estatuto catalán, dando lugar a no pocos enfrentamientos. Finalmente es aprobado el 15 de septiembre de 1932. Tras la revolución de octubre del 34 –que abordaremos más adelante– será disuelta la Generalitat; su restitución vendrá de la mano de la victoria del Frente Popular en las elecciones de febrero de 1936. En el caso del Estatuto vasco, éste tiene más problemas debido a la renuncia de Navarra a incorporarse al mismo y al escaso entusiasmo que despierta en Álava (donde no se llega al 50% de votos en el referéndum de noviembre de 1933), por lo que no será aprobado hasta octubre de 1936, una vez comenzada la guerra. El Estatuto de autonomía gallego es refrendado en junio de 1936, sin que hubiera tiempo para ser discutido en las Cortes.

LA CEDA

Con la pretensión de ser una gran coalición de derecha, la CEDA, en cierto modo heredera ideológica de la Unión Patriótica de Primo de Rivera, surge ante las elecciones de noviembre de 1933 de la colaboración de Acción Popular –agrupación dirigida por Gil Robles– con numerosos grupos de pequeños comerciantes, empresarios y agricultores, sobre todo de Castilla la Vieja y León, así como de terratenientes andaluces. Durante su corta vida política, el ideario de la CEDA se basará en la doctrina social de la Iglesia, en elementos como el corporativismo del canciller austriaco Dollfuss y en un activismo cercano al fascismo, como el practicado por las Juventudes de Acción Popular (JAP). A falta de una mayoría clara, después de las elecciones del 19 de noviembre de 1933, la CEDA, aunque fue el partido que logró más escaños, no accedió al Gobierno, cuya formación encargó el presidente de la República, Alcalá-Zamora, a Alejandro Lerroux, líder del Partido Republicano Radical. La coalición de derechas católica iba a sustentar desde fuera a los sucesivos gobiernos de Lerroux, hasta ese momento

EL GOLPE DE SANJURJO
En agosto de 1932, siguiendo la senda abierta por Primo de Rivera, Sanjurjo ejecuta un golpe que fracasa espectacularmente. La pena de muerte a la que fue condenado le sería conmutada por cadena perpetua. En la fotografía, camino del penal.

LOS ENEMIGOS DE LA REPÚBLICA

En los meses que transcurren desde la proclamación de la República, y especialmente desde la aprobación de la Constitución y la llegada de Azaña a la presidencia del Gobierno, el joven sistema político va ganando poderosos enemigos en cada decisión tomada. Apenas dieciséis meses después del ilusionante 14 de abril, en agosto de 1932, el general Sanjurjo ejecuta un golpe de Estado. Animado por los sectores afectados por las reformas, motivado por la situación política y ofendido por su alejamiento de la Guardia Civil, desde cuyo mando había favorecido la llegada del nuevo régimen, Sanjurjo se pronuncia en Sevilla a la espera de ser seguido por el resto del ejército. La operación, mal planificada, es un fracaso rotundo.

La derecha católica, ante la situación generada, opta por organizarse políticamente. A finales de 1932 se funda la Confederación Española de Derechas Autónomas (CEDA), liderada por Gil Robles, que pretende dar marcha atrás a las reformas iniciadas por la República, especialmente a las que afectan a la cuestión religiosa, y cuya meta difusa es un sistema alejado del pluralismo, más cercano a los que se han configurado en la Italia de Mussolini o en el Portugal de Salazar. Sobre una base social de campesinos y clases medias urbanas y bajo un programa de defensa de la religión (por oposición a los republicanos) y de la propiedad (por oposición a los socialistas), la CEDA pone todo su empeño en acabar con el Gobierno y modificar la Constitución.

Grupos autodenominados fascistas hacen su aparición también en este momento en España, de forma tardía si se compara con lo ocurrido en

anticlerical, con la intención de proceder a la llamada «rectificación» del primer bienio republicano, y no accederá a ninguna cartera ministerial hasta el 4 de octubre de 1934. Hacia finales de 1935, la coalición radical-cedista hacía aguas por el descontento social, los escándalos financieros de Lerroux y las crecientes divergencias entre sus integrantes. Alcalá-Zamora, siempre opuesto a otorgar a Gil Robles la presidencia del gobierno, convocó elecciones en febrero de 1936.
En medio de una polarizada campaña electoral, Gil Robles confiaba en una victoria arrasadora en las urnas, tanto

para imponer la reforma constitucional, de signo autoritario, que pretendía, como para mantener su liderazgo en el grupo derechista hegemónico. Sin embargo, el resultado fue que su laxo Frente Nacional Contrarrevolucionario, en el que había desde falangistas a alfonsinos, perdió las elecciones ante el Frente Popular de izquierdas, sobre todo en las grandes capitales. La CEDA se radicalizó, hasta optar por una vía netamente antiparlamentaria y militarista, pero, a pesar de todo, después del alzamiento militar, su papel político dentro del bando franquista se tornó irrelevante.

Caricatura de Gil Robles realizada en 1979.

Partido Republicano Federal
Este pequeño partido, que hunde sus raíces en la I República, llegó a conseguir presencia ministerial. A la derecha, cartel electoral.

otros países de su entorno. En 1931, Ramiro Ledesma y Onésimo Redondo crean las Juntas de Ofensiva Nacional Sindicalista (JONS), organización que se autodefine como nacionalsocialista, a las que se suma Falange Española, dirigida por José Antonio Primo de Rivera, en 1933. Ambas organizaciones se unen un año después, en 1934, dando lugar a Falange Española de las JONS. Desde su creación, estos grupos tienen como objetivo generar un clima desestabilizador que permita imponer, por la violencia, su ideario, imposible de alcanzar de otro modo. Aunque su presencia es grande, debido a su participación constante en algaradas y asesinatos, su aceptación es escasa, consiguiendo dos diputados en las elecciones de 1933 y ninguno (con menos del 0'5 % de los votos) en las de 1936. Por su parte, la política de confrontación de la Conferderación Nacional de Trabajadores (CNT), el sindicato anarquista, que provoca la reacción violenta de las fuerzas de orden público (como en Casas Viejas, donde mueren catorce campesinos), y la constante conflictividad laboral (todo un rosario de huelgas y enfrentamientos), completan un panorama de acoso constante a un sistema político tan necesitado de apoyos. Otro pequeño partido, el comunista, consigue un diputado en las elecciones de 1933. Su programa bolchevique y su política revolucionaria provocan no pocos enfrentamientos con los grupos fascistas, trasladando ambos grupos su discusión a la calle.

La crisis económica, consecuencia del *crack* de 1929, que eleva considerablemente los niveles de paro; la movilización política de la Iglesia para invertir el camino andado; el desgaste de Azaña como consecuencia de la campaña desatada tras los acontecimientos de Casas Viejas (en la que

Casas Viejas
En enero de 1933, un movimiento insurreccional campesino fue duramente reprimido por la Guardia Civil, provocando una gran crisis en el Gobierno de Azaña. En la imagen superior derecha, registro de casas de jornaleros durante los sucesos.

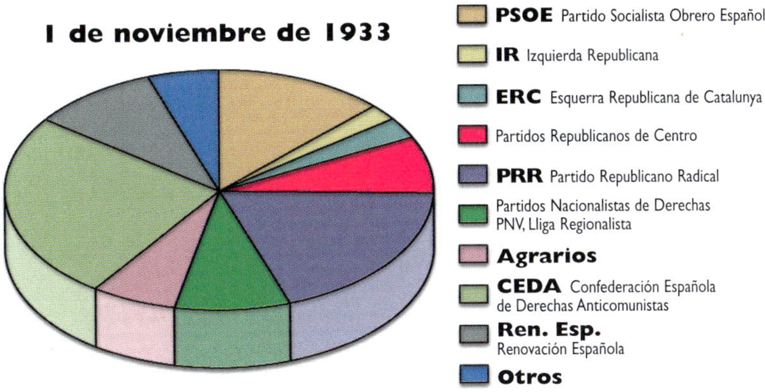

LA ECONOMÍA
La crisis económica internacional desatada tras el «jueves negro» de Wall Street, en octubre de 1929, afectó a la consolidación de la democracia en España.

tanto la izquierda como los socialistas hostigan al Gobierno); y la presión a que es sometido el presidente de la República, motivan la retirada, por parte de éste, de la confianza al jefe del Gabinete. La salida de Azaña del Gobierno y la incapacidad de Lerroux para constituir uno nuevo motivan la disolución de las Cortes, el nombramiento de Martínez Barrio, el 8 de octubre de 1933, como jefe del Gobierno y la convocatoria anticipada de un proceso electoral.

En las elecciones generales celebradas en noviembre de 1933, en las que por primera vez, como consecuencia de la Constitución de 1931, ejercitan su derecho al voto las mujeres, vence la CEDA. El resultado, sin embargo, no es lo suficientemente amplio como para gobernar en solitario. De esta forma, Gil Robles no es llamado por Alcalá-Zamora (a quien corresponde esta prerrogativa como presidente de la República) a encabezar el Gobierno. La desconfianza sobre las intenciones de Gil Robles motivan la decisión. El designado será Lerroux al prestarse el Partido Republicano Radical a gobernar con el apoyo de la CEDA. Para los radicales de Lerroux, la alianza con la CEDA tan sólo intenta atraer a la derecha católica hacia la causa republicana; para Gil Robles se trata de conseguir el control del Gobierno –aun sin pertenecer a él– a la espera de ser llamado para gobernar. Las coincidencias entre el Partido Radical y la CEDA permiten dar marcha atrás a numerosas reformas emprendidas en el primer bienio: el clero vuelve a cobrar sueldos del Estado, los colegios religiosos no cierran sus puertas... Además, los golpistas de 1932 son amnistiados. Las diferencias, por su parte, impiden la reforma del sistema político. El mayor varapalo es para el Partido Socialista, cuyo reformismo, lejos de afianzar su proyecto, le relega electoralmente. Temeroso de que el autoritarismo

LA VICTORIA DE LA CEDA
Aunque sin mayoría suficiente, la CEDA de Gil Robles se impuso en las elecciones de 1933. En la fotografía, su grupo parlamentario con Gil Robles sentado en el centro.

OCTUBRE DE 1934
El levantamiento revolucionario fue aplacado en toda España excepto en Asturias, donde la lucha se alargó unas semanas. En la fotografía, el Ayuntamiento de Barcelona, afectado por el cañoneo.

acabe con su supresión, tal y como ha sucedido en Italia o Alemania, el sector más izquierdista, encabezado por Largo Caballero, radicaliza su discurso revolucionario.

La inclusión en el ejecutivo de tres ministros de la CEDA, en octubre de 1934, después de distintas crisis en el seno del Gobierno, desata un levantamiento revolucionario dirigido por el PSOE y la UGT (junto a Esquerra Republicana de Catalunya y el Partido Comunista). El recuerdo de lo ocurrido en Alemania, donde Hitler ha accedido al poder un año antes de manera legal desmantelando rápidamente el sistema democrático, o en Austria, donde Dollfuss ha acabado con los socialistas en nombre de un movimiento católico semejante a la CEDA, está presente para los sublevados. La CNT, salvo en Asturias, permanece al margen. La noticia de un nuevo Gobierno con participación de la CEDA da lugar, según lo previsto, a una huelga general con distinto grado de seguimiento en todo el país pero rápidamente sofocada. En Cataluña, el presidente Companys proclama durante unas horas el Estado catalán, rindiéndose poco después. Pese a fracasar en Madrid, Cataluña y el País Vasco, el conflicto se extiende en Asturias, donde los revolucionarios se hacen con el control de toda la provincia, incluida Oviedo, su capital. Para poner fin al levantamiento es necesaria la intervención del ejército. Tropas africanas, al mando del general Franco, acaban con la insurrección. Más de mil muertos, incluidos los fusilamientos tanto de religiosos por parte de los revolucionarios como de éstos por parte de las fuerzas del orden, componen el balance de la contienda, primera aproximación a lo que será un escenario de guerra total apenas dos años después.

LAS VÍSPERAS DE LA GUERRA

La inclusión de la CEDA en el Gobierno no provoca la involución prevista, pero deja clara su escasa vinculación con

LA REVOLUCIÓN DE ASTURIAS
La fuerza del sindicalismo minero ligado a la UGT permitiría el primer intento de revolución socialista en España. De la huelga general se pasó a la insurrección, que sólo fue sofocada tras la intervención de las tropas de Regulares y de la Legión.

J.A.P.

ORGANO NACIONAL DE LAS JUVENTUDES DE ACCION POPULAR DE ESPAÑA

Año II | Serrano, 6 | Madrid, 8 junio 1935 | 15 céntimos | N.º 21

O Acción Popular acaba con el marxismo o el marxismo aplasta a España

Con el JEFE o contra el JEFE

Nadie tema que nos quedemos en la mitad del camino

No cabe diálogo ni convivencia con la anti-España. Nosotros, y no ellos.

En estos meses decisivos, más propaganda que nunca. El triunfo final se acerca.

¡Ministro de la Gobernación!

La "técnica" de que hizo usted alarde para encastillarse en la cartera, ha fracasado. Mientras se abren las Casas del pueblo y se extreman las atenciones con los criminales responsables de la Revolución, los hombres de Acción Popular, en Madrid y en Novallas, caen asesinados por la espalda, por hordas de criminales que en la lenidad de su política de orden público, encuentran alientos para el crimen. Cuando fracasa una "técnica" y no se representa fuerza alguna del país, el decoro político y la delicadeza deben encontrar la única solución posible. ¿Está claro?

Aplastemos al marxismo, la masonería y el separatismo para que España prosiga su ruta inmortal.

El clima de enfrentamiento
Lemas de tono fascista reivindicando al líder y de enfrentamiento con la izquierda eran abundantes en la prensa derechista, como en este ejemplar del órgano de las Juventudes de Acción Popular.

Votad a España
Los pasquines de la derecha, impregnados de patriotismo, defendieron la idea de la grandeza nacional cortejando a los militares.

el proyecto republicano. En los meses siguientes a la revolución de Asturias no hay tampoco un plan de Gobierno perceptible más allá de la represión de los revolucionarios o los intentos de inculpar a Azaña en los hechos. Las discusiones en el Parlamento ocultan su infecundidad legislativa. Gil Robles, nombrado ministro de Guerra en mayo de 1935, coloca a algunos de los generales desafectos al régimen (Mola, Franco, Fanjul...) en los puestos más destacados del ejército. A lo largo de 1935 el Partido Radical entra en una profunda crisis afectado por algunos escándalos de corrupción (la concesión de licencia a un tipo de ruleta llamada *straperlo* –término que se añadiría al castellano, estraperlo, como sinónimo de mercado negro– y el asunto Nombela, sobre los contratos de suministros al ejército). Alcalá-Zamora se resiste a dar el Gobierno a Gil Robles e intenta, en diciembre, una solución personal entregándoselo a Manuel Portela Valladares. Las presiones recibidas desde todos los grupos parlamentarios acaban con la disolución de las Cortes y la convocatoria de las elecciones de febrero de 1936. Tanto los grupos de derecha como de izquierda forman listas comunes para agrupar el voto. La CEDA, temerosa de no conseguir la mayoría absoluta, organiza el Frente Nacional. Por su parte, los republicanos de Azaña y los socialistas, a los que se suman los comunistas, se agrupan en torno al Frente Popular. La campaña se desarrolla en un ambiente hostil. El resultado (en por-

Frente Popular
Cartel del Partido Comunista de España, el cual, integrado en el Frente Popular, reclamó la amnistía para los presos de 1934.

Izquierdas y derechas
Separatismo, marxismo y masonería sobre un mapa teñido de sangre: las acusaciones cruzadas alcanzaban tintes trágicos.

centajes de voto, que no en escaños) es de lo más ajustado: el Frente Popular consigue el 34'3% de los votos (que le suponen más de 250 escaños), mientras que el Frente Nacional, por su parte, alcanza el 33'2% del voto (apenas 125 diputados). La victoria del Frente Popular supone la liberación inmediata de los presos de la revolución de Octubre. Tras las elecciones, Azaña forma un Gobierno compuesto exclusivamente por republicanos, sin la presencia de socialistas.

En abril de 1936 es destituido Alcalá-Zamora de su cargo de presidente de la República (por haber disuelto dos veces las Cortes, tal y como prevé la Constitución), siendo elegido Azaña con la abstención de la derecha. En los meses que transcurren desde la victoria del Frente Popular hasta el inicio de la guerra los conflictos de orden público son constantes: los grupos revolucionarios inician una campaña de huelgas, ocupaciones de tierras y ataques a edificios religiosos; por su parte, los falangistas insisten en provocar disturbios y en cometer atentados contra militantes de otros partidos y fuerzas del orden. En marzo de 1936, el atentado por parte de falangistas contra Jiménez de Asúa, intelectual socialista y uno de los padres de la Constitución de 1931, que causa el fallecimiento de su escolta unos días después, da lugar a la ilegalización de Falange y a la detención de su junta política, incluido José Antonio.

La victoria del Frente Popular
Tras su victoria en las elecciones de febrero de 1936, los seguidores del Frente Popular se manifiestan en Madrid.

El golpe se avecina
Los atentados que costaron la vida al teniente Castillo y a Calvo Sotelo (fotografías de la izquierda) acelerarían el fin de la República. A la derecha, vehículo utilizado por los Guardias de Asalto que asesinaron a Calvo Sotelo.

La polarización y el clima de enfrentamiento se incrementan en la primavera de 1936, cuando un sector del ejército tiene ya avanzada la conspiración para un golpe de Estado. El general Mola, destinado desde el mes de marzo en el gobierno militar de Pamplona, adonde el Gobierno del Frente Popular lo ha trasladado por desconfiar de él, inicia una serie de contactos y elabora diversas directrices e instrucciones que van perfilando una acción, con apoyo de sectores civiles, dirigida al derribo del Gobierno. Pese a tratarse, en principio, de una maniobra militar, los conspiradores establecen comunicación con el movimiento carlista, con Falange, con la CEDA, con Acción Española, etc. Llegado el verano, la sublevación, a falta de algunos matices, está más o menos lista. Los enfrentamientos en las calles, en los que grupos de izquierdistas y de falangistas dirimen sus diferencias, siguen su escalada.

El día 12 de julio, José Castillo, teniente de la Guardia de Asalto y simpatizante socialista, cae muerto en un atentado terrorista. Como represalia es asesinado a su vez, horas después, el líder de la derecha monárquica, José Calvo Sotelo. Los funerales de ambos dan pie a refriegas entre radicales de izquierda y de derecha en el centro de Madrid. El Gobierno, ajeno a la conspiración puesta en marcha por Mola, intenta solucionar el problema reestableciendo el orden público. Sin embargo, no tendrá tiempo de casi nada al iniciarse el golpe de Estado secretamente preparado en los meses anteriores por un importante sector del ejército.

Asesinatos del teniente Castillo y Calvo Sotelo
La muerte de ambos conmocionó a la opinión pública y precipitó los planes de los militares golpistas.

1 9 3 6

Del golpe de Estado a la Guerra Civil

Los ataques recibidos por la República, desde todos los frentes, llegan a su punto culminante con el golpe de Estado de 1936. El pronunciamiento del general Sanjurjo, en agosto de 1932, no ha logrado concitar los apoyos necesarios para su triunfo. La insurrección revolucionaria de octubre de 1934 ha intentado, de nuevo sin éxito, acabar con el régimen parlamentario republicano en nombre de la dictadura del proletariado. En julio de 1936, un segundo golpe militar pretende acabar con la democracia española e instaurar otra dictadura, en este caso de signo radicalmente distinto. En cada una de las acciones conspirativas se impone la utilización de la violencia para acabar con el rival, para dirimir desencuentros y como mecanismo de acción política ante una realidad que no se ajusta a lo pretendido por sus ejecutores. Los procesos electorales, que dan lugar, democráticamente, a esce-

DESFILE DE MILICIANOS
(Pág. 36). El fracaso de la rebelión militar iniciada en Melilla en la tarde del 17 de julio de 1936 daría lugar a una guerra civil de casi tres años de duración. (Pág. 37). Obreros y campesinos formarán parte de las milicias que defenderán al régimen republicano.

EL GENERAL SANJURJO
Líder natural de los militares conjurados, su muerte en accidente el 20 de julio le impediría encabezar la rebelión. Al lado, placa con su nombre en una plaza en la Academia General Militar de Zaragoza; a la derecha, Sanjurjo durante las campañas en Marruecos.

narios políticos concretos, son seguidos de acciones violentas que aspiran a corregir el resultado de las urnas. El pronunciamiento de Sanjurjo trata de echar abajo las reformas impulsadas por republicanos y socialistas, vencedores en las elecciones de 1931; la revolución del 34 se origina como consecuencia de la no aceptación del resultado de las elecciones de 1933, en las que vencen las opciones conservadoras; el golpe de 1936 surge como reacción a la victoria del Frente Popular en las elecciones de febrero de ese mismo año.

Si en 1932 y 1934 la República logra controlar y someter a aquellos que saltándose las normas intentan imponer su criterio, en 1936 la situación es más compleja. El clima de enfrentamiento político y de violencia callejera se ha acentuado a lo largo de la primavera. Los problemas que esta situación genera al Gobierno para asegurar el mantenimiento del orden público son cada vez mayores. Los enemigos del régimen republicano, ante el nuevo fracaso electoral, alientan de nuevo una salida violenta. En esta ocasión están mejor organizados, son más numerosos y apuestan fuerte. Ya no se trata de un golpe como el organizado por Sanjurjo en 1932, al poco de proclamarse la República, sin un objetivo claro, mal calculado y con escasas fuerzas comprometidas. Esta vez el apoyo es mayor, ha crecido al ganarse la República el rechazo de poderosos sectores que, como el ejército, la Iglesia o las clases terratenientes, se han visto afectados por las reformas emprendidas. En cualquier caso, el mayor problema del sistema democrático, junto a la debilidad del Estado, es la caren-

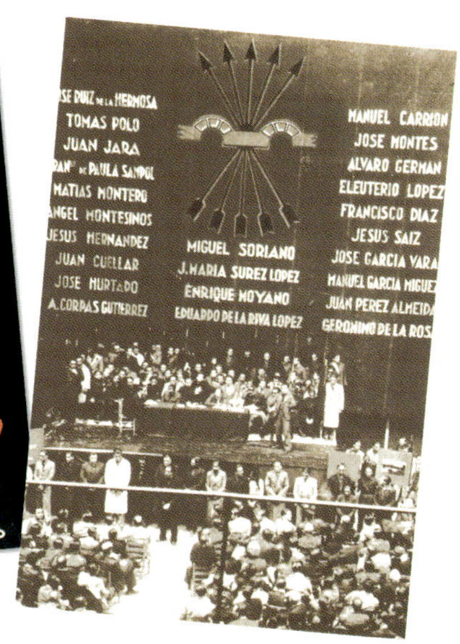

LA TENTACIÓN TOTALITARIA
El fascismo y el comunismo, al igual que en el resto de Europa, atrajeron a amplios sectores sociales, en especial a los jóvenes. A la izquierda, cartel del Partido Obrero de Unificación Marxista; al lado, acto falangista en Sevilla en 1935.

PROTAGONISTAS

El general Mola

Nace en Cuba en 1887 en el seno de una familia de cierta tradición liberal. Su brillante carrera militar se inicia en la Academia de Infantería de Toledo en 1904, donde se licencia como teniente en 1907. En 1909 comienza su prolongado servicio en Marruecos, donde alcanzará el grado de general de brigada. En 1921 es ascendido a teniente coronel y resulta herido en combates posteriores al desastre de Annual. En 1924, después de dos años en Logroño, retorna a Marruecos para asumir el mando de los Regulares de Larache. Durante el periodo de transición entre la dictadura de Primo de Rivera y la II República es nombrado Director General de Seguridad por Berenguer, cargo desde el que intentará controlar las actividades de la CNT.

La separación del servicio activo por su supuesta implicación en el golpe de Sanjurjo de 1932 y su oposición a la reforma del ejército realizada por Azaña le situarán cada vez más frente a la República. Tras beneficiarse de la amnistía de 1934 es nombrado por Gil Robles jefe de la Circunscripción Oriental de Marruecos y comandante militar de Melilla. Sus impresiones de esos años quedarán reflejadas en dos libros: *Memorias de mi paso por la Dirección General de Seguridad* (1933) y *El pasado, Azaña y el porvenir* (1934).

En 1936, el nuevo gobierno del Frente Popular, con la pretensión de alejarlo de Madrid, lo envía como comandante general a la guarnición de Pamplona, ciudad en la que entra en contacto con los carlistas, de cuyas politizadas milicias recelará en un principio este hombre de orden, y en la que inicia la planificación del alzamiento de julio de 1936, acordado en una reunión de generales celebrada en marzo en Madrid.

Cuando se produce el alzamiento militar, Mola, que firmaba sus instrucciones conspirativas como el Director, se considera jefe absoluto de la conjura y asume el mando de las fuerzas golpistas en el norte. Sin embargo, la falta de victorias de su ejército, el papel cada vez más importante del contingente africano de Franco en la contienda y la muerte de Sanjurjo harán que Mola pierda su preeminencia en la Junta de Defensa Nacional, constituida en Burgos por su propia iniciativa.

En la primavera de 1937 dirige la ofensiva hacia el País Vasco, pero no llegará a entrar en Bilbao, ya que el 3 de junio perece en un accidente de aviación cerca de Burgos.

Arriba, lápida en la Capitanía General de Burgos recordando el inicio de la rebelión y la muerte de Mola. Sobre estas líneas, en Pamplona en 1936.

El general Franco inaugura en junio de 1939 el monumento construido en memoria de Mola en Alcocero (Burgos), donde falleció en accidente aéreo.

El Director
Los múltiples contactos políticos y militares de Mola, así como el apoyo del general Sanjurjo, le permitirán organizar el golpe contra la República. Entre abril y julio de 1936 redacta las instrucciones a seguir. Al lado, rodeado de militares una vez iniciada la guerra.

cia de apoyos sociales firmes. España es, en la década de 1930, una democracia sin demócratas, un régimen en el que tan sólo una pequeña porción de su clase política y algunos sectores ilustrados confían. La tentación totalitaria seduce a buena parte de la sociedad. Al igual que ocurre en ese momento en la mayoría de países europeos, los españoles, en particular las generaciones más jóvenes, lejos de intentar una modernización de las estructuras políticas, de recuperar el tiempo perdido y acercar el país a los regímenes liberales europeos, son atraídos bien por el modelo fascista, del que Alemania e Italia son sus genuinos representantes, bien por el modelo comunista, tanto el instaurado en la Unión Soviética como cualquiera de sus variantes. La acción emprendida por los militares en 1936, en una sociedad dividida, enfrentada y sin una cultura política democrática, será la chispa que haga arder un régimen que intentó, precisamente, pese a sus errores, integrar a todos los españoles en un Estado democrático.

La rebelión militar del 17 al 20 de julio

La victoria del Frente Popular, en febrero de 1936, enciende las alarmas de los sectores conservadores y antirrepublicanos, iniciando la larga conspiración que acabará en el golpe de julio. La misma noche de las elecciones, políticos como Gil Robles y generales como el propio Franco insisten en la necesidad de declarar el estado de guerra, acto que, en la práctica, de haberse puesto en marcha, equivalía a un golpe de Estado. Los cambios en el destino de algunos militares, con los que la República intenta desarticular posibles intervenciones golpistas, dan lugar en el mes de marzo a una reunión en la que participan, entre

La Europa fascista
El antiliberalismo era una constante en el continente: Mussolini había alcanzado el poder en Italia en 1922 y Hitler en Alemania en 1933. En la imagen, cartel de reclutamiento femenino de las juventudes hitlerianas.

Anticomunismo y religión
Los distintos grupos y sectores que apoyaron el golpe antidemocrático unificarían sus criterios en la defensa del catolicismo tradicional y el rechazo al comunismo.

Los generales rebeldes
La reforma militar, la revisión de los ascensos y otras cuestiones corporativas conformaron el amplio grupo de agraviados que protagonizó el golpe. En la imagen los generales Saliquet (izquierda) y Queipo de Llano (derecha).

El requeté
Abajo: el cuerpo de voluntarios carlistas, con amplia presencia en el norte de España, principalmente en Navarra, se puso a disposición de los militares conspiradores en la primavera de 1936.

otros, los generales Mola, Franco, Varela y Fanjul. El primero, que es destinado al gobierno militar de Pamplona, toma la iniciativa y aglutina las distintas tramas que, en mayor o menor grado de desarrollo, hasta ese momento existen. A partir del mes de abril, Mola comienza a elaborar instrucciones que son distribuidas secretamente por la mayoría de los cuarteles y unidades. A su vez, establece contacto con carlistas y falangistas con el fin de conseguir un apoyo civil que se le antoja necesario. Éstos ofrecen sus grupos paramilitares, los requetés carlistas y las milicias falangistas, para actuar como fuerza armada desde el inicio de la acción. La conspiración es planificada por Mola de forma meticulosa y llevada a cabo con total sigilo. Poco a poco, algunos de los más destacados generales y jefes del ejército se suman a la conspiración: Goded, Queipo de Llano, Cabanellas, Kindelán, Saliquet... Otros, como el propio Franco, mantienen una actitud ambigua, en un intento de nadar y guardar la ropa. Llegado el mes de julio, el golpe está organizado, se ha comprometido el apoyo de grupos extremistas y se ha elaborado un organigrama de los mandos que se harán con el poder en cada región. Tan sólo falta concretar un día y una hora. El asesinato de Calvo Sotelo precipita (no origina, como tantas veces se ha mantenido) una acción golpista que lleva meses preparándose.

LA SUBLEVACIÓN EN MADRID
La acción en la capital se limitó al desesperado intento del general Fanjul de hacerse fuerte en el Cuartel de la Montaña. En la imagen, una escalinata del acuartelamiento destruida por la artillería.

La sublevación del ejército se inicia en la guarnición de Melilla en la tarde del viernes 17 de julio. Los militares comprometidos con la rebelión se hacen fuertes en la ciudad mientras que los generales Gómez Morato y Romerales, fieles al Gobierno, son detenidos (y posteriormente fusilados). El plan comprende el levantamiento del ejército destinado en el norte de África y la declaración del estado de guerra. Un día después, el resto de las comandancias implicadas en la operación hace lo propio en la península. Pese a que los rumores sobre un posible golpe de Estado han sido frecuentes en los meses anteriores, la acción de los militares sublevados sorprende al Gobierno que, ignorante del alcance de la maniobra, no toma ninguna medida urgente en las primeras horas. A lo largo del día 18 el levantamiento se extiende por las distintas regiones militares: el general Franco declara el estado de guerra en Canarias mientras inicia su viaje a Marruecos para hacerse cargo del ejército allí destinado; el general Mola se hace con el control de Navarra con el apoyo enfervorizado de los carlistas, que toman las calles y acaban con las escasas resistencias obreras; en Zaragoza, el general Cabanellas, que pese a sus antecedentes republicanos se ha unido a los sublevados en los meses anteriores, se hace con el control de la V División; en Mallorca, el general Goded se impone con facilidad; en Castilla la Vieja los milita-

LA TOMA DEL CUARTEL DE LA MONTAÑA

El 18 de julio por la tarde el general Fanjul, que había sido subsecretario del Ministerio de la Guerra cuando Gil Robles ocupó esta cartera, llegaba de paisano al Cuartel de la Montaña de Madrid (donde se encontraban un regimiento de Infantería, uno de Zapadores, el Grupo de Alumbrado y también armamento esencial para el control de la capital) con el fin de declarar el estado de guerra en Madrid. Sin embargo, la situación en la plaza, a pesar de la posterior entrada de unos quinientos falangistas y monárquicos, no era del todo favorable al alzamiento. Al día siguiente, sin haberse decidido a sacar las tropas a la calle y sin comunicación alguna con los demás enclaves militares madrileños, en los que el golpe había fracasado, el general se da cuenta de que el cuartel de la Montaña está rodeado de milicianos armados, primero, por el teniente coronel Rodrigo Gil, jefe del Parque de Artillería y, después, por el propio gobierno de José Giral.
La noche del 19 al 20, milicianos y guardias de asalto van tomando posiciones en las azoteas cercanas, sitúan medias baterías frente a él y, al negarse los asediados a entregarse, lanzan octavillas, emiten por altavoces la voz de Goded rindiéndose en Barcelona y, posteriormente, bombardean el cuartel durante cinco horas. Dentro del recinto, las diferencias entre partidarios del golpe y fuerzas leales a la República producen la aparición de una bandera blanca en el enclave y el consiguiente acercamiento de algunos milicianos. Sin embargo, el movimiento es recibido con fuego desde la posición sitiada, lo cual causa nuevas bajas a los atacantes y el enardecimiento de las masas que rodean el acuartelamiento.
Finalmente, alrededor del mediodía del 20 de julio, la multitud, dirigida por la guardia civil, entra violentamente en el cuartel, dispuesta a todo. Pocos minutos antes se suicidaban en el interior algunos jóvenes oficiales. El asalto se saldaría con más de 200 muertos entre militares y civiles, así como con la confiscación de más de 50.000 fusiles y una gran cantidad de municiones que fueron entregados al Ministerio de la Guerra.
La cárcel Modelo de Madrid fue el destino de los supervivientes, entre los que se encontraba el propio Fanjul, que más tarde sería juzgado en rebeldía, condenado a muerte y fusilado.

El triunfo del golpe de Estado en Sevilla

El triunfo del golpe de Estado en Sevilla se debió al General Gonzalo Queipo de Llano, Inspector General del Cuerpo de Carabineros (policía fronteriza), que fue el encargado de sublevar a la II División Orgánica de la capital andaluza.

Queipo se presentó en Sevilla a última hora del día 17, aparentemente para realizar una inspección, acompañado de un ayudante y de tres oficiales. Sin llamar mucho la atención, entre ese momento y última hora de la mañana del día 19 se hará con unos 100 soldados y con algunos falangistas. Fracasará en sus intentos telefónicos de lograr el apoyo de diversas unidades, pero sí conseguirá el concurso del comandante del cuartel de artillería y también el de la guardia civil. Detendrá al general Villa-Abrille –al que no logrará convencer de que se una a la rebelión–, al comandante jefe de la división, al gobernador civil y al jefe de policía. De manera que, al final del día 19, cuando toma Radio Sevilla, desde la que se había hecho un llamamiento a la huelga general para resistirse al levantamiento, Queipo ya controlaba el centro de la ciudad. Para ocupar las barriadas obreras, donde los sindicatos estaban muy organizados, pero escasamente armados, y a la espera de la llegada de refuerzos, que se producirá tras la toma del aeropuerto, Queipo recurrirá a las arengas desde sus «charlas» radiofónicas –en las que se afirmaba partidario de la República, al tiempo que proclamaba la victoria generalizada del alzamiento militar– tanto como a rápidas y constantes incursiones de sus efectivos. Éstas, realizadas en camiones que circulaban incesantemente y desde los que se disparaba en todas direcciones, causaban la falsa impresión de que sus fuerzas eran mucho mayores de lo que eran en realidad, con lo que aterrorizaban a los enemigos y animaban a los posibles partidarios.

El 25 de julio, tras la llegada de un contingente de legionarios y de regulares marroquíes (sabedor del miedo que infundían las tropas moras, Queipo también recurrió a «disfrazar» de magrebíes a sus soldados, vistiéndolos con bombachos y embadurnándoles la cara), y también del cambio de bando de una columna de guardias civiles proveniente de Huelva, ciudad que permanecía leal a la República, la balanza se inclinó por fin del lado de los golpistas, que causaron una matanza en el barrio de San Julián y arrasaron a cañonazos el sur de Triana, una de las zonas que más se había resistido.

Una vez eliminada toda posible resistencia, la población de Sevilla se concentra en apoyo a la rebelión militar.

LA AVIACIÓN
Desde un primer momento, el control del aire fue un elemento decisivo. En la imagen, dos Savoia Marchetti SM 79 *pertenecientes a la 8ª División de Bombardeo Rápido «Falchi Delle Baleari», que operó en la costa mediterránea bombardeando distintas localidades republicanas. Más de cien aparatos de este modelo fueron enviados por Mussolini a Franco.*

res comprometidos dominan la situación pese a la resistencia de algunos generales, como Batet en Burgos o Molero en Valladolid, que son fusilados; en Andalucía, donde la resistencia popular es mayor, el resultado es desigual y ciudades como Málaga o Jaén permanecen leales a la República mientras que en el resto de las capitales, como en Sevilla, donde el general Queipo de Llano consigue hacerse con el control de la ciudad gracias a una operación rápida e inteligente, triunfa la rebelión.

En las principales ciudades españolas, sin embargo, la operación fracasa. En Madrid, el general Fanjul no consigue apoyos y se encierra en el cuartel de la Montaña, que es asediado por las fuerzas del orden leales y por trabajadores a los que se les ha entregado armamento. El día 20, tras un largo combate, Fanjul se rinde. Ese mismo día, en Barcelona, el general Fernández Burriel se suma a la rebelión sacando las tropas a la calle. Otros generales, por el contrario, permanecen fieles y, junto a la Guardia Civil y a la de Asalto, consiguen controlar la situación. Goded, que desde Mallorca llega en un hidroavión a Barcelona para tomar el mando de la capital catalana, es apresado horas después y obligado a declarar su fracaso públicamente a través de las emisoras de radio. En Valencia, debido a los titubeos de los militares y a la confusión reinante, no se produce sublevación alguna. En el norte de España, zona de fuerte presencia obrera, la insurrección es controlada rápidamente por el Gobierno. Por el contrario, en Galicia, después de dos días de vacilación, los militares salen a la calle el día 20 reduciendo a los grupos que pretenden defender la República.

ARMAS PARA EL PUEBLO
La escasa reacción del Gobierno ante los acontecimientos ocurridos en el norte de África y Canarias provocó la movilización popular de sindicatos y partidos de izquierda. En la imagen, armamento incautado tras la toma del Cuartel de la Montaña es repartido a las milicias.

Los ataques a la Iglesia

El anticlericalismo violento, que durante el primer tercio del siglo XX había sido una constante de la vida social española (basta recordar los ataques sufridos por la Iglesia durante la Semana Trágica de 1909), seguirá estando muy presente durante la Segunda República. Ejemplos especialmente notables serán la quema de templos registrada en mayo de 1931 en Madrid, Andalucía y Levante, y la revolución de octubre de 1934, que se saldará con el asesinato de 34 clérigos. Los gobiernos republicanos, especialmente los del primer bienio y los del Frente Popular, no acertarán a poner fin a tales estallidos de violencia.

Después del 18 de julio, en las zonas bajo teórico control gubernamental, se multiplican este tipo de acciones –a excepción del País Vasco, donde las autoridades nacionalistas garantizarán la seguridad de la Iglesia–, amparadas en el desorden propiciado por la sublevación militar y en la posición de fuerza que asumen inmediatamente las organizaciones obreras armadas. El periodo que comprende los últimos días de julio y todo el mes de agosto de 1936 marca el punto álgido de este atroz proceso de destrucción de templos y de asesinato indiscriminado de religiosos (en estas fechas se produce el 42% de las muertes, más de 2.000 personas), que parecía haberse convertido en rito imprescindible para una revolución que veía a la Iglesia como rémora del pasado.

La Iglesia, que no había participado como tal en la conjura militar, aunque sí lo habían hecho destacados miembros de la CEDA o de Acción Católica, dio pronto su aval al alzamiento (en la instrucción pastoral del 6 de agosto de 1936, emitida por los obispos de Vitoria y Pamplona, o en la «Carta colectiva del Episcopado Español» del 1 de julio de 1937, redactada por el cardenal Gomá), que calificará de «cruzada».

A lo largo de la guerra, prácticamente interrumpido el culto público en la zona republicana, continuarán los asesinatos, así como la destrucción o incautación para uso civil de los edificios religiosos. Se suele coincidir en apuntar una cifra de alrededor de 7.000 eclesiásticos muertos durante la Guerra Civil en esa zona, lo que supone la muerte violenta del 13% de los sacerdotes y del 23% de los religiosos (en diócesis como las de Barbastro o Lérida esos porcentajes son aún más escalofriantes, puesto que en ellas perecieron, respectivamente, el 88% y el 66% de los clérigos). En la zona rebelde, a pesar del papel preponderante que pronto asumieron las jerarquías eclesiásticas en el nuevo régimen, la represión anticlerical fue mucho más selectiva y adoptó un carácter más oficial, centrándose especialmente en el clero catalán y, sobre todo, en el vasco (14 eclesiásticos fueron fusilados por las autoridades franquistas en Guipúzcoa en octubre y noviembre de 1936 por *incitar a la rebelión;* el seminario de Vitoria tuvo que cerrar sus puertas por sus simpatías nacionalistas y, al final de la guerra, 715 religiosos sufrieron penas de cárcel, destierro o remoción de sus parroquias).

La ira de las milicias provocó la destrucción de cientos de templos. La pérdida del patrimonio histórico y artístico fue incalculable.

ENTREGA DE ARMAS
La inquietud de las masas, que se manifestaron insistentemente pidiendo armas, estuvo a punto de desbordarse en los primeros días tras el golpe.

ESPAÑA DIVIDIDA EN DOS

Tres días después de iniciarse la rebelión, la situación no es nada buena para ninguno de los dos bandos establecidos. El golpe de Estado ha fracasado al no conseguir triunfar en las principales ciudades y al no contar con el apoyo de la armada ni de la aviación. Los insurgentes se han impuesto principalmente en Canarias, Marruecos, Andalucía, Navarra y Castilla la Vieja y Galicia, es decir, en zonas agrarias con pocos recursos industriales y mineros. Además, las dos zonas en las que se hacen fuertes están separadas entre sí y las tropas de África se encuentran aisladas al no sublevarse la marina. Para colmo de males, el general Sanjurjo, llamado a liderar el levantamiento militar, fallece el 20 de julio en un accidente al estrellarse la avioneta con la que pretende regresar a España desde Portugal, donde reside desde 1934. Ante el desconcierto por el relativo fracaso del golpe, los militares, entre los que no existe un proyecto político definido, ponen en marcha el día 24, con sede en Burgos, la Junta de Defensa Nacional. Forman parte de la misma los generales Dávila, Mola, Ponte y Saliquet, presididos por el general Cabanellas, el de mayor antigüedad. Sin embargo, es de nuevo Mola quien tiene el control de la Junta y del ejército del norte, única baza en ese momento para llegar a Madrid y conseguir el triunfo de su movimiento conspirador.

Por su parte, el Gobierno comprueba cómo la mayor parte de la oficialidad se pone del lado de los sublevados a la

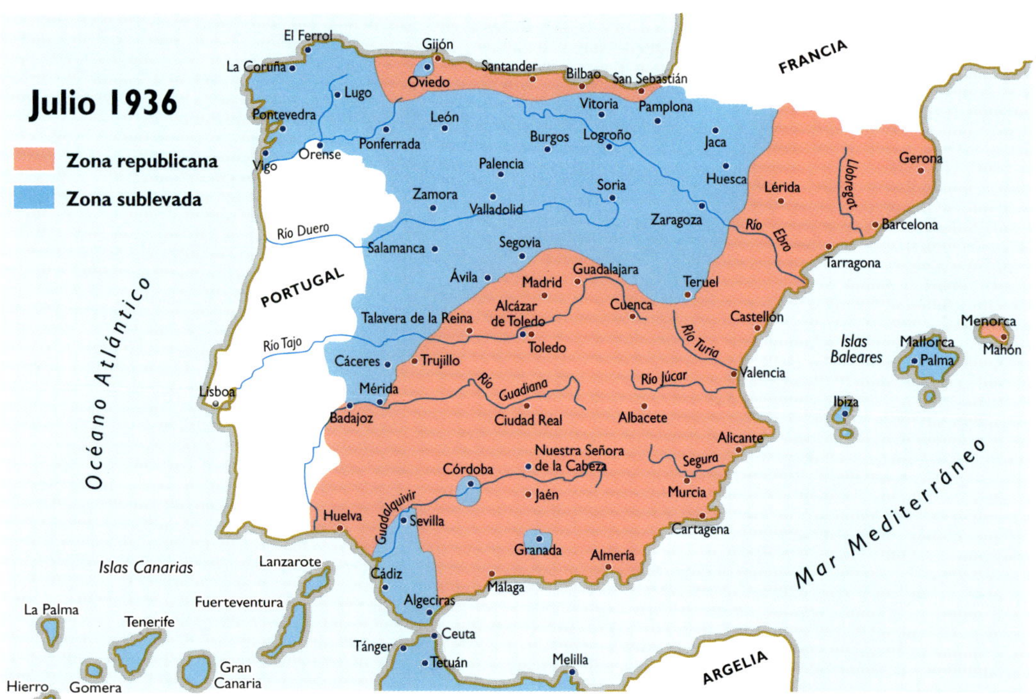

DOS ZONAS
Frente a la España urbana e industrial, controlada por el Gobierno republicano, se alzó una España rural, campesina y poco poblada, en manos de los militares rebeldes.

El apoyo a la República
Desde el primer momento, intelectuales de todos los países se movilizaron en favor de la democracia española: Malraux, Hemingway, Neruda... En la imagen, cartel de Joan Miró solicitando ayuda.

La cruz de San Andrés
Abajo, a la derecha: símbolo carlista que, junto al yugo y las flechas falangistas, se extendió en la zona rebelde.

vez que las masas ejercen su presión solicitando la inmediata entrega de armas. El jefe del ejecutivo, Casares Quiroga, no acierta desde el principio ni con la valoración de lo que está ocurriendo ni con la necesaria toma de medidas enérgicas. Informado de los acontecimientos de Melilla en la tarde del día 17, anima a resistir a los oficiales republicanos sin poner en marcha ninguna acción dirigida a acabar con la rebelión. El día 18, con la sublevación extendiéndose por toda la península y las calles de Madrid llenas de manifestantes, tampoco se decide a nada y se niega, temeroso de que se desborde el orden social, a la entrega de armas a la población. Al final del día dimite. Azaña, como presidente de la República, trata de resolver la crisis encargando a Martínez Barrio la formación de un Gobierno de concentración. Los dos objetivos inmediatos del nuevo jefe de Gobierno son los de detener la sublevación negociando con los militares implicados y evitar la revuelta social. Con los militares tiene poco éxito, a pesar de hablar por teléfono incluso con el propio Mola. En cuanto a la segunda cuestión, se niega a defender la República saliéndose de los límites estrictos de la legalidad y, por tanto, también renuncia a la entrega de armas. Apenas un día dura su mandato, no llegando tan siquiera a tomar posesión formal del cargo. Finalmente, conscientes los políticos republicanos de la imprescindible participación de organizaciones obreras, partidos y sindicatos en la defensa del orden político, es nombrado José Giral, avanzado el día 19, nuevo jefe del gabinete. Giral pertenece al mismo partido de Azaña, lo que permite mantener la situación derivada de las elecciones de febrero: un Gobierno de republicanos de izquierda con el apoyo, aunque sin participación, del Partido Socialista. Dos militares, los generales Castelló y Pozas Perea, ocupan las carteras de Guerra y Gobernación.

La reacción del Gobierno
Iniciado el golpe, tres presidentes se suceden en el Gobierno (Casares Quiroga, Martínez Barrio y Giral) en apenas tres días. Su falta de reflejos impedirá dar una respuesta contundente a los sublevados. En la imagen, Martínez Barrio (inclinado) y Azaña.

El ejército rebelde
En julio de 1936 se sublevó la parte más preparada técnicamente del ejército, a la que se añadirían las milicias falangistas y carlistas. En la foto, tambores y trompetas de la banda de los requetés de Sevilla.

Lo que Mola ha planificado como un pronunciamiento que habría de permitir al ejército hacerse con el Gobierno en pocos días, se convierte en un más o menos equilibrado reparto del territorio y de los recursos, situación de la que sólo se saldrá imponiéndose una parte a la otra, conquistando al contrario. Aunque en el ánimo de ninguno de los actores participantes figura el inicio de una guerra civil fratricida, el descalabro del golpe y la situación generada en los primeros días empuja, inevitablemente, en esa dirección. La violencia con que los grupos carlistas y falangistas afrontan desde el primer momento la represión en las zonas en que triunfa la rebelión, un exterminio fanático y sin concesiones, y la no menor violencia con que son reprimidos los sublevados por parte de las fuerzas leales a la República, cuando les es posible, contribuyen a eliminar cualquier posibilidad de marcha atrás.

Franco cruza el estrecho

Mientras Mola, a lo largo de los primeros meses de 1936, prepara la conspiración, Franco se encuentra destinado en Canarias como parte de la estrategia del Frente Popular de alejar de Madrid, y de los puestos de poder, a todos los generales que se han significado en contra del régimen republicano. Se trata de un destino marginal, ya que las unidades del ejército en las islas son pequeñas y el margen de maniobra

El traslado de tropas
Dado que el contingente mayor y mejor preparado del ejército sublevado se encontraba en el norte de África, fue necesario preparar un puente aéreo para cruzar el estrecho. La ayuda de Hitler, que ya en julio facilitó 20 aviones Junkers, *lo hizo posible.*

Carmen Polo Martínez-Valdés
La esposa de Franco, al iniciarse la rebelión, fue trasladada junto a su hija Carmen desde Canarias hasta el puerto francés de El Havre en un mercante alemán, fijando su residencia en Bayona. A mediados de septiembre de 1936 regresó a la zona controlada por los rebeldes, donde permanecería hasta el final de la guerra.

escaso. Franco, que cuenta con un reconocido prestigio militar, se deja querer por todos aquellos que se oponen al Gobierno pero no se compromete con Mola de forma clara en ningún momento. En los planes de Mola, Franco debe hacerse cargo de las tropas de Marruecos, donde se encuentra el grueso del ejército español (40.000 hombres, la cuarta parte del total). Los generales allí destinados son fieles al Gobierno, por lo que Mola necesita a un general de alta graduación que conozca el terreno y garantice la unidad de las tropas mejor preparadas para el combate. Sólo en el último instante, al precipitarse los planes de los conjurados tras el asesinato de Calvo Sotelo, Franco se suma al golpe.

Para hacerse con el mando de las tropas africanas, Franco dispone de un avión, el *Dragon Rapide,* que algunos grupos monárquicos han puesto a su servicio con el fin de facilitar sus movimientos. En él viajará desde Gran Canaria hasta Tetuán, después de enviar a su mujer e hija al extranjero y poner en marcha la sublevación en el archipiélago, en un largo recorrido que dura dieciocho horas. En realidad el viaje puede realizarse en apenas siete horas, pero Franco decide pernoctar en Casablanca la noche del 18 al 19 para llegar a Tetuán con la situación más definida. Al amanecer del día 19, antes de partir, es informado del triunfo de Queipo de Llano en Sevilla, importante cuestión, ya que puede facilitar el traslado de tropas a la península. La lealtad de la armada, sin embargo, dificultará la acción. El día 19, cuando Franco se hace cargo del ejército de Marruecos, varios buques leales al Gobierno patrullan las aguas del estrecho imponiendo un estricto bloqueo.

La aviación italiana
Más de quinientos aparatos se sumarán a las tropas rebeldes a lo largo del conflicto. Cazas Fiat CR 32 *(popularmente conocidos como «chirris») y bombarderos* SM 79 *conformarían el grueso de los enviados por Mussolini. Al lado, un* Fiat CR 42.

LA QUINTA COLUMNA

La expresión «Quinta Columna» se atribuye al general Mola, quien, al referirse en 1936 a su avance sobre Madrid, dio este nombre a los que dentro de la capital trabajaban clandestinamente en pro de su victoria. Esta idea y la expresión con que se conoce pasaron rápidamente al vocabulario de todas las guerras posteriores. Partiendo de su experiencia en la Guerra Civil Española, Ernest Hemingway escribió una obra de teatro con ese mismo título. Manuel Uribarri, ex miembro del SIM republicano (Servicio de Información Militar), publicó *La Quinta Columna española* en La Habana en 1943, mientras que José María Carretero, el famoso «caballero audaz» de los años cuarenta y él mismo detenido en el Madrid sitiado por su vinculación a grupos de sabotaje, editó en 1940 *La Quinta Columna.*

Durante la Guerra Civil se producen actividades de resistencia y de boicot internos tanto en la zona franquista como en la republicana, puesto que el control militar de uno u otro bando no se correspondía necesariamente con las tendencias políticas de la mayoría de la población en cada lugar y, además, porque la propia dinámica bélica siempre favorece los excesos violentos y la delación. Sin embargo, la Quinta Columna fue especialmente activa en el Madrid sitiado.

La gran longitud del frente que rodeaba la ciudad y la importancia simbólica y estratégica de ésta la convertirán en escenario de un constante flujo de información que irá de una zona a otra.

Después de la derrota de los alzados en la capital, en las primeras semanas se asiste en ella a las acciones de los «pacos», francotiradores que desde edificios o coches en marcha disparaban a los milicianos. Posteriormente, los «círculos azules» organizados con la colaboración de los servicios secretos alemán e italiano se centrarán en labores conducentes a socavar la moral del enemigo (reparto de pasquines, fomento de rumores derrotistas, retransmisiones radiofónicas, sabotaje de armamentos, etc.).

La propaganda del Gobierno republicano incidirá notablemente en la necesidad de estar alerta frente al enemigo interior y en la primavera de 1937 se desarticularán dos grupos de quintacolumnistas en Madrid, de los cuales doce personas serán condenadas a muerte en diciembre de ese mismo año. Precisamente para contrarrestar todas las actividades clandestinas antirrepublicanas, en agosto de 1937 se crea el SIM y en abril el DEDIDE (Departamento Especial de Informaciones del Estado), que contaba con sus propios agentes y prisiones. Sin embargo, estos organismos no sólo rastrearán la ciudad en busca de los llamados «facciosos», sino que también reprimirán a integrantes de organizaciones revolucionarias como el POUM.

Pese a su origen madrileño, la expresión «quinta columna» se extendió rápidamente a todas las zonas del conflicto.

Monte Hacho
Desde la fortaleza situada en el Monte Hacho (Ceuta), a 195 metros de altura, Franco vio partir al convoy de barcos que rompió el bloqueo marítimo.

La necesidad de transportar las tropas a la península se convierte en prioritaria para los sublevados ya que en Marruecos de nada sirven. En los primeros días, tan sólo las unidades de Mola son efectivas. Afortunadamente para los rebeldes, el Gobierno de la República no sale de su aturdimiento y no emprende acciones de reconquista de zonas que, en realidad, cuentan con escasos efectivos. El futuro de la sublevación, sin las tropas africanas, las más preparadas y las que disponen de mayor y mejor armamento y municiones, es incierto. De haber conseguido un traslado pronto del ejército destinado en Marruecos, la llegada a Madrid hubiera sorprendido al Gobierno y resuelto en tiempo breve el conflicto. El principal objetivo de Franco desde ese instante, por tanto, es el traslado de sus soldados. Ante la imposibilidad de hacerlo por mar, se abre un puente aéreo con Sevilla utilizando los pocos aviones de que dispone. El puente se inicia el día 20, trasladando 60 legionarios a Sevilla. Desde esa fecha hasta finales de mes los rebeldes ponen en la península a más de ochocientos hombres, una cantidad insuficiente para el objetivo perseguido.

Pese a que las tropas africanas consiguen romper en alguna ocasión el bloqueo marítimo, como cuando el 5 de agosto hacen llegar a Algeciras un grupo de barcos (el denominado *Convoy de la Victoria*), la inferioridad en número y calidad de los buques obliga a Franco a reforzar el traslado aéreo. Para ello pide ayuda a la Alemania de Hitler, que desde el primer instante se ha mostrado a favor de los golpistas. Gracias a la intermediación de Johannes Bern-

Franco y el ejército de Marruecos
Pese a sus reticencias iniciales y a su tardía incorporación al golpe, Franco, desde el poder que le daba el mando del ejército destinado en África, y gracias a la muerte de Sanjurjo, se convirtió en el militar más destacado entre los sublevados.

PROTAGONISTAS

JOSÉ ANTONIO PRIMO DE RIVERA

José Antonio Primo de Rivera nace en Madrid en 1903, primero de los cinco hijos del dictador Miguel Primo de Rivera. Criado principalmente por una hermana de su padre, hasta su entrada en la universidad José Antonio será educado por profesores particulares. Su padre le convence para que no siga la carrera castrense habitual en la familia y en 1922 el joven se licencia en derecho. En 1924, tras dejar inconcluso su doctorado y cumplido ya su servicio militar, establece en Madrid un bufete que tendrá gran éxito. El deseo de honrar la memoria de su padre le lleva en 1930 a aceptar la vicesecretaría de la Unión Monárquica Nacional y a concurrir, sin fortuna, a las elecciones de 1931.

En agosto de 1932 es detenido por su supuesta implicación en la intentona golpista de Sanjurjo. En esos años participa en las tertulias del madrileño café Lyon (llamadas de «La Ballena Alegre»), donde conocerá a literatos más tarde afines a Falange Española, como Giménez Caballero y Sánchez Mazas. Su airada forma de defender el honor familiar le llevará a verse envuelto en algunos altercados (entre ellos una pelea a puñetazos con Queipo de Llano).

1933 marca su entrada plena en política con dos importantes acontecimientos, la fundación el 19 de octubre de Falange Española, partido tradicionalista de corte fascista, durante un mitin en el Teatro de la Comedia de Madrid, y la consecución de un escaño por Cádiz en las elecciones de noviembre. La nueva formación se fusionará en febrero de 1934 con las Juntas de Ofensiva Nacional Sindicalista, de Ramiro Ledesma, constituyéndose así FE de las JONS, un nuevo partido de tintes más revolucionarios que el anterior.

En las elecciones de 1936, José Antonio, que ya se había entrevistado con Hitler y con Mussolini en años anteriores para recabar fondos y que, después de la expulsión de Ledesma, era jefe indiscutible de FE de las JONS, no logra llegar al parlamento. En marzo de 1936, después de la victoria del Frente Popular, es detenido por tenencia ilícita de armas y FE-JONS es disuelta. Desde la cárcel alienta a sus militantes a que se unan al golpe de Estado, aunque en sus últimos días se ofrecerá infructuosamente a negociar un alto el fuego con los sublevados y redactará un plan de paz, basado en la constitución de un gobierno de concentración nacional.

Condenado por un tribunal popular y abandonado por las autoridades franquistas, muere fusilado el 20 de noviembre de 1936 en la cárcel de Alicante. En 1939 sus restos serán trasladados en procesión hasta El Escorial. Posteriormente, se depositarían en el Valle de los Caídos.

José Antonio, rodeado de la parafernalia que rodeaba a Falange y vistiendo su uniforme, en un mitin en el cine Madrid, en noviembre de 1935.

La ayuda alemana
Izquierda: el apoyo político y los suministros de material y armamento por parte de la Alemania nazi fueron decisivos para el avance de las tropas rebeldes.

«¡Ayudemos a España!»
En el análisis que realizó la prensa de la zona republicana se relacionó la situación europea y el avance del fascismo con lo ocurrido en España.

La marina franquista
Abajo, homenajeada junto al ejército en estos sellos de 1938.

hardt, hombre de negocios alemán, consigue que Hitler apruebe el envío inmediato de veinte *Junkers JU 52,* aviones de transporte que llegan a Tetuán a finales de julio (unos días después de iniciado el conflicto), tomando el relevo en el traslado de efectivos a los ridículos aparatos utilizados hasta entonces. A partir de ese momento, y de nuevo ante la inacción del Gobierno, las tropas africanas multiplican su presencia en la península. También la Italia de Mussolini envía aviones para contribuir al transporte del ejército: doce cazas *Fiat CR 32* que llegan a Melilla apenas comenzadas las hostilidades y alejan a los buques de la armada permitiendo el traslado marítimo de materiales y hombres. La primera patrulla de la Aviazione Legionaria, que llegará a estar compuesta por más de 500 aparatos *–CR 32* en su mayor parte–, llega a Sevilla unas semanas después.

El 6 de agosto, más o menos controlado el estrecho, dominados los puertos del sur y con un número importante de tropas en Andalucía, Franco se desplaza a Sevilla. El traslado de hombres, pese a todo, sigue adelante. Los aviones alemanes ponen en la península a más de 15.000 soldados en las semanas siguientes. Además, una vez reducida la presión de la armada, que ve cómo alguno de sus barcos es hun-

El papel de la Marina

Durante la Guerra Civil, la falta de medios técnicos y la concepción de los estrategas de ambos bandos, que se supeditaban al avance en tierra, otorgaron a la marina un papel secundario. Al iniciarse la contienda, el ejército republicano retuvo gran parte de la flota (14 destructores, 12 submarinos y 13.000 hombres), pero la falta de mandos, el asesinato de oficiales «sospechosos» y la ausencia de astilleros –a excepción del de Cartagena– y de diques secos para la reparación de buques, restaron efectividad a esta ventaja. El bando franquista contaba con oficiales más preparados y con más disciplina, pero su fuerza humana y material era en principio menor (1 destructor, ningún submarino y 7.000 efectivos); situación que iría compensando gracias a la pronta utilización de buques construidos en El Ferrol (los cruceros *Canarias* –el más potente y mejor armado–, *Baleares* y *Almirante Cervera)* y a la compra de material italiano. La influencia de la «no intervención», acordada por Francia e Inglaterra en septiembre de 1936, fue crucial para la guerra marítima, al ser respetada por las potencias occidentales pero no por Alemania e Italia, aliadas de los rebeldes, que la utilizaron para impedir la llegada de suministros, sobre todo soviéticos, a la República y para facilitar el envío de los suyos al ejército franquista. Quizá la única batalla naval de importancia fuera la librada en el Cabo de Palos el 6 de marzo de 1938. La Flota republicana, con los cruceros *Libertad* y *Méndez Núñez,* y algunos destructores, se enfrentó al grueso de la franquista, representada por sus tres cruceros ferrolanos y por otros buques mercantes. El resultado fue el hundimiento del *Baleares* y la huida de los navíos rebeldes, pero no la recuperación del control de los mares por parte de los republicanos.

«Detente. El Corazón de Jesús está conmigo»
Las referencias al catolicismo se unen con las banderas de Falange y de las potencias fascistas (Alemania, Italia y Portugal).

dido mientras que otros deben acudir a las costas del cantábrico, donde la situación es delicada, tras el control definitivo del estrecho las tropas son trasladadas en su totalidad. En el mes de septiembre el ejército de África, al que se han sumado nuevas unidades reclutadas tras el inicio de la sublevación, alcanza los 60.000 hombres, todos ellos en la península. Ante la incapacidad del ejército del norte de tomar Madrid, será el africano el que, desde este momento, lleve la iniciativa militar. El protagonismo de Franco crece a la par que el de sus tropas.

La intervención de las potencias extranjeras

La repercusión internacional de la guerra española es inmediata. La situación de relativo equilibrio de los primeros momentos da pie a la solicitud de ayuda urgente a aquellos países con los que cada bando tiene mejores relaciones o simplemente se identifica. El ejército rebelde, desde el comienzo de la contienda, obtiene ayuda de Alemania e Italia. Aviones y armamento, inicialmente, y barcos, tropas y ayuda material, una vez estabilizado el conflicto, son enviados de forma automática, sin obstáculo alguno, como parte de una política de intervención directa que anticipa el contexto de guerra mundial que se dibujará en apenas tres años. Además recibe el apoyo de numerosas empresas y compañías internacionales que le suministran gasolina (Texaco, Texas Oil Company, Vacuum Oil Company...) o conceden créditos bancarios en condiciones del todo favorables (Kleinwort & Sons, Claiworth Bank...). Por si fuera poco, la neutralidad de países como Portugal, Inglaterra o Estados Unidos también beneficia a los sublevados: al permitirles usar su territorio (en Portugal establecen su base de operaciones, desde la que coordinan el apoyo económico al ejército, Gil Robles y el

La Legión Cóndor
Saltándose el bloqueo, Alemania enviaría víveres, armamento ligero, aviones, carros de combate y tropas. La Legión Cóndor pondría a prueba equipos y nuevas técnicas bélicas. Con sus más de 5.000 hombres y 100 aviones fue la unidad más conocida. Al lado, fábrica de aviones de guerra en Alemania.

PROTAGONISTAS

Federico García Lorca

Hijo de un padre culto y adinerado y de una maestra, Federico García Lorca nace en el pueblo granadino de Fuente Vaqueros el 5 de junio de 1898. A los 10 años se traslada a Granada y, después de su paso por la universidad de dicha ciudad (como estudiante de Derecho y Filosofía y letras), se traslada a Madrid en 1919. En la Residencia de Estudiantes conoce a figuras que llegarán a ser tan influyentes como Buñuel, Dalí, Juan Ramón Jiménez o Rafael Alberti y va abandonando los tintes modernistas de sus primeros poemas *(Impresiones y paisajes,* de 1918) para ir avanzando en la fusión de elementos tradicionales y de vanguardia, como el surrealismo, que caracterizarán su obra posterior.

En 1920 estrena en Madrid, sin ningún éxito, su primera obra teatral, *El maleficio de la mariposa.* En los fecundos años veinte publica el *Poema del cante jondo,* colabora con Manuel de Falla y en 1927, fecha que dará nombre a la generación poética en la que se encuadrará al poeta, participa en la conmemoración del tricentenario de Luis de Góngora y estrena con buena acogida y escenografía de Dalí *Mariana Pineda.* En 1928 publica uno de sus libros de más éxito, *Romancero gitano,* pero una depresión provocada probablemente por un desengaño amoroso le empuja a buscar nuevos aires en Nueva York y Cuba, experiencias que darán lugar a *Poeta en Nueva York,* publicado a título póstumo en 1940, y al texto teatral *El Público,* obra experimental en la que explora con bastante claridad la pasión homosexual.

A su vuelta a España en 1931, con el apoyo del Gobierno republicano, se embarca como director en el proyecto de teatro popular itinerante *La Barraca.* Son los años de sus grandes obras teatrales, *Bodas de Sangre, Yerma* y *La casa de Bernarda Alba* (que no llegó a ver estrenada), tragedias en las que la crítica social se funde poderosamente con la representación simbólica de elementos que obsesionaban a Lorca, como la muerte o la figura materna.

El 20 de julio de 1936 tiene lugar el levantamiento militar en Granada, que triunfa totalmente el 23. Lorca, que no milita en ningún partido, aunque sus simpatías izquierdistas son evidentes, se encuentra en la casa familiar pero, después de que ésta sufra varias visitas de contingentes falangistas, decide refugiarse en el domicilio de su amigo el poeta Luis Rosales, militante de Falange y jefe de sector en Motril. Esta situación no evitará que sea detenido el 16 de agosto y que, en la madrugada del 17 al 18, con el beneplácito del gobernador civil de Granada y quizá incluso con el de Queipo de Llano, sea fusilado a las afueras de la ciudad.

El apoyo decidido de Federico García Lorca a la política educativa y cultural de la República terminaría costándole la vida.

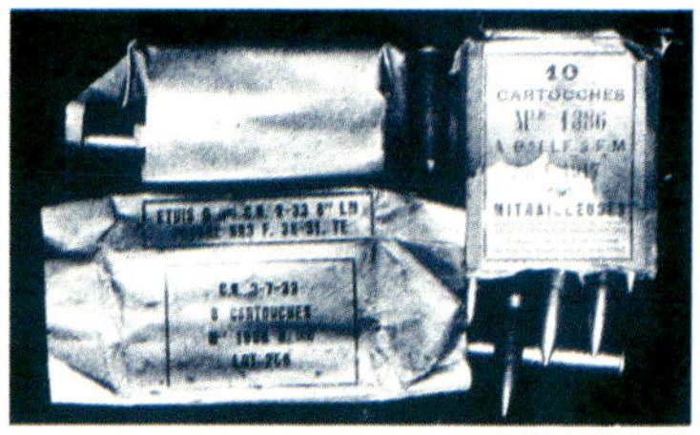

EL APOYO FRANCÉS A LA REPÚBLICA
Pese al apoyo inicial, Francia terminaría alineándose con los partidarios de la no intervención. Al lado, munición francesa.

ÁNGEL PESTAÑA
Sindicalista anarquista moderado que militó en la CNT hasta su expulsión en 1932. Un año después fundaría el Partido Sindicalista, que formaría parte del Frente Popular. A la derecha, en un mitin en Valencia.

hermano del general Franco, Nicolás); al evitar una reacción internacional de apoyo a la República (Londres no asume ningún riesgo frente a la ofensiva italoalemana); o al facilitar los suministros y las comunicaciones (Estados Unidos permite que sus empresas negocien con el ejército y que la Compañía Telefónica, en manos norteamericanas –hasta su nacionalización en 1952–, colabore con los rebeldes incluso en la zona controlada por el Gobierno).

Giral, el nuevo presidente del Gobierno, como primera medida, se pone en contacto con las autoridades francesas para solicitar su ayuda. El presidente del Gobierno francés, Léon Blum, es un socialista que preside un ejecutivo semejante al español. La situación en ambos países es, en ese momento, muy parecida, por lo que la reacción francesa es rápida y positiva. Sin embargo, pese a su empeño, Blum no consigue movilizar a ninguna otra democracia europea. El 22 de julio viaja a Londres y allí se encuentra con una actitud no del todo negativa ante el movimiento de los militares sublevados. En pocos días, la actitud de Francia pasa de un apoyo solidario, que sólo se plasma en declaraciones, a un alineamiento expectante con el resto de los países, partidarios de la no intervención. Frente a las dudas de las democracias liberales, Alemania e Italia intensifican sus suministros. Pese a todo, en agosto se organiza un Comité de No Intervención en el que participan la mayor parte de los países occidentales, incluidas las grandes potencias del momento. En la práctica, la creación del Comité supone la paralización de cualquier ayuda al Gobierno republicano. Para

CONFEDERACIÓN NACIONAL DEL TRABAJO (CNT)

La Confederación Nacional del Trabajo (CNT), de ideología anarquista, era sin duda la principal fuerza sindical al inicio de la Guerra Civil (contaba con unos 500.000 afiliados y una capacidad de movilización que superaba con mucho esa cifra). Se había fundado en 1910 en Barcelona, en torno al periódico *Solidaridad Obrera*, con el fin de destruir el sistema capitalista, desde prácticas mucho más radicales que las de la Unión General de Trabajadores (UGT) socialista, cuyo reformismo criticaba. En un principio formó parte de la Internacional Comunista, pero su línea crítica con la Unión Soviética la llevó a afiliarse a la Asociación Internacional de los Trabajadores (AIT), fundada en 1922. En general, dentro de la CNT coexistieron dos corrientes: la radical de la Federación Anarquista Ibérica (FAI, fundada en 1927), partidaria de la «acción directa» y la violencia revolucionaria, que representaban figuras como García Oliver y Buenaventura Durruti, del grupo de «Los Solidarios», y la moderada, más posibilista, que encarnaron personas como Ángel Pestaña, impulsor del «Manifiesto de los Treinta» en 1931.
En el momento del alzamiento, muchos militantes de la CNT ya contemplaban el advenimiento inminente de una nueva sociedad libertaria –como se había demostrado en el congreso del sindicato, celebrado en mayo de 1936–, de modo que aprovecharon la nueva coyuntura, y la fuerza que les concedía el apoyo prestado al Gobierno central y al de la Generalitat catalana en la derrota parcial de la conjura militar, para imponer la tan esperada revolución en las zonas que controlaban, especialmente en Cataluña y el occidente de Aragón. Sin embargo, al no tener el monopolio de los comités revolucionarios surgidos por

Léon Blum
Político socialista francés que, como dirigente del Frente Popular, alcanzó el cargo de primer ministro en mayo de 1936. Su apoyo a la República española pasó del entusiasmo a la no intervención, que tan funestas consecuencias tendría para el Gobierno español.

Italia, Alemania y otros países que apoyan al ejército rebelde, la adhesión al Comité, cuyas normas violan continuamente, en nada modifica la situación.

Ante este escenario, conforme transcurra el tiempo, interesada en exportar su modelo político y económico a través de la promoción directa de la revolución, tan sólo la Unión Soviética, además de México, asumirá el apoyo a la República. El proceso revolucionario surgido como reacción a la sublevación militar ha permitido al Gobierno republicano conservar algunas zonas estratégicas pero con el coste de desintegrar en buena parte al propio Estado. Junto a los restos del ejército republicano se articulan numerosas fuerzas irregulares bajo la dirección de partidos y sindicatos de izquierda, impidiendo al Gobierno disponer de un ejército organizado capaz de hacer frente a la parte sublevada, mucho más disciplinada y profesional. México, por su parte, apoya desinteresadamente, en la medida de sus posibilidades, al Gobierno español. Para ello envía armas y víveres, aceptando el pago en pesetas. Con el paso de las semanas, al hacerse evidente que será una guerra más larga de lo previsible, aumentará la participación de países como Italia, Alemania y Portugal, por un lado, o la Unión Soviética, por el otro, y con ello la dimensión internacional del conflicto.

doquier en las zonas en las que fracasó el golpe militar, en noviembre de 1936 la dirección de la CNT se vio obligada a entrar en el Gobierno de Largo Caballero para consolidar su posición política, admitiendo que la derrota de la República burguesa, que tanto habían denostado, supondría también el fin del proyecto libertario.
Las bases cenetistas no aceptaron la postura de dirigentes como Federica Montseny, ministra de Sanidad, o Juan García Oliver, ministro de Justicia, y se resistieron a las medidas de centralización del aparato militar que, bajo la presión comunista, imponía el gabinete. Los enfrentamientos registrados en mayo de 1937 en Barcelona entre militantes de la CNT y del POUM, por un lado, y comunistas y fuerzas de seguridad, por otro, acabaron con la representación anarcosindicalista en el Gobierno y marcaron el fin del experimento revolucionario anarquista. La presencia institucional de la CNT se fue diluyendo a lo largo de la guerra. En la oposición al franquismo y durante la transición a la democracia, la CNT nunca recuperó la fuerza abrumadora de épocas pasadas.

Buenaventura Durruti en un cartel realizado tras su muerte, ocurrida en noviembre de 1936 en la defensa de Madrid.

La España franquista

El particular fracaso del golpe de Estado y los acontecimientos desarrollados a partir del 18 de julio, momento en que se desata una espiral de violencia colectiva imposible de contener, impiden una salida negociada al conflicto. Una vez tomada la decisión, los militares golpistas, jugándose su carrera y su vida, no tienen intención alguna de rendirse pese al desastroso resultado de su plan. El camino de represión, fusilamientos y aplicación del terror a todos los que osan oponerse a su acción, a los que sin asomo de sarcasmo denominaran *rebeldes,* deja claro que su objetivo no pasa por llegar a un acuerdo con la otra parte sino por imponerse a ella. Aunque la rebelión se inicia con vivas a la República, ésta acabará diluyéndose para los autodenominados *nacionales* en una imagen indefinida compuesta por un sistema político viciado, expresión máxima de la maldad absoluta, y unos seres perver-

Poder militar
(Pág. 58). Franco y, a su izquierda, el general Fidel Dávila, que desde el principio se unió a la conspiración antirrepublicana.

Juventud fascista
(Pág. 59). Muchachas de la Sección Femenina haciendo el saludo «romano» habitual entre nazis y fascistas italianos.

Frente Popular
Cartel comunista de exaltación del Frente Popular, fechado el 20 de julio de 1936, a los dos días del golpe militar.

sos, los *rojos*. El propio Franco, en el manifiesto con el que justifica su acción tras sublevarse en Canarias, afirma en julio de 1936 que gracias al pronunciamiento militar se harán «reales en nuestra patria, por primera vez, y por este orden la trilogía Fraternidad, Libertad e Igualdad», es decir, los principios revolucionarios sobre los que se asientan el liberalismo y el Estado liberal, ideología y sistema político que en realidad le inspiran un odio visceral.

A pesar de la aparente rigidez monolítica que, poco a poco, asumirá el bando de los sublevados, especialmente a partir del momento en que Franco se haga con el poder, en un principio ni estaban claros sus objetivos políticos ni existía un liderazgo definido. Sanjurjo, el viejo general, protagonista del primer golpe de Estado contra la República, ante las dudas de Franco sobre si sumarse o no a la operación en marcha, llegará a decir que ésta tendrá lugar «con Franquito o sin Franquito». De vuelta a España para encabezar la rebelión y hacerse con el mando, la avioneta de Sanjurjo se estrella nada más despegar, apenas tres días después de iniciada la insurrección, pereciendo al instante y trastocando todos los planes. Entre las intenciones de Mola, verdadero artífice de la conspiración, figura la constitución de un directorio militar que articule un sistema semejante al de la dictadura de Primo de Rivera. Sin embargo, el transcurrir del conflicto dará lugar a la toma de decisiones apenas unos meses antes inesperadas, a ajus-

El general Mola en el frente
(Arriba, a la derecha) La preponderancia del general Mola (a la izquierda) dentro de los golpistas se vio frenada por su falta de victorias militares.

Combatientes franquistas
Las milicias, principalmente carlistas y falangistas, no tardaron en unirse al levantamiento militar de julio de 1936.

PROTAGONISTAS

Francisco Franco

Francisco Franco Bahamonde nace en el Ferrol en 1892 en una familia de marinos. El cierre de la Escuela Naval por la crisis de 1898 le impide seguir la tradición familiar y en agosto de 1907 ingresa en la Academia de Infantería de Toledo, situada en el Alcázar, donde su carácter tímido y poca presencia física le causarán algunos problemas. En 1912 es destinado a Marruecos, único lugar en el que se podía hacer una carrera militar rápida.

En 1917 es nombrado comandante y destinado a Oviedo, donde conoce a su futura esposa, Carmen Polo, hija de una familia acomodada de la ciudad, y también a José Millán Astray, quien le encomienda el mando de la primera bandera de la Legión, que él mismo acababa de crear.

En 1922 publica *Diario de una bandera,* libro sobre el origen de ese cuerpo.

El 22 de octubre de 1923 se casa, apadrinado por el rey Alfonso XIII.

En esa época escribe artículos defendiendo la presencia española en Marruecos en la *Revista de Tropas Coloniales*. En 1927, ya general, es nombrado director de la nueva Academia General Militar de Zaragoza.

Franco fue ante todo un jefe militar que, gracias a la desaparición de Sanjurjo y Mola, se alzó con el poder entre los sublevados.

En 1931, las reformas de Manuel Azaña acaban con dicha institución y Franco, que había acatado la República, pero reafirmando su lealtad al rey, es nombrado Comandante Militar de Baleares. En 1934 se le encarga sofocar la revuelta de Asturias y José María Gil Robles, ministro de la Guerra, le nombra Jefe del Estado Mayor Central. En 1936, tras la victoria del Frente Popular, Azaña, nuevo presidente de la República, le aparta de su puesto y le envía a la Comandancia de Canarias.

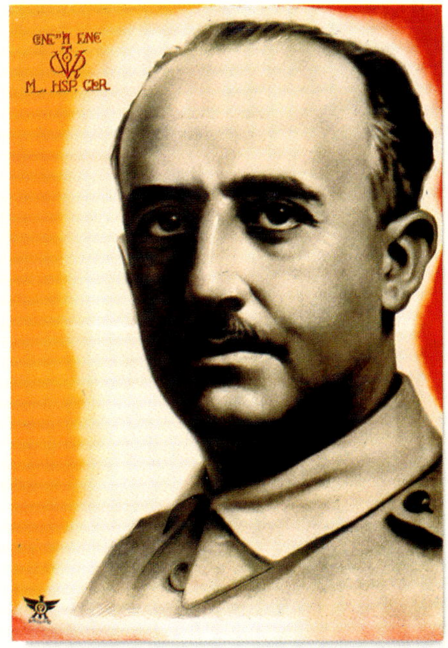

En marzo participa en Madrid en la reunión de altos mandos castrenses que decide el golpe militar, que el futuro *Caudillo* iniciará el 18 de julio de 1936 al abandonar Las Palmas en el *Dragon Rapide,* un bimotor civil, con dirección a Marruecos. El 15 de julio llega a Sevilla, donde, el 15 de agosto, después de adherirse a la Junta de Defensa Nacional de Burgos, preside junto a Queipo de Llano un acto en el que se restablece la bandera monárquica roja y gualda. El 27 de septiembre, aplazando el ataque frontal a un Madrid desguarnecido, ordena el levantamiento del asedio al Alcázar de Toledo, que tanto significaba para él.

El 29 de septiembre de 1936 es declarado *generalísimo* de los ejércitos de Tierra, Mar y Aire, y en abril de 1937 jefe supremo de FET y de las JONS (Falange Española Tradicionalista y de las JONS), partido único de la zona sublevada. El 30 de enero de 1938 se constituye el primer gobierno rebelde y el 25 de julio comienza la definitiva batalla del Ebro, que sellará definitivamente la división del territorio leal a la República y determinará la victoria franquista. El 27 de febrero de 1939 Gran Bretaña y Francia reconocen el Gobierno de Franco, quien el 1 de abril, tras la caída de Madrid, emite el *célebre parte* que pone fin a la contienda. El 18 de mayo tiene lugar en Madrid un gran Desfile de la Victoria.

Durante la posguerra, el nuevo régimen desata una enorme represión contra los vencidos. Franco, indiscutible jefe del Estado, escribe con seudónimo el guión de *Raza,* película en parte autobiográfica que resume su visión de la guerra. A pesar de la afinidad con las potencias del Eje, el gobierno español se declara neutral en la contienda europea y, al término de la misma, la dictadura franquista logra sobrevivir al embargo decretado por la ONU.

Los años cincuenta marcan el fin del aislamiento internacional de España, con la firma del Concordato con la Santa Sede y los acuerdos económicos con EE UU. En 1969 Juan Carlos de Borbón es nombrado sucesor de Franco.

El dictador fallece el 19 de noviembre de 1975 (oficialmente el 20, aniversario de la muerte de José Antonio Primo de Rivera) y es enterrado en el Valle de los Caídos, junto al fundador de Falange.

DESFILE EN SEVILLA
Tras la victoria de Queipo de Llano, las tropas africanas (moras y legionarias) desfilan junto al Parque de María Luisa.

tes de piezas no previstos y a resultados no intencionados de una acción bélica que se alargará en el tiempo más de lo sospechado por nadie.

POR EXTREMADURA HACIA LA CAPITAL

Las primeras semanas de conflicto transcurren, para los militares sublevados, sin mayor preocupación que la de conseguir avanzar hacia Madrid. La caída de la capital, y por tanto del Gobierno republicano, es su objetivo inmediato. Controladas Castilla la Vieja, León, Galicia, Navarra y buena parte de Aragón, el ejército de Mola y las milicias que actúan bajo sus órdenes se dirigen a los posibles accesos a Madrid desde su sierra norte: los pasos de Guadarrama y de Somosierra. De igual forma, intentan alcanzar la capital desde el valle del río Henares, donde recuperan la ciudad de Sigüenza. Sin embargo, la resistencia de las milicias obreras que en un primer momento asumen la defensa de la República, la necesidad de cubrir la retaguardia (no sólo en las ciudades por ellos controladas sino especialmente en las zonas bajo control gubernamental: parte de las provincias de Oviedo, Santander, Vizcaya y Guipúzcoa, más el frente este de Aragón) y la limitación de sus efectivos, impiden a Mola lanzarse a la toma de Madrid con alguna garantía de éxito. Lo más que consiguen, en un primer momento, es estabilizar el frente.

Tras la llegada de Franco a Sevilla, en los primeros días de agosto de 1936, el ejército africano arribado hasta ese

EL CONTINGENTE MARROQUÍ

La importancia de las tropas africanas para el bando sublevado –sobre todo hasta la segunda mitad de 1937, cuando la guerra se convierte en un conflicto de desgaste– radicaba en varios factores: el grueso de la oficialidad alzada en armas se componía de mandos «africanistas» curtidos en la lucha en el Rif, como Goded, Millán Astray, Mola, Varela o el propio Franco; el triunfo inmediato del golpe en las plazas africanas había dejado la estructura de mando intacta; y los entre 25.000 y 100.000 hombres (marroquíes y legionarios) que desembarcaron en la península estaban especialmente preparados para el tipo de combate irregular –casa por casa y en zonas montañosas, frente a campesinos y milicianos mal organizados– que tuvieron que librar hasta que se estabilizaron los frentes. Las tropas africanas fueron de especial importancia para el avance de las columnas franquistas desde Sevilla hasta Talavera en el verano y el otoño de 1936, incluyendo en esa ofensiva la toma de localidades importantes como Badajoz o Mérida.

En el clima de corrupción que dominaba la presencia militar española en Marruecos, y teniendo en cuenta la reducción de fondos destinados a la zona que habían propiciado los gobiernos republicanos, a los mandos militares golpistas les resultó relativamente fácil convencer a los notables marroquíes del norte del país, los «viejos turbantes», para que cooperaran en el reclutamiento de mercenarios en las zonas más pobres. El coronel Beigbeder y Atienza, desde la Alta Comisaría de Tetuán, fue el *alma mater* de esta movilización.

Ante el impedimento que supuso en los primeros meses de la contienda la presencia de la marina republicana en el estrecho, el contingente marroquí fue llegando a la

EL AVANCE DE FRANCO HACIA MADRID
La marcha imparable de las tropas africanas desde Sevilla hasta Madrid entre el verano y el otoño de 1936 quedó definitivamente truncada por la decisión, tomada por Franco, de liberar a los asediados del Alcázar de Toledo.

momento a la península emprende también el camino de la capital. Las dificultades de las tropas de Mola para acercarse a Madrid y la división del territorio controlado por los militares rebeldes en dos zonas inconexas tratarán de ser resueltas avanzando rápidamente por Extremadura, consiguiéndose en pocos días la unión de los ejércitos del norte y el sur. El teniente coronel Yagüe, al frente de tres columnas, compuestas cada una de ellas por una bandera del Tercio, un tabor de Regulares y una o dos baterías, avanza a gran velocidad: el día 11 de agosto toma Mérida, el 14 Badajoz, el 23 Navalmoral de la Mata, en el valle del Tajo, el 3 de septiembre Talavera de la Reina... En su marcha, el ejército de África, bien equipado y entrenado, apenas encuentra resistencia organizada. Se trata de tropas profesionales, habituadas a la guerra colonial, que arrasan las improvisadas defensas republicanas y siembran el terror, con expeditivos métodos, allá por donde pasan. De hecho, la sublevación ha triunfado en parte de Andalucía (en las ciudades de Sevilla, Córdoba, Cádiz y Granada) gracias a la dura represión llevada a cabo. En un ambiente hostil para los golpistas, al contrario de lo ocurrido en otras zonas de España, tan sólo la brutal violencia de los primeros momentos consigue acabar con la oposición inicial de milicianos y fuerzas leales a la vez que amedrentar a los posibles defensores del orden republicano. La llegada de los refuerzos africanos no hace sino acentuar la represión, quedando asociado al horror, especialmente entre las clases más humildes, el paso de las tropas moras.

península a razón de 500 hombres diarios mediante un puente aéreo que duró más de dos meses y que se realizó con aviones *Junker* alemanes (llamados las «pavas») y *Savoia* italianos. La crueldad que demostraron a su paso las tropas procedentes de África, tanto las de los tabores de regulares moros como las de la Legión –en parte españoles y en parte formada por mercenarios extranjeros–, respondía, entre otras cosas, a las condiciones extremas que habían imperado en los destacamentos militares de la colonia, según recogen testimonios literarios como los de Arturo Barea o Ramón J. Sender, así como memorias de militares (por ejemplo, *Diario de una bandera,* del propio Franco). La propaganda republicana recuperó los tópicos sobre la civilización occidental amenazada por los musulmanes, para calificar la presencia de marroquíes en España de invasión «agarena» que, estableciendo una alianza contra natura con el clero católico, se aliaba al fascismo italo-germano con el fin de atacar la legalidad gubernamental o la revolución (como ya había hecho al participar en la represión de octubre de 1934).

Millán Astray fundó la Legión en 1920, siguiendo el modelo de la Legión Extranjera francesa, como cuerpo de élite para la guerra colonial.

GENERAL YAGÜE
A la derecha Yagüe, el artífice del golpe en Ceuta y de la toma de Badajoz, acompañado del general Dávila, sucesor de Mola como jefe del ejército del Norte. La placa con su nombre fue colocada en la plaza de su pueblo soriano natal, San Leonardo, «apellidado» de Yagüe en su honor, en la década de 1950.

PRIMERA CAPITAL FRANQUISTA
En agosto de 1936, Franco y Mola (abajo) pasean por Burgos, primera capital del bando sublevado, junto a otras autoridades.

En Badajoz, en cuya toma encuentran más resistencia de la esperada, la atroz represión de los ocupantes tras controlar la ciudad acaba en las primeras horas con la vida de entre 1.500 y 2.000 personas que son fusiladas en la plaza de toros, donde habían sido recluidos los detenidos, y varios cientos más en los días siguientes. La publicidad dada a este crimen de guerra por la prensa internacional que acompaña a las fuerzas de Franco, partidaria en buena medida del bando rebelde, tiene inmediata repercusión en todo el mundo. Ignorantes de la importancia que la información periodística comenzaba a tener en los conflictos bélicos, los militares no prestan atención al trabajo de la prensa hasta que, a partir de este momento, comienza a pasarles factura. Los reportajes aparecidos en el *Diario de Lisboa,* firmados por Mario Neves, o en el *Chicago Tribune,* realizados por Jay Allen, levantan la ira de la opinión pública en las democracias occidentales. Este hecho obliga a los militares a modificar su política informativa, que no sus campañas de terror y exterminio.

El 26 de agosto, después de pasar por Burgos y entrevistarse con Mola, Franco instala su cuartel general en Cáceres. En su imparable avance, las tropas de Yagüe enfilan hacia Madrid a través del valle del río Tajo. Tan sólo tras la ocupación de Talavera encuentran una resistencia firme y un tímido intento de contraataque por parte de las fuerzas republicanas. Hasta ese momento se han enfrentado a valerosos pero inexpertos grupos de milicianos cuya torpeza y bisoñez militar poco han podido hacer ante la

El general Dávila
(Al lado). Miembro de la Junta Nacional de Defensa, Jefe del Estado Mayor y, en febrero de 1938, ministro de Defensa Nacional en el primer Gobierno de Franco.

El general Saliquet
(A la derecha). Integrante destacado del grupo de generales sublevados que, en septiembre de 1936, eligieron a Franco como generalísimo *de los tres ejércitos.*

disciplina y preparación de las tropas africanas. El Gobierno, todavía atenazado y poco consciente de la situación real de las cosas, ve avanzar a los rebeldes sin conseguir impedir su acercamiento. Con las columnas de Yagüe cada vez más cerca de Madrid, los medios políticos y periodísticos continúan discutiendo si es necesario o no militarizar las milicias de los diferentes partidos. Como recurso de última hora se intenta frenar a las tropas de Franco, saliendo a su encuentro, para evitar un colapso repentino de la República. Sin embargo, el contragolpe es fácilmente dominado por los rebeldes, que a las afueras de Talavera consiguen envolver a los republicanos provocando una desordenada huida.

Con la carretera que conduce a la capital despejada, Franco tiene en sus manos la posibilidad de entrar en un Madrid desguarnecido, tomándolo por sorpresa. Se trata de una oportunidad que, de resolverse con éxito, tal y como todo apunta, acabará con el conflicto iniciado dos meses antes. A pesar de todo, Franco, en una decisión personal, decide no avanzar hacia la capital sino desviarse hacia Toledo, donde los sublevados resisten asediados en el Alcázar. Desaprovechada la ocasión de tomar Madrid, que no volverá a repetirse en toda la guerra, el Gobierno republicano improvisa a tiempo un plan defensivo para la capital, que en los siguientes meses se hará infranqueable para los militares sublevados. La acción de Franco, discutida por alguno de sus subordinados, tiene tanto

El general Cabanellas
Fundador de los Regulares marroquíes y antiguo diputado radical, Cabanellas pasa revista a unas milicias falangistas en agosto de 1936.

EL ASEDIO DEL ALCÁZAR DE TOLEDO

El asedio del Alcázar de Toledo, sede de la Academia Militar de Infantería, por parte de tropas republicanas entre el 21 de julio y el 27 de septiembre de 1936, se convirtió en uno de los mitos bélicos del bando sublevado y del régimen franquista, y sigue siendo objeto de polémica. Fue sin duda uno de los puntos de inflexión del devenir inicial de los frentes.

Tras el fracaso del levantamiento militar en Toledo, el general Moscardó se refugió en el Alcázar junto a un número de personas que se situaría entre 1.200 y 1.600 (sobre todo guardias civiles y de asalto, junto a falangistas, algunos cadetes de la Academia y un número indeterminado de civiles –principalmente mujeres y niños–, entre ellos numerosos rehenes republicanos). Las desorganizadas tropas milicianas no lograron acabar con este foco rebelde y el Gobierno republicano encomendó la misión al recién nombrado jefe de la I División Orgánica, el general Riquelme, primero de los mandos que intentará tomar la plaza.

Por falta de medios artilleros el Alcázar no será cañoneado, ni rodeado totalmente, hasta la segunda mitad del mes de agosto, momento en el que los republicanos reciben cañones de 155 mm e inician el minado subterráneo de la fortaleza. El 22 de agosto un primer avión franquista arroja víveres a los sitiados y les anima a ondear la bandera roja y gualda. Los intentos de rendirles mediante la negociación, realizados el 9 de septiembre por el teniente coronel Vicente Rojo, que había sido instructor de la Academia de Toledo; el 11 por el sacerdote madrileño Vázquez Camarasa, que trató de persuadir a Moscardó de que dejara salir a mujeres y niños, y el 18, por el embajador chileno, Aurelio Núñez Morgado, también fracasaron.

La propaganda de los sublevados difundió un relato, sobre el que no existe certeza plena, según el cual las tropas republicanas habrían amenazado a Moscardó, en conversación telefónica del 23 de julio, con fusilar a su hijo Luis, de 24 años, si el Alcázar no se rendía. Dicha propuesta habría sido rechazada por su padre. La historia, análoga a la de Guzmán el Bueno, otorgaba a los rebeldes todo tipo de virtudes (no exentas de fanatismo), al tiempo que achacaba a los republicanos, entre otras cosas, una falta total de escrúpulos. Este episodio, descrito posteriormente en detalle en el antiguo museo toledano dedicado a las víctimas franquistas del asedio, trató de invertir la desventaja propagandística que la repercusión de la toma de Badajoz había tenido para el ejército africano.

Al margen de esta polémica y de la cifra final de víctimas en el asedio (que se situaría, dependiendo de las fuentes, entre 100 y 400, incluyendo asaltantes), lo cierto es que los sitiados resistieron hasta la llegada a Toledo de las tropas del general Varela el 27 de septiembre. Para entonces, el edificio ya estaba medio destruido y sus ocupantes, extenuados, habían repelido varios asaltos enemigos. Varela había sustituido a Yagüe al mando de las tropas franquistas porque éste era partidario de continuar el avance hacia Madrid y no de desviarse hacia Toledo e interrumpir así la evolución, hasta entonces victoriosa, que habían desarrollado desde Sevilla. La acción, decidida personalmente por Franco, dado su valor psicológico y propagandístico, dio tiempo a Miaja, presidente de la Junta de Defensa de Madrid, y a Rojo, jefe de su Estado Mayor, para organizar una improvisada, pero efectiva, defensa de la capital.

El Alcázar toledano, que próximamente se convertirá en Museo del Ejército, después del asedio que sufrió en el otoño de 1936.

MATERIAL BÉLICO
En la guerra escasearon los cascos, todavía de acero, y los fusiles, sobre todo entre los republicanos, siendo los Máuser los más habituales.

APOYO ECLESIAL
(Abajo). El entendimiento entre los sublevados y la Iglesia fue enorme. En la foto, militares franquistas y jerarquías eclesiásticas saliendo de la Catedral de Burgos.

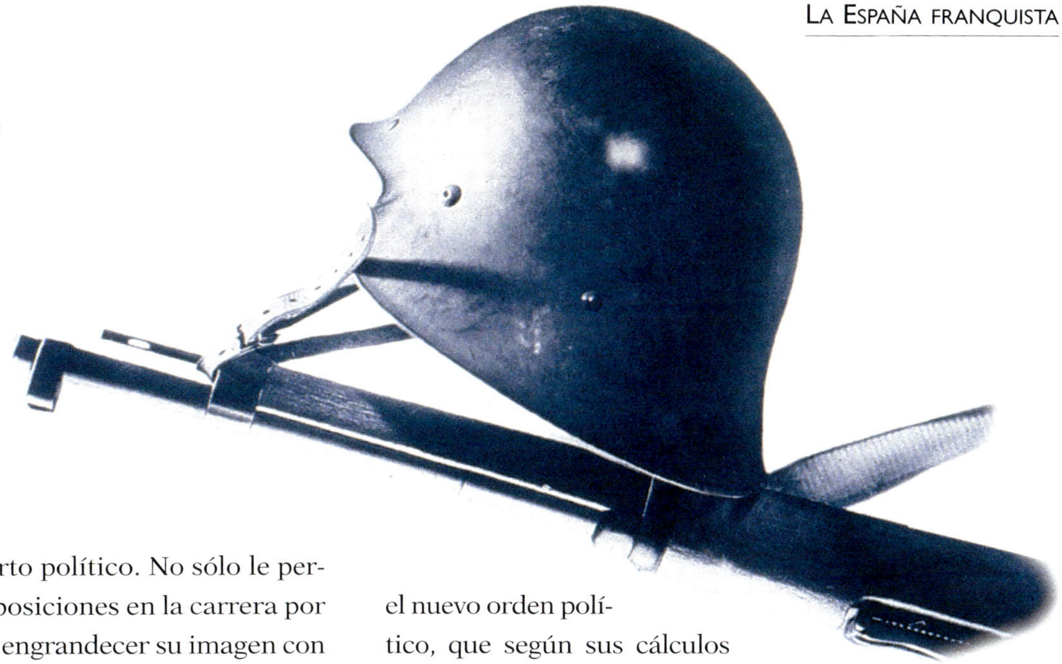

de error militar como de acierto político. No sólo le permite ganar tiempo y avanzar posiciones en la carrera por el poder sino que contribuye a engrandecer su imagen con un mito fundacional construido a su medida.

UN EJÉRCITO SIN ESTADO

La toma de conciencia de hallarse, como consecuencia del fracaso del golpe, ante un conflicto bélico, nueva realidad que precisa de una difícil adaptación en todos los sentidos, provocará que ambos bandos se sumerjan a lo largo del verano del 36 en una fase de desconcierto y desorganización. Aunque, como ya se ha señalado, los militares sublevados en la meseta norte organizan el 24 de julio la denominada Junta de Defensa Nacional, la situación en esta zona no deja por ello de caracterizarse por la mayor confusión política. Los partidos que apoyan a los militares sediciosos prosiguen su actividad y se vuelcan en afianzar su presencia en el nuevo orden político, que según sus cálculos debe organizarse en breve, así como en hacer cuanto está en sus manos para favorecer la victoria militar. Grupos como la CEDA de Gil Robles; los monárquicos alfonsinos de Renovación Española, el partido de Calvo Sotelo; y otros pequeños partidos que en febrero formaron parte del Bloque Nacional, comparten su ideología conservadora, su marcado carácter confesional y su rechazo al Frente Popular y al Gobierno de la República, elementos que les unen en el apoyo al sector rebelde del ejército, con el que ya habían tenido contacto en los meses previos al golpe. Sin embargo, aunque su actividad es más o menos autorizada, pierden fuerza en el contexto bélico.

En el caso del Partido Nacionalista Vasco, pese a compartir idénticas características, no se produce finalmente la

JOSÉ MOSCARDÓ
El entonces coronel, director de la Escuela de Educación Física de Toledo, dirigió la resistencia del Alcázar toledano.

Ofensivas de Mola
La toma de Irún por parte del ejército del norte inició el aislamiento del País Vasco. En la foto, la ciudad tras ser tomada el 4 de septiembre de 1936.

Obreros y campesinos
Los franquistas, como los republicanos, recurrieron en sus carteles a cierta iconografía popular para alentar el apoyo de los trabajadores urbanos y rurales.

adhesión al contar su causa autonomista con el respaldo del Gobierno republicano. De hecho, la actividad del PNV en los territorios controlados por Mola (Álava y Navarra) es permitida hasta avanzado el mes de septiembre y no son pocos los nacionalistas que se integran en las milicias requetés. Conservadores y católicos, los nacionalistas vascos alaveses ordenan a sus seguidores, en el momento de producirse, que no se opongan a la sublevación, y, transcurridos unos días, que se sumen a ella. Ibarrondo y Landáburu, dirigentes nacionalistas, instan a Aguirre a apoyar a los rebeldes justificando esta decisión en las afinidades religiosas, políticas y sociales existentes. Tan sólo la concesión de la autonomía a las provincias de Álava, Guipúzcoa y Vizcaya, bajo el nombre de País Vasco, el 1 de octubre de 1936, asegura su adscripción republicana.

Son dos formaciones hasta ese momento más o menos marginales, el Partido Tradicionalista y Falange Española de las JONS, las que, gracias a sus organizaciones paramilitares, los requetés carlistas y las milicias falangistas, tendrán mayor protagonismo político. Una y otra dotarán al bando sublevado de la argamasa ideológica de la que, más allá del conservadurismo confesional, carecía. De igual forma, los símbolos, lemas y estética de ambos partidos serán asumidos por los militares rebeldes y por el nuevo régimen por ellos forjado. Sin embargo, falangistas y carlistas, desbordados por el aluvión de incorporaciones, por su dependencia de los militares y por las limitaciones políticas existentes, no podrán poner en marcha ninguno de sus proyectos más importantes.

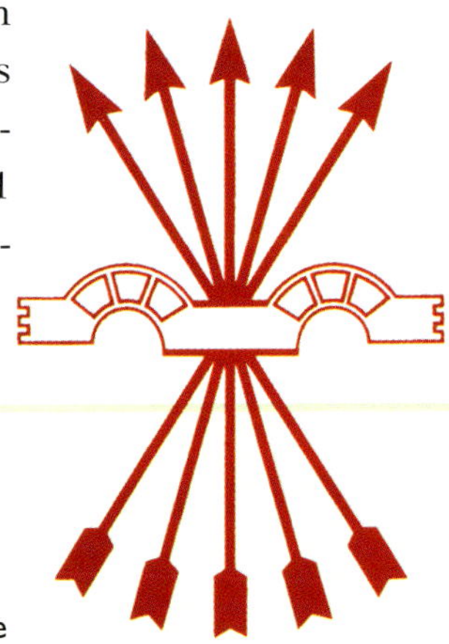

Falange, partido único

Falange Española (FE) fue fundada en octubre de 1933 por José Antonio Primo de Rivera, recogiendo influencias diversas del fascismo italiano, del conservadurismo religioso y de las ideas de orden y jerarquía. En febrero de 1934, FE se unió a las Juntas de Ofensiva Nacional Sindicalista (JONS) de Ramiro Ledesma y Onésimo Redondo, grupo que proporcionó a la nueva FE de las JONS un componente más revolucionario, de abierta confrontación con la República.

A pesar de sus constantes acciones callejeras, Falange no recabó grandes apoyos ni populares ni financieros. En las elecciones de 1936 el partido no logró ni un solo escaño en el parlamento. José Antonio fue pronto detenido por las autoridades del Frente Popular y fusilado después del levantamiento militar de julio. Sin embargo, con el inicio de la Guerra Civil, Falange comenzó a ser un partido de aluvión cuyos militantes dirigían las acciones represivas en la retaguardia, aunque su agrupación no estuviera siquiera representada en la Junta de Defensa Nacional constituida el 25 de julio de 1936.

Franco encontró en una Falange descabezada por la muerte de su carismático líder el soporte ideológico que necesitaba para aglutinar a los dispares partidarios del golpe militar. Con la colaboración de Serrano Súñer, promovió la unificación en abril de 1937 de todas esas fuerzas en torno a un nuevo partido, FET de las JONS (Falange Española Tradicionalista y de las JONS), que reunía, a regañadientes, bajo la indiscutible égida de Franco, a falangistas y carlistas de la Comunión Tradicionalista; convirtiendo automáticamente a militares y funcionarios en miembros del

Nicolás Franco
El hermano del futuro dictador, director de la Marina Mercante en 1935, dirigió la Secretaría General del Jefe del Estado franquista entre octubre de 1936 y enero de 1938.

Tras el asedio
El coronel Varela, de tendencia monárquica, fue el encargado de acabar con el cerco al Alcázar de Toledo. En la foto aparece (sin guerrera), junto a Franco en esa ciudad.

Dos meses después de iniciado el conflicto, ni el poder militar ni el político tienen un objetivo claro. Tras la constitución de la Junta de Defensa Nacional, presidida por el general Cabanellas, además de negociarse con Italia y Alemania la compra de armamento tan sólo se ha tomado una decisión importante: confirmar el mando del ejército de Marruecos a Franco y el del ejército del norte a Mola. No hay, pese a estas medidas, una dirección organizada ni un objetivo militar compartido. Mientras el ejército africano se traslada a la península y emprende el camino de Madrid a través de Extremadura, el del norte, incapaz de acercarse a la capital, toma Irún –cerrando la frontera francesa– el 4 de septiembre y San Sebastián unos días después. La necesidad de un mando único, tanto en lo militar como en lo político, cobra fuerza entre los militares sublevados. Hasta ese momento lo único que hay son unos contingentes armados rebeldes que controlan más de la mitad del territorio pero sin una organización política digna de tal nombre. Un ejército sin Estado.

Franco se hace con el poder

Franco, que hasta el 4 de agosto no se incorpora a la Junta de Defensa Nacional, dirige al ejército más poderoso y, en su avance, gana prestigio entre sus iguales. La liberación del Alcázar de Toledo y el apoyo personal demostrado por Hitler y Mussolini, que concentran sus ayudas en el ejército por él dirigido, incrementan su fama hasta el punto de que, una vez to-

partido. Desde comienzos de 1936 hasta las vísperas del decreto de unificación, Falange había pasado de tener 25.000 afiliados a más de 250.000.
Según el decreto de 1937, Falange se basaba en una Jefatura Nacional ocupada por el «Supremo Caudillo del Movimiento» (Franco); un Secretario General, nombrado por Franco, que era entonces Raimundo Fernández Cuesta, así como una Junta Política y un Consejo Nacional, ambos con pocas atribuciones independientes. Los «camisas viejas» de Falange fueron poco a poco abandonando los puestos de responsabilidad del nuevo régimen, a medida que Serrano Súñer perdía influencia. De este modo, Falange fue utilizada simbólicamente y colaboró de buen grado con el franquismo en ámbitos como la propaganda, la prensa y la organización sindical, a través de instituciones como el Frente de Juventudes, la Sección Femenina o el sindicato vertical, pero apenas influyó en la evolución económica del franquismo ni en la gestión de sus asuntos exteriores. Tampoco logró imponer sus criterios en materias como la socialización escolar y la censura, en los que acabó dominando la jerarquía eclesiástica.
En 1945 FET y de las JONS pasó a llamarse oficialmente Movimiento Nacional.
El 1 de abril de 1977 el Gobierno de Adolfo Suárez suprimió oficialmente el partido y todos sus símbolos, hasta entonces omnipresentes.
Desde 1975 vienen proliferando las formaciones que se pretenden herederas de Falange, pero sus resultados electorales en las elecciones democráticas han sido irrelevantes.

Los escritos de Onésimo Redondo, entre otros, dieron forma al fascismo español.

Queipo de Llano y Franco
A pesar de sus desavenencias con Franco, Queipo (tercero por la izquierda) conservó durante la guerra mucho poder en el sur de España, gracias al apoyo de las clases adineradas andaluzas.

El mando único
Desde este balcón del palacio de la Capitanía General de Burgos fue anunciado el nombramiento de Franco como generalísimo *el 1 de octubre de 1936.*

mada la decisión de institucionalizar políticamente el bando rebelde, es el general mejor situado. Unos días antes de liberar el Alcázar, en una reunión celebrada el 21 de septiembre en las afueras de Salamanca (en la que participan los generales Cabanellas, Mola, Franco, Orgaz, Queipo de Llano, Gil Yuste, Saliquet, Dávila y Kindelán, y los coroneles Montaner y Moreno Calderón), se trata la necesidad de nombrar un mando único, tanto militar como político, cuestión con la que Cabanellas no está de acuerdo. En una segunda reunión, celebrada en el mismo lugar el día 28, se decide disolver la Junta y nombrar a Franco jefe del Gobierno, *generalísimo* de los tres ejércitos y jefe de los ejércitos en lucha. En sustitución de la Junta de Defensa se crea la Junta Técnica del Estado, organismo dirigido a la estructuración de un nuevo Estado español. Cabanellas será nombrado inspector general del ejército; Queipo de Llano, jefe del ejército del sur; y Mola del ejército del norte.

La reunión militar en la que Franco asume todos los poderes tiene lugar un día después de ser liberado el Alcázar toledano. El día 29, mientras Nicolás Franco, hermano y ayudante militar del general, prepara la redacción del decreto que recoge lo decidido, Franco visita las ruinas de la fortaleza. En el texto final, la cabeza del ejecutivo se ha convertido en una, cuando menos, ambigua figura: *jefe del Gobierno del Estado;* además se añade que asumirá «todos los poderes del Estado» y se elimina la referencia, tal y como había sido aprobada, a la duración del mandato «mientras dure la guerra». Por parte de los generales, pese a las modificaciones introducidas, no hay ningún obstáculo a la aprobación del decreto en los términos en que finalmente se hace. Tan sólo Mola señala la necesidad de revisar lo decidido al finalizar la guerra. El 1º de octubre de 1936, fecha final del decreto, Franco, convertido en *generalísimo,* saluda a la población burga-

PROTAGONISTAS

Queipo de Llano

Nace en Tordesillas, Valladolid, en 1875 y muere en 1951. Después de estudiar en la Academia de Caballería de Valladolid, participa en la guerra de Cuba y en las de Marruecos. En 1930, tras intervenir junto a Ramón Franco, hermano del futuro *generalísimo*, en la fallida sublevación prorrepublicana de Cuatro Vientos, se exilia en Portugal. El 17 de abril de 1931 el gobierno provisional de la República le nombra capitán general de Madrid. Más tarde será general al mando de la primera división orgánica del ejército y jefe de la casa militar del presidente Alcalá-Zamora, de quien era consuegro. La destitución del presidente de la República tras la victoria del Frente Popular en 1936 no hará más que agravar la decepción de Queipo de Llano respecto al orden político vigente.
En julio de 1936 es el encargado de sublevar a la Segunda División Orgánica de Sevilla, objetivo que logra mezclando la audacia con un uso indiscriminado del terror. A pesar de las evidentes diferencias que siempre tuvo con Franco, el 21 de septiembre, como miembro de la Junta de Defensa Nacional, se mostrará partidario de que éste sea nombrado jefe del Estado, dada su fuerza en el campo de batalla y sus relaciones con Alemania e Italia. Como jefe del ejército del Sur, Queipo de Llano utilizará su vínculo privilegiado con las oligarquías andaluzas y su capacidad para establecer contactos comerciales con el extranjero, vitales para el bando alzado, con el fin de consolidar una posición de fuerza que le granjeará el apodo de «el virrey» y que le concederá una autonomía casi total durante toda la guerra.
Sus anteriores simpatías republicanas y sus diarias alocuciones radiofónicas desde Sevilla –procaces y mal vistas en algunos círculos del bando franquista, pero muy efectivas desde el

APOYO HITLERIANO
Pese al poco aprecio que Hitler sentía por Franco, por su modelo de dictadura más cercana al tradicionalismo católico que al fascismo, la ayuda de la Alemania nazi fue determinante para los militares sublevados.

lesa. A continuación traslada su cuartel general a Salamanca y se pone manos a la obra: terminar de asumir el control político y entrar vencedor en Madrid son sus dos objetivos inmediatos. Si en el aspecto militar un cúmulo de casualidades ha terminado dándole el poder (su traslado a Canarias, el mando del ejército africano, la muerte de Sanjurjo –y la posterior de Mola, en 1937–, el fracaso de Cabanellas al frente de la Junta de Defensa Nacional, el apoyo de Hitler, el prestigio ganado en los dos primeros meses...), en el político ocurrirá otro tanto.

LA UNIFICACIÓN POLÍTICA

Una vez confirmado como la máxima autoridad en la zona sublevada, Franco tan sólo necesita poner orden en el caos político que la define. Su primera empresa, que se encargará de poner en marcha en el otoño de 1936, será la de someter bajo control militar a todas las milicias y fuerzas auxiliares movilizadas. Esta cuestión afectará, sobre todo, a las organizaciones carlistas y falangistas, que a partir de ese momento quedan sujetas al código militar. Su astucia táctica se ve acompañada de la suerte al no haber político alguno que le haga sombra: Calvo Sotelo, el líder monárquico, fue asesinado unos días antes del golpe; Gil Robles, el dirigente de la CEDA, es «animado» a retirarse a Portugal, donde, en un segundo plano, colabora con los sediciosos aun a costa de perder todo protagonismo político; José Antonio, jefe de Falange, está preso en la zona republicana y finalmente, el 20 de noviembre, es ejecutada su sentencia de muerte; Fal Conde, jefe tradicionalista, es obligado a emprender también el camino del exilio portugués. El anuncio carlista de crear una Academia Militar propia, pese a

punto de vista propagandístico– no impedirán que entre a formar parte del Consejo Nacional de FET de las JONS, aunque en 1938 su carácter cada vez más antifalangista propicie su exclusión tanto del primer Gobierno de Franco como de la Junta Política del partido único.
En julio de 1939, Franco, que durante la guerra había frenado algunos movimientos de Queipo en Andalucía (como el avance hacia Almería inmediatamente después de la toma de Málaga), para limitar su poder, utilizará los rumores sobre una supuesta confabulación del general vallisoletano y el deseo de llamarle al orden por unas declaraciones hechas frente a más de cien alcaldes andaluces para convocarlo a Burgos y confinarlo en un hotel de la ciudad, antes de trasladarlo forzosamente a Italia en una supuesta misión militar que no era más que un destierro encubierto. Esto no impedirá que en 1944 el jefe del Estado le conceda la Cruz Laureada y que en 1947 el ayuntamiento de Sevilla le otorgue la medalla de oro de la ciudad.

Por su carácter atrevido y exhibicionista, Queipo de Llano hizo como pocos la guerra psicológica a través de la radio y de otros medios de comunicación.

LA INTELECTUALIDAD FALANGISTA

Como movimiento político y cultural de la etapa de entreguerras, Falange Española está plenamente imbuida del espíritu de rebeldía que impregnaba las tendencias del momento y que se reflejaba en publicaciones como *La Gaceta Literaria,* fundada por el futuro falangista Giménez Caballero, o la *Revista de Occidente,* que darían cabida a colaboraciones de gran variedad ideológica. El credo de FE combinará la revolución con la tradición religiosa, la violenta contestación juvenil con la reivindicación de la generación del 98. En la relación de FE con Ortega y Gasset se resumen muchas de las contradicciones de este partido, que asumirá el dogma nacional y la retórica regeneracionista del filósofo, rechazando su liberalismo.

Se encuentran precedentes de la doctrina de FE en la revista bilbaína *Hermes,* publicada entre 1915 y 1922 por la Escuela Romana del Pirineo, y en el grupo que en Cataluña rodeaba a Eugenio D'Ors. Más tarde, la revista *Acción Española,* fundada en 1931 por un grupo homónimo cuyo núcleo estaba en figuras como Maeztu o Calvo Sotelo y cuyo objetivo era defender la monarquía autoritaria frente a la República, dará cabida a futuros falangistas como Giménez Caballero o Sánchez Mazas (uno de los autores del *Cara al sol),* y desde sus páginas se elogiará el discurso de constitución de FE en 1933.

Dos publicaciones de corta vida, *La Conquista del Estado,* «semanario de lucha y de información política», publicado en Madrid entre marzo y junio de 1931 y dirigido por Ramiro Ledesma, y *El Fascio,* cuyo único número apareció el 16 de marzo de 1933, indican ya claramente el tono político de la futura Falange, que expresa su vertiente más puramente literaria y vanguardista en tertulias como la de «La Ballena Alegre» o en publicaciones más plurales como *Cruz y Raya,* editada entre 1933 y 1936 desde un catolicismo progresista. En ella publicarán falangistas como Dionisio Ridruejo (que en los años cincuenta romperá con el franquismo), Agustín de Foxá o Sánchez Mazas.

Al iniciarse la guerra, sólo Falange, y en menor medida el carlismo, disponían de una doctrina y de una simbología útiles para respaldar un nuevo régimen que pondría las estratégicas competencias de prensa y propaganda en manos falangistas, como demuestra el nombramiento, a comienzos de 1938, de Dionisio Ridruejo como Jefe Nacional de Propaganda. El diario *Arriba,* que nace en agosto de 1937, y la revista *Vértice,* que se publicará entre 1937 y 1946, serán empeños primordiales del falangismo en el poder.

En la inmediata posguerra, el grupo universitario falangista de Ridruejo, Antonio Tovar y Pedro Laín Entralgo comenzará a propiciar, de forma muy minoritaria, una idea más integradora de la cultura e, incluso, una desvinculación de Falange respecto al régimen franquista. *Escorial,* cuya vida se prolongó entre 1940 y 1950, y la *Revista de Estudios Políticos,* fundada en 1941 y de trayectoria mucho más larga, recogerán colaboraciones de poetas como Gerardo Diego o Vicente Aleixandre, y de historiadores como José Antonio Maravall. En 1946 *Ínsula* se abrirá tímidamente a autores exiliados y en 1952 *Revista* será la última publicación que aglutine a ese grupo de intelectuales falangistas.

Primer Consejo Nacional de FET de las JONS. El tercero por la izquierda es Ernesto Giménez Caballero (apodado «GeCé»), principal representante del futurismo español y breve jefe de propaganda franquista en 1936, a las órdenes de Millán Astray.

Las secciones de Falange
Tras la unificación y la declaración de Falange como partido único, se institucionalizarían sus distintas secciones. A la izquierda, propaganda de Auxilio Social; al lado, sello de ayuda para una colecta de la Sección Femenina.

ser conocido por Mola, enfada a Franco hasta el punto de llegar a amenazar a Fal Conde con un consejo de guerra en caso de no abandonar España.

En cuanto a Falange, la guerra civil supone una transformación absoluta para el que hasta entonces apenas había sido un pequeño e insignificante partido radical. El inmenso crecimiento de su afiliación, el cautiverio de la mayor parte de sus dirigentes y el sometimiento a los militares sublevados lo transforman hasta el punto de hacerlo irreconocible. En las primeras semanas de conflicto miles de personas se afilian a Falange con la intención de contribuir a la victoria o, en no pocos casos, de evitar ser víctimas de la represión por estar en la zona equivocada o no tener un perfil político claro. Las organizaciones del partido crecen en los primeros meses de forma desmesurada, no sólo las milicias armadas sino también sus diferentes secciones (Auxilio Social, Sección Femenina, Flechas...). Sin embargo, José Antonio está encarcelado y posteriormente es ejecutado en Alicante; Onésimo Redondo muere en Labajos (Segovia) a los pocos días de iniciado el conflicto, en una escaramuza con milicianos anarquistas; Ledesma y Ruiz de Alda son fusilados en la cárcel. En septiembre de 1936, Manuel Hedilla, un obrero que hasta la fecha ha sido jefe provincial de FE en Santander, ante el cautiverio de José Antonio y la muerte del resto de los dirigentes falangistas, es elegido presidente de la Junta de Mando Provisional.

En apenas dos meses, arrastrada por el vendaval movilizador que acompaña al inicio de la guerra, Falange ha pasado de ser un minúsculo partido extraparlamentario a con-

Relaciones con Alemania
Los contactos institucionales entre Falange y el Partido Nazi alemán fueron tenues hasta el 18 de julio de 1936, pero se intensificaron notablemente desde ese momento. En la foto, autobús portugués con «flechas» españoles destinado a Alemania.

PROTAGONISTAS

RAMIRO LEDESMA

Ramiro Ledesma Ramos (Alfaraz de Sayago, Zamora, 1906-Madrid, 1936). Hijo de un maestro rural castellano, estudia Filosofía y Letras y Ciencias al tiempo que trabaja en Correos. Representará dentro de Falange un fascismo revolucionario y violento, pero más intelectual que el de José Antonio.

Vinculado al círculo de la *Revista de Occidente,* entre marzo y octubre de 1931 publica el semanario *La Conquista del Estado,* título que también da a un conocido manifiesto político. A finales de ese mismo año funda las Juntas de Ofensiva Nacional Sindicalista (JONS), que se fusionarán con Falange en febrero de 1934, constituyendo Falange Española de las JONS. Ledesma formará parte del triunvirato inicial del partido, pero en 1935 será expulsado del mismo por divergencias con José Antonio Primo de Rivera, al que consideraba demasiado elitista. En 1935, dentro de un clima de enfrentamiento con sus antiguos aliados, funda el periódico *La Patria Libre,* publica su *Discurso a las juventudes de España* y, con el seudónimo de Roberto Lanzas, *¿Fascismo en España?,* unas memorias en las que criticaba a la derecha española y hallaba puntos de contacto con el radicalismo obrerista del POUM. Tras el golpe militar de julio de 1936, es detenido el 1 de agosto siguiente en Madrid y fusilado el 29 de octubre junto a Ramiro de Maeztu.

ONÉSIMO REDONDO

Onésimo Redondo (Quintanilla de Abajo, Valladolid, 1905-Labajos, Segovia, 1936), nace en una familia de clase media rural. Aporta, primero a las JONS y después a Falange, una interpretación tradicional, católica y antisemita de la lucha contra la República, considerando desde el inicio de ésta que España ya vivía una guerra civil. Se doctoró en Derecho en Salamanca y fue lector de español en Mannheim. En 1931, después de intentar formar un sindicato agrario, funda el semanario *Libertad* y poco después las Juntas Castellanas de Actuación Hispánica, de corte revolucionario. Ese mismo año se produce la unión de esta formación con las JONS de Ledesma. Después del golpe de Sanjurjo en 1932, Redondo se exilia en Portugal hasta 1933. Tras la fusión de las JONS con Falange en 1934, Redondo pasa a un segundo plano, manteniendo, a pesar de los recelos dentro de su propio partido, contactos con el expulsado Ledesma. Después de una activa participación en la campaña electoral de 1936, es detenido el 14 de marzo, como otros falangistas, e ingresa en prisión. El levantamiento militar le sorprende en la cárcel de Ávila. Es liberado por las nuevas autoridades y regresa a Valladolid. Desde allí organiza un grupo que se lanza al combate en el Alto de los Leones. El 24 de julio, en el pueblo segoviano de Labajos, confundido por los colores anarquistas –rojo y negro, los mismos que los de Falange– se detiene ante un camión de milicianos de la columna del teniente coronel Mangada y muere en el tiroteo que se desata.

RAMÓN SERRANO SÚÑER

Nace en Cartagena en 1901 en el seno de una familia acomodada. Estudia Derecho con gran brillantez en la Universidad de Madrid y disfruta de becas en Italia. En Zaragoza, donde obtiene una plaza de abogado del Estado por oposición, conoce a Ramona Polo, cuñada de Franco, con la que contraerá matrimonio (razón por la que sus enemigos políticos le apodarían el «cuñadísimo»). Dirigente de las Juventudes de Acción Popular (JAP) y amigo personal de José Antonio Primo de Rivera, en 1933 será diputado de la Unión de Derechas, que luego se integrará en la CEDA, y se opondrá a la vía «accidentalista» de Gil Robles. En julio de 1936, tras fracasar el golpe de Estado en Madrid, es detenido y recluido en la cárcel Modelo, de donde escapará, según las versiones, con ayuda del dirigente socialista Belarmino Tomás; de Junod, un delegado de Cruz Roja; de varias embajadas o, simplemente, porque se consideró que era un preso de poca importancia. En cualquier caso, parece que la experiencia de la cárcel y la muerte de sus hermanos José y Fernando a manos de milicianos le causarían un gran impacto. A finales de febrero de 1937 llega a Salamanca y, desplazando a Nicolás Franco, se convierte en asesor principal del *Caudillo,* quien, sin embargo, no había hecho ningún esfuerzo por liberarle mediante un intercambio de prisioneros. Serrano Súñer aportará a la España sublevada una rigurosa estructura jurídica (es el autor de la Ley de la Administración Central del Estado de enero de 1938) y, traumatizado por su experiencia en Madrid, coincidirá con Franco en el odio a la República, al marxismo y la masonería, la necesidad de un gobierno autoritario, la conveniencia de restaurar los valores católicos, y la admiración por Mussolini y Salazar. Sin consultar con Hedilla, jefe de Falange –partido al que Serrano Súñer no había pertenecido hasta el momento– ni con los carlistas, el recién llegado propiciará de manera unilateral, junto a Franco, la unificación de ambas tendencias en FET de las JONS, de cuya Junta Política será presidente en 1939. Desde el Ministerio del Interior (después Gobernación) controlará a partir de enero de 1938 la prensa y la propaganda. Terminada la guerra civil e iniciada la Segunda Guerra Mundial, Serrano Súñer, ministro de Asuntos Exteriores desde 1940, propicia un mayor acercamiento al Eje (la División Azul fue idea suya), y organiza el encuentro entre Franco y Hitler celebrado en octubre de ese año. Sin embargo, tras la entrada de EE UU en la guerra, su estrella irá declinando. En septiembre de 1942 sale del Gobierno tras un grave incidente registrado en el santuario de Begoña entre falangistas y carlistas. Vuelve a la abogacía y hasta 1957 es procurador en Cortes. Muere en Madrid en 2003.
Entre sus obras autobiográficas figuran *Entre Hendaya y Gibraltar* (1947) y *De anteayer y de hoy* (1981).

Los primeros *Panzer*
En sus diversas variantes (algunas llamadas «negrillo»), y con su característica doble ametralladora, entraron por primera vez en combate en España, pero, al comprobarse su poca efectividad, Alemania dejó posteriormente de fabricarlos.

vertirse, gracias al ostracismo, a excepción de los carlistas, de las demás fuerzas conservadoras, así como a su propia estructura paramilitar, en el principal partido de la zona sublevada. Sin embargo, no logrará asentar su hegemonía política al imponerse el criterio de los militares. La competencia por el poder político, soterrada lucha entablada entre el Cuartel General de Franco y Falange, apenas durará unos meses. En abril de 1937, en un clima de incertidumbre ante la sospecha de que Franco se dispone a unificar todas las fuerzas políticas, la celebración del IV Consejo Nacional de Falange Española de las JONS da lugar al enfrentamiento entre partidarios de Hedilla, más radicales en sus objetivos políticos, y un grupo de dirigentes dispuesto a aceptar la unificación. La refriega, conocida como «los sucesos de Salamanca», se saldará con dos falangistas muertos, siendo elegido Hedilla jefe de Falange. Inmediatamente, el mismo día, Franco hace público el Decreto de Unificación, por el que los carlistas de la Comunión Tradicionalista y los falangistas se fusionan en un nuevo partido por él dirigido: Falange Española Tradicionalista y de las JONS. Tras la unificación, Hedilla es condenado a muerte (pena que sería conmutada, permaneciendo preso hasta 1941 y deportado en Baleares hasta 1947), Falange queda bajo estricto control de Franco y el resto de los partidos son disueltos.

El asalto a Madrid

En el terreno militar, a partir del 1° de octubre de 1936, Franco se lanza a la conquista de Madrid. Poco a poco, con mayores problemas de los que había encontrado hasta entonces, el ejército franquista avanza hacia la capital. La mejor defensa republicana y la llegada de los primeros envíos de material soviético dificultan la marcha: a comienzos de octubre llegan al puerto de Cartagena tanques *T-26 B* y blindados *BA-10.* En Archena (Murcia) se orga-

Monasterio de las Huelgas (Burgos)
En su sala capitular tuvo lugar, en diciembre de 1937, el primer Congreso Nacional de FET y de las JONS, bajo la presidencia de Franco. En la lápida: «Caminante. En la Sala Capitular de este Monasterio, el dos de diciembre de 1937, II Año Triunfal, celebrose el primer Congreso Nacional de F.E.T. y de las JONS, jurando ante Dios y sus Santos Evangelios el Jefe del Estado Exmo. Sr. D. Francisco Franco, y consejeros, dar su servicio y vida en holocausto de una España imperial, grande y libre».

Asedio de Madrid
Tras la evacuación del Gobierno, el 6 de noviembre de 1936, la Junta Delegada de Defensa de Madrid (presidida por el general Miaja, al lado, con gafas) fue la encargada de defender la capital. Su Delegación de Prensa y Propaganda se ocupó de galvanizar a la población y de sensibilizar a la opinión pública nacional e internacional.

niza una escuela y base de entrenamiento para estos vehículos, desde la que son rápidamente enviados al frente para su utilización en la defensa de Madrid. Los nuevos carros de combate se enfrentan a los blindados italianos que acompañan a las tropas rebeldes sin conseguir detener su avance. Éstas toman uno a uno los pueblos situados al este de la capital, entre las carreteras nacionales IV a VI, hasta situarse prácticamente a sus puertas. Dos compañías alemanas compuestas por quince carros *Panzer I* cada una colaboran de manera decidida en la aproximación. Desde mediados de octubre se producen bombardeos aéreos sobre Madrid que tienen como objetivo acabar con las defensas y desgastar anímicamente a la población. La guerra gana en complejidad al mejorar los materiales empleados, aumentar la preparación y diversificarse los procedimientos utilizados por ambas partes.

El 6 de noviembre, mientras el Gobierno republicano abandona Madrid camino de Valencia, el asalto cobra su mayor empuje. Las defensas republicanas tratan de organizarse en una ciudad atemorizada mientras aguantan a duras penas esperando refuerzos. La resistencia organizada por militares profesionales como Miaja o Rojo impide la toma de la capital. El descubrimiento de los planes enemigos, al encontrarse una copia del plan de ataque en el cadáver de un oficial italiano reducido junto a su carro de combate, permite un uso ventajoso de las propias unidades, colocadas estratégicamente en los lugares por donde pretendían entrar los sublevados. Además, la organización urgente de algunas columnas, la llegada de tropas procedentes de Barcelona y, especialmente, la presencia en Madrid de la I Brigada Internacional, que apresuradamente

Capital de la gloria
Tras el fracaso a finales de 1936 del embate franquista contra Madrid, la «capital de la gloria» de Alberti se convierte en símbolo de la resistencia republicana, glosada, como en el cartel de la derecha, con épicas palabras de Azaña, o conmemorada en sellos del momento.

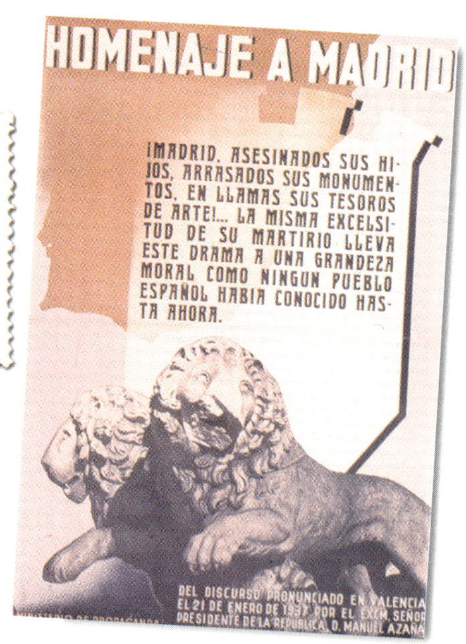

PROTAGONISTAS

Los requetés

Los requetés o «boinas rojas» eran la fuerza de choque del carlismo, movimiento tradicionalista católico y antiliberal surgido en los años veinte del siglo XIX en torno a la reivindicación del trono español por parte de Carlos María Isidro de Borbón, hermano menor de Fernando VII. Esta disputa política y dinástica ocasionaría tres «guerras carlistas» en ese mismo siglo.
Siguiendo el modelo de los Camelots du Roi franceses, establecido por el grupo de extrema derecha galo Action Française, el Requeté se funda en 1907 como organización juvenil, aunque a partir de 1912-1913 comienza a adoptar estructura paramilitar y se curte en enfrentamientos callejeros contra republicanos y revolucionarios.
El carlismo llega a la Segunda República dividido por la escisión producida en 1919 por Juan Vázquez de Mella, que pretendía el resurgimiento regional mediante una monarquía unificadora. La muerte en 1931 del pretendiente Don Jaime, soltero y sin hijos, al que releva su tío Alfonso Carlos, un anciano de 82 años, propicia la reunión de mellistas e integristas en un frente antirrepublicano centrado en la defensa de la Iglesia. La designación en 1934 del abogado andaluz Manuel Fal Conde como secretario político de la renovada Comunión Tradicionalista de 1932 (que a efectos parlamentarios funcionaba como Partido Tradicionalista) subraya la reorganización del Requeté como grupo militar, ya comenzada anteriormente con iniciativas como la creación en 1931 de las *decurias* de Navarra, baluarte principal del carlismo.
En 1935 los requetés ya contaban con cerca de 6.000 combatientes en esta provincia, y con secciones en Cáceres, Huelva o Sevilla. Las milicias se habían articulado mediante juntas constituidas por sacerdotes locales y militares, retirados por la Ley Azaña o en activo, como el general Varela (apodado «el padre Pepe»), que redactó sus estatutos. En enero de 1936 se completa el tercio de Pamplona y, tras la victoria del Frente Popular, Mola inicia en esta ciudad negociaciones con los carlistas, que ya disponían de una fuerza movilizable en 24 horas de alrededor de 10.000 hombres y que, siendo las milicias de derecha mejor organizadas al comienzo de la guerra, constituirían inicialmente el grueso del ejército del Norte.
Entre finales de 1936 y la primavera de 1937, el nuevo orden franquista, a pesar de tomar medidas simbólicas como la recuperación de himnos e insignias monárquicas, muy del agrado del carlismo, también promovió otras de mayor trascendencia, como el decreto de unificación de milicias y el de fusión política del tradicionalismo con Falange que dio lugar a FET de las JONS, que sorprendieron y desagradaron a los líderes tradicionalistas. Fal Conde perdió el control de su partido, sufriendo primero exilio en Lisboa, en 1936 y, tras la guerra, años de confinamiento en Mallorca.
Para entonces, España había sido proclamada monarquía, pero Franco declaraba que él sería su regente perpetuo. A su muerte, le sucedería Juan Carlos de Borbón, un monarca rechazado por los carlistas, por no atenerse a la línea de sucesión que consideraban legítima.

En la foto, desfile de requetés.

Dionisio Ridruejo
(A la izquierda). Escritor, periodista y gran orador, fue entre 1938 y 1940 Jefe Nacional de Propaganda, e impulsó iniciativas, como la revista Vértice, *de reactivación de la vida cultural en la zona rebelde.*

se ha formado en Albacete, no sólo elevan la moral de los sitiados sino que sirven de refresco a unos combatientes a punto de sucumbir. Durante varios días prosigue el ataque sin que se consigan avances significativos. Ante esta situación, Franco trata de doblegar a los resistentes sometiendo la ciudad a bombardeos masivos que afectan a la población civil, no sin antes aclarar que éstos no afectarán al barrio de Salamanca (zona residencial de clase alta). La tarde del 17 de noviembre, miles de bombas explosivas e incendiarias caen sobre Madrid provocando, en una ciudad sin refugios ni artillería antiaérea, centenares de muertos. El primer intento de tomar la capital ha sido un fracaso.

Tampoco el segundo, que tiene lugar durante las primeras semanas de diciembre, consigue su objetivo. En esta ocasión Franco opta por una maniobra estratégica: atacar por el norte y cortar las comunicaciones con Valencia para, de este modo, estrangular la ciudad, que quedaría a merced del definitivo asalto. Sin embargo, de nuevo las tropas republicanas consiguen repeler la embestida. La encarnizada defensa de la capital permite vislumbrar que la guerra no se resolverá en breve plazo, que es cuestión de tiempo. Desaprovechada la ocasión en septiembre, cuando la República no había asumido plenamente su defensa, se hace imposible para los sublevados el ataque directo. Las maniobras envolventes, que buscan el aislamiento de Madrid con el resto del territorio republicano, serán la tónica de las semanas siguientes. Sin embargo, estabilizados los frentes, para todos los actores ha quedado claro que la guerra será larga y que sólo la lenta conquista del territorio permitirá la victoria.

Propaganda franquista
Los valores familiares tradicionales defendidos por el bando rebelde se plasman en este cartel de Carlos Sáenz de Tejada (1940), perteneciente a una serie dedicada al himno falangista Cara al Sol.

Agustín de Foxá
(En la página anterior). Elegante y airado representante de la propaganda antirrepublicana en la novela Madrid, de Corte a Checa *(1937), tras la guerra, desencantado con la situación del país, el conde Foxá abandonó la narrativa para dedicarse a la poesía y los escritos humorísticos.*

Carlos Sáenz de Tejada
Ilustrador en publicaciones como ABC *y* Vogue, *y heredero en sus formas estilizadas del cine nazi de la productora U.F.A., realiza sus mejores carteles de propaganda a partir de 1939, tras la toma de Barcelona. A la izquierda, Franco a caballo entre una bandera española y otra de Falange.*

Cultura y sociedad

En la zona sublevada, que según transcurran los meses ampliará su superficie, se conforma una cultura particular que, tras la victoria final, persistirá durante décadas de la mano de la dictadura de Franco. Si bien es cierto que la mayor parte de los intelectuales permanece leal a la República o huye al extranjero aterrada por la acción de unos y otros, la España franquista cuenta desde el primer momento con un nutrido grupo de escritores, pensadores y artistas que se ocupa de la difusión cultural y el adoctrinamiento ideológico a partes iguales. Por lo general, se identifican con el falangismo, al que se incorporan rápidamente, o con el conservadurismo católico. Escritores como Agustín de Foxá, Rafael Sánchez Mazas o Dionisio Ridruejo, periodistas como Ernesto Giménez Caballero o Juan Aparicio, poetas como Manuel Machado o José María Pemán, y artistas como Ignacio Zuloaga o Moisés de Huerta son, entre otros, algunos de sus más destacados representantes.

El nuevo régimen forjado por los militares sublevados en julio, carente de una base ideológica firme y deudor de los regímenes fascistas triunfantes en Europa, copia la estética del fascismo español a la vez que articula un sistema político semejante al implantado por Mussolini en Italia. Los símbolos falangistas y su repertorio ritual configuran, junto al de la Iglesia Católica, el marco cultural en que se desenvuelve la vida cotidiana en el bando franquista. El omnipresente papel de la Iglesia legitimará a su vez no sólo la acción política sino, especialmente, la bélica, haciendo de obligado cumplimento sus preceptos, extendiendo su moral a todos los ámbitos, transmitiendo ideales políticos y religiosos, y recobrando, en la medida en que lo había perdido con la República, su control casi total sobre la educación.

La Iglesia y el Estado
Volvieron a estar unidos en la España rebelde y, después, durante el franquismo. En la imagen, el Arzobispo de Sevilla Eustaquio Ilundáin (tercero por la derecha) junto a Queipo de Llano y Franco en el Palacio Episcopal hispalense.

La España republicana

El inicio de la guerra y la división del territorio nacional en dos zonas enfrentadas, lejos de suscitar la inmediata reacción del Gobierno, provoca un momentáneo colapso político del régimen republicano. Si el fracaso del golpe da pie a la represión más brutal en las ciudades y territorios controlados por los sublevados, la respuesta de los militantes de sindicatos y partidos políticos de izquierda en la zona republicana no queda a la zaga. El Gobierno, sorprendido por la acción y sobrepasado por los acontecimientos, balbucea en los primeros días dando lugar a un pasajero vacío de poder que es ocupado por las enardecidas masas revolucionarias. Mientras los militares levantados en armas, apoyados por las milicias falangistas y requetés, aniquilan a políticos y cargos públicos comprometidos con la República, a afiliados y simpatizantes de organizaciones izquierdistas, a maestros, a personas ligadas al Frente Po-

UN PROYECTO PARA ESPAÑA
(Pág. 80) La República movilizó en su defensa a toda la sociedad; en la imagen, un soldado visita un centro infantil. (Pág. 81) La España republicana enfrentada a la amenaza del fascismo internacional.

ESTALLIDO DE VIOLENCIA
El inicio de la guerra supuso la propagación del terror en ambos bandos. A la derecha, dibujo de Lagarde representando un «paseo» y templo bombardeado por la aviación.

pular y a aquellos compañeros que se han resistido a rebelarse (hasta 16 generales son asesinados en los primeros días por los sublevados), los revolucionarios hacen lo propio con empresarios, propietarios agrarios, militantes de grupos conservadores, militares sublevados y miembros del clero y de órdenes religiosas. Más de seis mil sacerdotes y religiosos morirán a lo largo de los tres años que dure el conflicto.

La represión, prevista de antemano y organizada en el bando rebelde, más espontánea en el republicano, se equipara, pese a todo, en los primeros días, extendiendo el miedo y generalizando el terror por igual. El sobrecogimiento que esta situación provoca en las clases medias urbanas que sustentan el régimen parlamentario es idéntico al experimentado por no pocos políticos leales a la República. El propio presidente Azaña, que desde la llegada del nuevo régimen ha impulsado fervorosamente la separación entre la Iglesia y el Estado y ha defendido de forma radical el laicismo del sistema, queda consternado por los asaltos a edificios religiosos, por las acciones conocidas como *sacas* (fusilamientos de presos) y *paseos* (asesinatos clandestinos e ilegales cometidos, por lo general, a las afueras de las ciudades), por la violencia irracional de aquellos que militan en su propio bando, de los que, para su desgracia, depende el futuro de la Republica. Otras voces al igual que la suya, algo impensable en el bando franquista, se unen en la condena de la represión. Cuando se quiera contener la marea de agitación revolucionaria, sin embargo, será demasiado tarde.

GUERRA Y REVOLUCIÓN

El estallido revolucionario que acompaña al inicio de la guerra en aquellos lugares donde la subleva-

PROTAGONISTAS

LLUÍS COMPANYS

Lluís Companys nace en el Tarròs, Lleida, el 21 de junio de 1882, segundo de los ocho hijos de una acomodada familia agraria. Cursa Derecho en Barcelona, donde inicia sus actividades políticas.
En 1913 entra en el Partido Reformista y se hace redactor del diario *La publicidad*. En 1917 se forma el Partit Republicà Català, con el que Companys logra una concejalía en el Ayuntamiento barcelonés. En 1920 es detenido junto a otros sindicalistas y deportado a Mahón, pero es liberado tras ser elegido diputado, en sustitución de su mentor político Francesc Layret, que había muerto asesinado.
Entre 1920 y 1921 se constituye la Unió de Rabassaires (UdR), de la que Companys será principal impulsor y abogado. En 1923 renueva su acta de diputado. El 16 de abril de 1931 es nombrado gobernador civil de Barcelona tras la victoria electoral de la

Tras la muerte de Franco y la vuelta de la democracia a España, la figura de Lluís Companys, especialmente en Cataluña, ha sido recuperada del olvido. Hoy en día da nombre a colegios, plazas, avenidas e incluso al estadio olímpico de Barcelona.

Munición
Al lado, escrito del Gobierno vasco solicitando munición.

Cartel franquista
El bando sublevado identificó a la República con una mezcla de comunistas, masones, separatistas y anarquistas a los que era necesario «barrer».

Anarquistas
La CNT dejó a un lado sus principios antiestatales para apoyar la participación militar de sus miembros en la guerra.

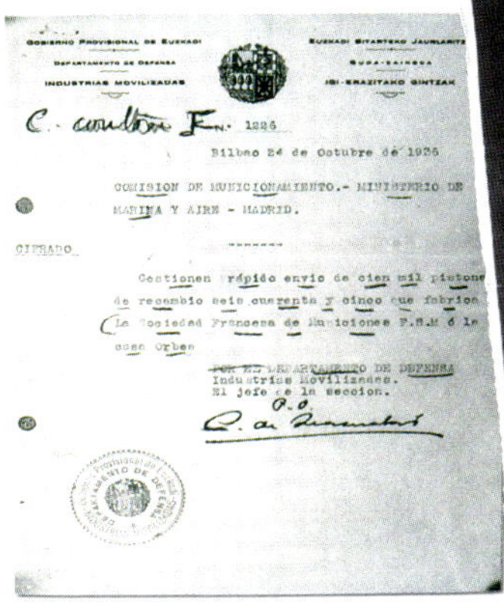
GOBIERNO PROVISIONAL DE EUZKADI
DEPARTAMENTO DE DEFENSA
INDUSTRIAS MOVILIZADAS

C. Cuartel F. N. 1226

Bilbao 24 de Octubre de 1936

COMISION DE MUNICIONAMIENTO.- MINISTERIO DE MARINA Y AIRE - MADRID.

CIFRADO

Gestionen rápido envio de cien mil pistones de recambio seis cuarenta y cinco que fabrica la Sociedad Francesa de Municiones F.S.M ó la casa Orbea

POR EL DEPARTAMENTO DE DEFENSA
Industrias Movilizadas.
El jefe de la seccion.
P.O.

ción militar ha fracasado o no se ha producido ocupa el hueco dejado por las legítimas autoridades republicanas, incapaces de contener un fenómeno que, si bien permite frenar a los golpistas en no pocas ciudades, desintegra la propia autoridad del Estado. En la mayor parte de la España no alzada se forman comités obreros, integrados por los partidos del Frente Popular y por grupos anarquistas, que sustituyen a los ayuntamientos y prohíben la acción de los partidos de derechas, incautan bienes de particulares y empresas y ejercen un férreo control propagandístico. La riada de asaltos a iglesias y conventos, especialmente en Andalucía, Aragón, Madrid y Cataluña, se sucede en las primeras semanas.

En Barcelona, donde los obreros han derrotado la rebelión, el presidente de la Generalitat, Lluís Companys, convoca a los principales dirigentes anarquistas para hacerles saber que no se opone al control de la ciudad que, de hecho, detenta el Comité de Milicias Antifascistas, formado el 21 de julio. La CNT, tras la rendición del general Goded, tiene el dominio de las calles y, junto a la FAI, dirige el Comité revolucionario. Corbatas y sombreros son desterrados, se eliminan los símbolos externos del lujo y el trato de *usted,* los peatones pasean en mangas de camisa exhibiendo sus armas. Los pisos y mansiones de las clases acomodadas son requisados y convertidos en escuelas y hospitales. Los vehículos particulares son incautados y pasan a manos de los partidos políticos. Aunque el pequeño comercio se respeta, las empresas son colectivizadas y comienzan a ser dirigidas por distintos comités de trabajadores. Tras improvisar una revolución a pequeña escala, donde se restablece el orden público, la distribución de alimentos y

recién constituida Esquerra Republicana de Catalunya (ERC) y la proclamación de la República. Después de la aprobación del Estatuto Catalán en el verano de 1931, Companys accede a la presidencia del Parlamento autónomo en diciembre de 1932, en junio de 1933 se convierte en ministro de Marina del Gobierno de Azaña y, en 1934, al morir Francesc Macià, líder histórico del catalanismo, en Presidente de la Generalitat. El 6 de octubre de 1934 es condenado a treinta años de cárcel por el gobierno radical-cedista tras proclamar el Estado Catalán dentro de una República Federal Española. En febrero de 1936, tras la victoria electoral del Frente Popular, es amnistiado y, elegido diputado por Barcelona en la lista del Front d'Esquerres de Catalunya, vuelve a su puesto de presidente de la Generalitat.
La derrota del golpe del 18 de julio de 1936 en Cataluña produce una extrema debilidad de las instituciones democráticas frente a las milicias anarquistas. Sin embargo, Companys se las arregla para ganar terreno al orden revolucionario que representaba el Comité Central de Milicias y, ya en septiembre de 1936, siguiendo el criterio unitarista de su etapa presidencial y bajo la jefatura de Josep Tarradellas, forma un gobierno de concentración que incluía a la CNT y suponía la disolución de dicho Comité.
Los sucesos de mayo de 1937 reducen de nuevo el margen de maniobra de la Generalitat, situación que se acentúa en octubre con el traslado del Gobierno republicano a Barcelona. Ante el avance franquista, Companys se exilia en Francia el 5 de febrero de 1939, junto a su segunda mujer, Carme Ballester, y permanece en el país, a pesar de la ocupación alemana, para no perder el contacto con Lluís, hijo de su primer matrimonio. El 13 de agosto de 1940 es detenido por la Gestapo, que lo extradita a España, donde será ejecutado en el Castillo de Montjuich el 15 de octubre.

Barcelona
La capital catalana se mantuvo alejada del frente hasta casi el final de la contienda. En la imagen, unidades de artillería ligera desfilan por sus calles.

el transporte urbano, se prepara la defensa de Barcelona y se organiza una columna dirigida por Durruti que es enviada a Zaragoza, ciudad con larga tradición anarquista, para su liberación. Tan sólo el vacío de poder, el alejamiento del frente, la incapacidad del ejército del Norte de acercarse a Cataluña y, por supuesto, la aplicación del terror y el miedo de buena parte de la población, permiten la puesta en marcha de un experimento político que atrae a no pocos extranjeros entusiastas con lo que está ocurriendo.

Animado por la ruptura momentánea de los lazos con el Gobierno central, Companys decide erigirse, el 31 de julio, *president de Catalunya.* En su intento por limitar el poder de los anarquistas, que tienen prácticamente el control absoluto de la situación, el Gobierno catalán trata de incorporar a algunos miembros del PSUC (Partido Socialista Unificado de Cataluña, de tendencia comunista), que tiene una visión más certera de las urgentes necesidades militares de la República. Sin embargo, los anarquistas se resisten a las pretensiones de Companys, cuya precipitación y extralimitación de funciones acabarán pasando factura no sólo a él sino también al propio sistema republicano. No obstante, la rivalidad entre los comunistas del PSUC, que contarán con el apoyo del Gobierno catalán, y los anarquistas, a los que se sumará el POUM, partido también comunista aunque alejado de la influencia soviética, persistirá hasta generar un enfrentamiento armado directo en el centro de Barcelona en

La España republicana
Pese a mantenerse más o menos la situación desde el inicio de la guerra, poco a poco la República pierde terreno (Andalucía occidental, Extremadura, País Vasco...) frente al empuje de los insurgentes.

Las colectivizaciones

En la España republicana la incautación y colectivización de los bienes industriales y agrarios no se produce hasta el fracaso del levantamiento militar; su incidencia varía enormemente de unas regiones a otras y, en muchos casos, surge de los militantes, no de los cuadros sindicales. En ciudades como Barcelona y Madrid, donde no se hubiera podido derrotar a los golpistas sin el concurso de las milicias, los días posteriores a la insurrección contemplan una desordenada requisa de empresas que habían quedado descabezadas, bien por la huida de sus dueños, bien por su directa eliminación física. En Vizcaya, la preponderancia del nacionalismo vasco será determinante para reducir al mínimo las incautaciones.

Esta alteración radical del régimen de propiedad en la zona republicana adoptó formas diversas: algunas empresas fueron adjudicadas parcialmente a los municipios; otras se constituyeron en cooperativas o contrataron la explotación con el antiguo dueño, y otras fueron directamente incautadas, mientras que las extranjeras se nacionalizaron. Las autoridades, inicialmente desbordadas por este movimiento, intentaron después encauzarlo y ponerlo al servicio del esfuerzo bélico. Ejemplos de ello son el Decreto de Colectivizaciones y Control Obrero promulgado el 2 de octubre de 1936 por la Generalitat catalana y el decreto de Vicente Uribe, ministro de Agricultura de la República, del 7 de octubre de 1936. Con todas sus diferencias, ambas leyes declaraban incautables las propiedades de los alzados e intentaban determinar a partir de qué número de empleados había que colectivizar las empresas. En cualquier caso, la aplicación de estas normativas fue escasa.

Pese a la mayor importancia económica de las industrias requisadas, quizá el fenómeno más sorprendente de esta revolución social fuera, tanto por su extensión como por sus pretensiones de transformación social profunda y por las zonas en las que se produjo, el acaecido en el ámbito rural. Curiosamente, una zona emblemática de este proceso fue Aragón oriental, donde la filiación sindical antes de la guerra había sido escasa y la propiedad principal no era el latifundio sino la pequeña explotación. El generalizado proceso colectivizador experimentado en esta región nació de la presencia impositiva de milicias urbanas y principalmente anarquistas en dirección al frente. El Comité Regional de Aragón, presidido por el cenetista Joaquín Ascaso y legalizado por la República en diciembre de 1936, fue el poder principal en la zona, hasta su disolución por parte de las fuerzas comunistas, partidarias de frenar la revolución, en agosto de 1937.

En las zonas de Castilla la Nueva y Andalucía en manos de la República fueron los socialistas los que asumieron el liderazgo de las colectivizaciones, mientras que en Levante se repartió entre estos, a través de la FETT (Federación Española de Trabajadores de la Tierra), y la CNT. Hasta agosto de 1938, momento en el que la desfavorable situación bélica y las crecientes disensiones en el bloque republicano van imposibilitando las colectivizaciones, el Instituto de Reforma Agraria indicaba que había sido «legalmente» colectivizada el 54% de la tierra. En el Aragón republicano (tomado por los franquistas en marzo), puede que esta cifra se situara en torno al 70%; en Ciudad Real alcanzó el 90%, pero en Levante las expropiaciones ni siquiera llegaron al 20%.

El movimiento anarquista, en aquellas zonas en las que consiguió un claro predominio político, puso en marcha diversos proyectos de colectivización.

PESETA «RUBIA»
A la derecha, moneda de 1 peseta acuñada en 1937 en Castellón. Su color y la imagen representada (una alegoría de la República) darían el apelativo de «rubia» a las pesetas desde entonces, incluso cuando llevaron la imagen de Franco.

CARTEL DEL POUM
El POUM, pese a ser un partido comunista, mantuvo duros enfrentamientos con el PCE.

mayo de 1937: una pequeña guerra civil dentro de la verdadera guerra.

En Valencia, Diego Martínez Barrio, presidente de las Cortes, organiza una junta con el objetivo de controlar la situación en el Levante español que tan sólo obtiene el apoyo del Partido Comunista. En la mayoría de las localidades, anarquistas y socialistas rivalizan por hacerse con el poder: mientras que los primeros controlan Alcoy, Elche, Sagunto y Játiva, los segundos se hacen con el control de Alcira y Elda; en Alicante, Castellón y Gandía el poder es repartido. Por su parte, en las zonas de Andalucía donde no ha triunfado el golpe, principalmente en Almería, Málaga y Jaén, el proceso revolucionario es también controlado por los anarquistas. Además de poner en marcha los comités, que controlan los salarios y la venta de la cosecha, en algunos lugares se procede a abolir la circulación del dinero, dando paso al uso de vales o al pago en especie.

En los territorios de la cornisa cantábrica (Asturias, Santander, Vizcaya y Guipúzcoa), aislados del resto de la España republicana por el triunfo de la rebelión en Galicia, Castilla la Vieja y Navarra, la situación varía de una provincia a otra. En Asturias se crean dos comités: uno, en Gijón, anarquista y otro, en Sama de Langreo, socialista. Pese a ello, la experiencia revolucionaria acumulada propicia las buenas relaciones entre la UGT, la CNT y el Partido Comunista. En Santander la UGT se hace con el control de la ciudad, actuando con total independencia del Gobierno central. Por lo que se refiere a los territorios vascos, cuyos comités de defensa están controlados

EL FRENTE
La división del territorio en dos zonas dio lugar a un frente de guerra de cientos de kilómetros de longitud. En la imagen, tropas franquistas llegadas al pueblo de Cella (Teruel) para reforzar las líneas.

Partido Comunista de España (PCE)

En noviembre de 1921 surge el Partido Comunista de España (PCE) de los llamados *terceristas* del PSOE (partidarios de la adhesión a la III Internacional Comunista), para asumir los presupuestos de la revolución bolchevique de 1917.
En vísperas de la proclamación de la II República el PCE era un partido minoritario que sólo contaba con unos 1.000 militantes y cuyos principales baluartes se encontraban en Andalucía y Asturias. Esta formación netamente obrera, que consideraba la Constitución republicana como un signo de «contrarrevolución», no cosechó más que unos 60.000 votos en las primeras elecciones. Sin embargo, dicha postura, calificada de equivocada por la propia Internacional Comunista, cambiará cuando ésta opte por favorecer la alianza con los partidos de izquierda «burguesa», tras la llegada de Hitler al poder en enero de 1933. En las elecciones de ese mismo año el PCE obtiene unos 200.000 votos y su secretario general José Díaz propone, sin éxito, un frente antifascista a socialistas y anarquistas. Tras la creación en abril de 1934 del sindicato comunista Confederación General del Trabajo Unitario y del fracaso de la revolución de octubre del mismo año –en la que participa activamente junto a los socialistas– el PCE propugna a finales de 1935, en línea con otros partidos de izquierda, la necesidad de constituir una amplia coalición, que cuajará en el Frente Popular, y de unir fuerzas con los socialistas (iniciativa que se materializaría en la constitución de las Juventudes Socialistas Unificadas –JSU– y del Partido Socialista Unificado de Cataluña –PSUC–, en abril y julio de 1936, respectivamente).
En la primavera de 1936, con unos 40.000-60.000 afiliados y 17 diputados –entre ellos una figura carismática como Dolores Ibárruri, *La Pasionaria,* integrante del partido desde sus inicios– el PCE es ya una fuerza política de peso.
Tras el golpe de Estado, el Partido Comunista, siguiendo las directrices de Moscú, cuya ayuda era imprescindible para una República abandonada por las potencias occidentales, y con el fin de atraerse a las izquierdas moderadas y socavar la mayor influencia de ugetistas y cenetistas, hará especial hincapié en postergar la revolución y supeditarla a la victoria en la guerra. Esta posición le granjeará, paradójicamente para un partido leninista, un gran apoyo entre las clases medias y los pequeños propietarios. Para imponer su programa «realista» el PCE no dudará en recurrir a métodos policiales estalinistas y al control del ejército mediante comisarios políticos. El apogeo de su influencia, tanto política como militar, coincidirá con los gabinetes del socialista Juan Negrín (mayo 1937-1939).
Tras la victoria franquista, los líderes del PCE se exilian, mientras el partido mantiene hasta 1952 su apoyo a los últimos focos de resistencia armada interior («el maquis»). En 1956, el PCE propugna ya la reconciliación nacional, pero en las primeras elecciones democráticas de 1977, celebradas al poco tiempo de su legalización, no logra los resultados esperados (obtiene 12 diputados), a pesar de su importante papel en la oposición. Su nueva política de aceptación de la democracia parlamentaria la expresará su secretario general, Santiago Carrillo, en *Eurocomunismo y Estado* (1977).

Arriba, la hoz y el martillo, símbolo universal del movimiento comunista. A la derecha, mitin en Madrid de Dolores Ibárruri, La Pasionaria.

Bombas en Madrid
Los bombardeos de la capital republicana fueron continuos. En la imagen, una bomba estalla en el centro de la ciudad.

Barricada
Soldados republicanos defendiendo su posición en el frente madrileño.

por los nacionalistas, la situación es radicalmente distinta. Católicos y conservadores, los nacionalistas vascos preservan el orden social tradicional. Las iglesias permanecen abiertas al culto y los sacerdotes no son perseguidos. Los partidos obreros, en minoría y tratados con desconfianza, ante esta situación, prefieren centrarse en el objetivo más inmediato, que es controlar a las fuerzas de Mola y evitar su entrada, volcándose en la defensa del frente oriental.

En Madrid, capital de la República, la situación tiene particularidades propias. Al igual que en el resto de las ciudades que permanecen leales, las masas obreras se echan a la calle pidiendo armas desde el primer momento y participan activamente a la hora de sofocar a los militares sublevados. La toma del Cuartel de la Montaña tiene lugar gracias a la intervención de los milicianos que rodean el edificio. La fuerza de los partidos izquierdistas una vez encarrilado el conflicto es grande, aunque matizada por la presencia del Gobierno y por los resortes de la maquinaria estatal que continúan funcionando. La UGT incrementa su poder en la ciudad gracias al control que tiene sobre el abastecimiento de alimentos. De hecho, uno de los signos más evidentes del proceso revolucionario en curso es la aparición de restaurantes colectivos organizados. Sin embargo, la prensa escrita y la radio insisten en la necesidad de salvaguardar la democracia del acechante fascismo de los sublevados y no en poner en marcha revolución alguna.

La acción de los milicianos, pese a todo, es difícil de controlar para el Gobierno. A finales del mes de agosto, coincidiendo con el avance de las columnas de Yagüe por Andalucía y Extremadura, en la cárcel Modelo de Madrid, donde están detenidos más de 3.000 presos políticos, tiene lugar un incendio que es utilizado como pretexto por al-

Fracasa la insurrección
En los momentos iniciales del golpe, los rebeldes intentaron controlar Madrid atrincherándose en el Cuartel de la Montaña. En la imagen, carro Schneider, fabricado en 1916, utilizado por las unidades que sitiaron el Cuartel.

PROTAGONISTAS

DURRUTI

Buenaventura Durruti, el líder anarquista que representa como nadie las contradicciones del movimiento libertario español, empapado de idealismo y de violencia, nace en León el 14 de julio de 1896, en una familia de ocho hermanos y de padre ferroviario y anarquista. A los 14 años comienza a trabajar como mecánico mientras acude a la escuela dominical de los capuchinos. De pronta militancia sindical en la Unión Metalúrgica, es despedido tras la huelga general de 1917 y reside en París hasta 1920 para escapar al servicio militar obligatorio. A su vuelta, tras ser declarado no apto para éste, entra en contacto con la minería asturiana, baluarte del socialismo, y comienza sus actividades anarquistas. Después de trasladarse a Barcelona, forma el grupo clandestino de «Los Solidarios», con los hermanos Ascaso y García Oliver, y participa en atracos, enfrentamientos con los pistoleros de la patronal y en el asesinato de Eduardo Dato (1921). En 1923, tras el asesinato del arzobispo de Zaragoza, él y sus compañeros escapan a Argentina, donde, según la propia Federica Montseny, continuarán sus actividades «precursoras del terrorismo». En 1926 Durruti es detenido en Francia acusado de preparar el asesinato de Alfonso XIII y pasa un año en la cárcel, antes de que una campaña internacional propicie su liberación.

Entre 1931 y 1936, en línea con la FAI, fundada en 1927 y partidaria de «la propaganda de los hechos», Durruti se opone violentamente a la nueva legalidad republicana y pasa largas temporadas en la cárcel. En 1932 es desterrado a Bata, Guinea, después de la huelga general en el Valle del Llobregat; tras las elecciones de 1933, que dan la victoria a la derecha, participa en la insurrección de Zaragoza, bastión de la CNT y, posteriormente, en las seis semanas de huelga que paralizan la ciudad en marzo de 1934. En 1936, tras beneficiarse de la amnistía promulgada por el Frente Popular, participa activamente en el aplastamiento del golpe militar en Barcelona y, durante el asedio del cuartel de las Atarazanas, salva de la muerte al arzobispo de la ciudad, que había solicitado su indulto tras los incidentes de 1934. Tras la constitución del Comité Central de Milicias Antifascistas en Barcelona, Durruti forma una columna de milicianos (de entre 2.000 y 6.000 hombres, según las fuentes) que marcha al frente de Aragón para imponer las colectivizaciones y detener el avance de los golpistas. A pesar de que no logra retomar Zaragoza, su valentía en el frente y el creciente carisma de su figura hacen que el Comité Nacional de la CNT, ahora en el Gobierno de Largo Caballero, solicite su colaboración en la defensa de Madrid. Durruti accede y con ello admite que la prioridad revolucionaria debe someterse a la victoria en la guerra («renunciamos a todo menos a la victoria», dirá en una alocución radiofónica).

La columna Durruti llega a Madrid el 13 de noviembre y pronto entra en combate –como quería su líder– en la zona más peligrosa de la Ciudad Universitaria, pero el resultado es catastrófico. El 19 de noviembre Durruti muere en extrañas circunstancias y se sospecha que pueda haber sido asesinado. Sin embargo, tras hablar con sus compañeros del frente, su esposa, Émilienne Morin, descartó esa posibilidad. Días después, su funeral celebrado en Barcelona se convertiría en un multitudinario acto de homenaje.

Cartel de la exposición homenaje celebrada en Barcelona con motivo del segundo aniversario de la muerte de Durruti.

El hambre
La falta de alimentos y la necesidad de racionarlos fue un problema común en ambos bandos. En ocasiones, como en la imagen de la izquierda, se convirtió en elemento propagandístico. A la derecha, soldados distribuyendo conservas.

gunos militantes de la CNT para realizar una *saca* en la que son fusilados cuarenta presos. Entre los asesinados se encuentran algunos ex ministros republicanos (Álvarez Valdés, Martínez de Velasco y Manuel Rico Avello), militantes falangistas (Fernando Primo de Rivera, hermano de José Antonio, y Julio Ruiz de Alda) y líderes políticos (José María Albiñana, jefe del Partido Nacionalista Español, y Melquíades Álvarez, líder del Partido Liberal Demócrata). Azaña, al conocer los hechos, especialmente afectado por la muerte de quien había sido su jefe político, Melquíades Álvarez, decide dimitir, aunque finalmente es convencido y desiste; Giral, el presidente del Gobierno, llora por lo ocurrido; Indalecio Prieto, líder socialista, llega a decir que ese día la República ha perdido la guerra. Convencidos de su superioridad moral, los políticos republicanos descubren repentinamente que quienes les apoyan y en quienes se apoyan son capaces de comportarse igual que los militares rebeldes que han asolado Badajoz o han acabado con la vida de García Lorca; de practicar el terror más primario.

Un Estado sin ejército

El proceso revolucionario emprendido en la España republicana tiene una trágica consecuencia: decidirá el resultado definitivo de la guerra ya que las fuerzas y el tiempo perdidos provocarán que de una situación militar más o menos equilibrada se pase a una situación de notable desventaja en apenas unos meses, desventaja que ya nunca podrá ser superada. La descomposición del Estado se produce, como consecuencia de la anarquía –nunca mejor dicho– desatada, en un momento en el que el poder institucional necesita utilizar y tensar al máximo todos sus recursos: ejército, policía, diplomacia, sistema fiscal, control

PROTAGONISTAS

Francisco Largo Caballero

Francisco Largo Caballero nace en Madrid en 1869 en el seno de una familia muy humilde. A los nueve años ya era estuquista profesional, oficio con el que se ganaría la vida hasta que en 1910 se convierte en uno de los tres primeros concejales socialistas del ayuntamiento de Madrid, junto a Pablo Iglesias y García Ormaechea.
Es condenado a cadena perpetua por participar en la huelga general de 1917, pero, elegido diputado, sale de la cárcel en 1918. Ese mismo año es nombrado secretario general de la UGT (cargo que ocupará hasta 1938) y en 1919 participa en la creación de la Organización Internacional del Trabajo (OIT).
Durante la dictadura de Primo Rivera, Largo Caballero colabora con el régimen, dentro de un enfoque sindical corporativo e independiente (el caballerismo) que le enfrentará a socialistas como Indalecio Prieto, aumentando el poder de la UGT y propiciando ciertas mejoras sociales. Sin embargo, a finales de los treinta, tras haber sido Consejero de Estado de la dictadura, comienza a acercarse a la conspiración antimonárquica.

Las Cortes Republicanas
El inicio de la guerra, la división del territorio y las dificultades de comunicación redujeron la actividad parlamentaria. Algunas sesiones extraordinarias se celebraron en lugares como la montaña de Montserrat o el castillo de Figueras.

del comercio interior y exterior, control de la producción, etc. Sin embargo, las energías se emplean en discutir el modelo de revolución a implantar, en poner en marcha proyectos utópicos que rápidamente chocan con la realidad y en generar un clima de alborozo festivo que tiene tanto de ingenuo como de ineficaz.

El Gobierno republicano no sólo no sabe afrontar la crisis abierta por el golpe de Estado sino que, una vez establecido un escenario de guerra abierta, tampoco es capaz de movilizar los recursos de que dispone. Cuando las tropas de Franco están ya en la península e inician el camino de Madrid, la comunicación entre Cataluña y el Gobierno central es más que deficiente. Los distintos territorios republicanos parecen en realidad no tener vínculo alguno entre sí. Para agravar más aún la situación, la ayuda exterior le es hurtada a la República como consecuencia de la aplicación de las decisiones tomadas por el Comité de No Intervención. Frente a esta situación de desorden, desconcierto y desventaja, en la zona sublevada el ejército traslada su esquema organizativo a los de la sociedad y el sistema político que comienzan a ponerse en marcha, no deja lugar a la improvisación y cuenta con la ayuda incondicional de los regímenes de Hitler y Mussolini, que violan sin rubor las decisiones tomadas por la comunidad internacional.

Los errores en la organización militar, que pretende recomponer los restos del ejército republicano –aquellos que han sido leales–, son también destacables. La desconfianza hacia algunos mandos y unidades provoca deserciones en masa de los soldados, que acuden a alistarse a las milicias de los partidos y sindicatos. Aunque numéricamente la situación no parece del todo mala, la realidad es bastante engañosa: la aviación ha

Entre 1931 y 1933, como ministro de Trabajo y Previsión Social, Largo Caballero aprobará medidas para establecer el salario mínimo y la jornada de ocho horas, y transformará los comités paritarios en jurados mixtos. De carácter enérgico y testarudo, y poco dado a la elaboración teórica, Largo Caballero se irá desengañando de la cooperación con los republicanos y pasará a representar la opción socialista más radical, lo cual le llevará en 1934 a abandonar la presidencia del PSOE, que ocupaba desde 1932, y a apoyar el levantamiento de octubre. Su postura le valió una condena de 30 años de cárcel. Su cercanía a las tesis revolucionarias hizo que en la campaña de 1936 se le denominara el Lenin español. No obstante, tras el golpe militar, Largo Caballero –y con él la izquierda del socialismo– tendría que elegir de nuevo entre revolución y República, optando por defender a la segunda. Como presidente del Gobierno entre septiembre de 1936 y mayo de 1937 trató de acabar con los paseos, reunir a todos los partidos antifascistas y crear un único ejército popular republicano. Sin embargo, los sucesos de mayo de 1937 en Barcelona y su falta de entendimiento con los comunistas forzaron su dimisión. Al término de la guerra se exilió en Francia. Murió en París en 1946, tras ser liberado en 1945 del campo de concentración de Oranienburg. Sus memorias, *Mis recuerdos: cartas a un amigo*, fueron publicadas en México en 1954. En 1978 sus restos fueron trasladados a Madrid.

Indalecio Prieto (derecha), líder del sector moderado del PSOE, se opuso a las posturas más radicales defendidas por Largo Caballero.

Un ejército de milicias
El desorden inicial en el bando republicano dejó en manos de partidos y sindicatos la organización militar. En la imagen, milicianos desfilando por las calles de Barcelona.

La presión internacional
Mientras Hitler y Mussolini (derecha) ayudan abiertamente a los insurrectos, el régimen republicano ve cómo le es estrangulado el auxilio exterior por la política de no intervención.

permanecido al lado de la legalidad pero sus medios son bastante precarios y los aparatos con que cuenta pocos y de escasa calidad; por su parte, la armada dispone de barcos también obsoletos y la mayor parte de la oficialidad se ha levantado en armas. Por el contrario, la aviación de los rebeldes, que rápidamente superará a la republicana, se equipa inmediatamente gracias a la ayuda de Alemania y de Italia; de igual forma, la flota de los sublevados tendrá prontas incorporaciones y ayuda permanente de las potencias fascistas.

La organización de una fuerza militar, con la presión que supone la presencia de un ejército bien organizado a las puertas, corre en las primeras semanas a cargo de los partidos, que ponen en marcha sus respectivas milicias. Desbordado por la acción de grupos políticos y sindicatos, el Gobierno ni acierta a articular unas nuevas fuerzas armadas utilizando ese potencial ni tiene medios para evitar el surgimiento de milicias derivándolas hacia un único ejército. Una de las pocas acciones llevadas a cabo consiste en decretar el alistamiento de los milicianos en veinte batallones en los que se encuadran algunos de los oficiales que se han mantenido leales a la República. Azaña, que conoce bien al ejército por haber sido él mismo ministro de la Guerra, señala en sus memorias algunos de los problemas iniciales derivados de esta situación: «El Ministerio de la Guerra se esforzaba en poner orden en tanta confusión. Aceptaba las unidades de milicianos, procuraba armarlas, les daba algún mando profesional (cuando querían aceptarlo) y les asignaba misiones tácticas o estratégicas, según las necesidades más

La flota republicana
Su principal función, una vez disuelta su ventaja inicial, fue proteger la ruta mercante establecida con la Unión Soviética. En la imagen, el crucero Méndez Núñez.

LOS FUSILAMIENTOS DE PARACUELLOS DEL JARAMA

En el otoño de 1936 el ejército franquista está a las puertas de Madrid. Temiendo la caída inminente de la capital, el Gobierno se traslada a Valencia el 6 de noviembre y al día siguiente se constituye la Junta de Defensa de Madrid (JDM), presidida por el general José Miaja. Se plantea la necesidad de evacuar a los presos de la cárcel Modelo, cercana al frente, ante el temor de que caigan en manos de los atacantes y pasen a engrosar su ejército (entre ellos había muchos militares). En esa misma reunión la Dirección General de Seguridad pasa a depender de Santiago Carrillo, que es nombrado Consejero de Orden Público y, por tanto, responsable de las prisiones.

El grueso de las *sacas* que termina ante un pelotón de fusilamiento en la zona de Paracuellos del Jarama, procedente de todas las cárceles de Madrid (no sólo de la Modelo), se produce entre el 7 de noviembre y el 4 de diciembre. A pesar del caos reinante en la ciudad, debido a los continuos bombardeos, la huida del Gobierno y la inseguridad producida por los *paseos* y la acción de los *pacos*, no parece probable que Carrillo desconociera el destino de los presos. El día 10 de noviembre sí lo sabían tanto el anarquista Melchor Rodríguez, que durante cuatro días se pone al frente de la Dirección de Prisiones –cuyo titular estaba en Valencia– para detener las *sacas*, como el propio Gobierno, que al día siguiente pide explicaciones sobre el asunto a la JDM. Además, el día 8 había tenido lugar una de estas siniestras operaciones, que llevó a la muerte, por la calle de Alcalá hasta cerca de Torrejón de Ardoz, a 414 presos en una caravana de ocho autobuses de dos pisos, imposible de disimular en una ciudad en estado de sitio.

Sin embargo, aunque Carrillo no pusiera fin a las *sacas*, según su testimonio porque el objetivo era defender la capital y «lograr que Franco no pudiera organizar... dos o tres cuerpos de ejército», no puede atribuírsele con absoluta certidumbre la ejecución de unos «traslados» que ocasionaron más de 2.000 muertos (en las fosas de la zona de Paracuellos se encontraron unos 10.000, no todos imputables a esta época). Una hipótesis plausible para explicar las acciones conducentes a la eliminación de ciertos reclusos –había listas con membrete de la DGS, lo que demuestra que no se mataba al azar– es la que alude a la implicación de los servicios secretos soviéticos, de la mano del tristemente famoso Alexander Orlov, representante del poder estalinista muy activo en Madrid durante esos meses.

Sea como fuere, las trágicas *sacas* no se detuvieron hasta el 4 de diciembre, cuando las presiones diplomáticas y las protestas de ministros como Álvarez del Vayo acabaron por decidir al Gobierno a encargar a Melchor Rodríguez (llamado el *Ángel Rojo* por los presos), nombrándole oficialmente Delegado Especial de Prisiones, que atajara los asesinatos, imponiéndose a la autoridad superior del Consejero de Orden Público.

Tras la guerra, las víctimas de Paracuellos serían reconocidas y homenajeadas por el régimen franquista. En la imagen, el «Cementerio de los Mártires», lugar dedicado a su memoria. Esta fotografía es de hace unos años. Hoy se halla en estado de abandono.

Material alemán
Un soldado republicano posa junto a una bomba de fabricación alemana que, arrojada desde un avión, no llegó a explotar.

Mujeres milicianas
Las necesidades inmediatas de la guerra obligaron en un primer momento a la movilización de la mujer.

urgentes. Las cumplían o no, según fuese el humor de la tropa, las veleidades de los mandos subalternos o las consignas de las organizaciones políticas». Las diferencias entre las pretensiones del Gobierno y la actuación de los partidos impiden una salida rápida y eficaz a la más urgente exigencia: dotar al Estado de un ejército.

El Gobierno de Largo Caballero

Consciente de la necesidad de reconstruir el Estado y de hacer frente a la guerra articulando un ejército capaz de enfrentarse al franquista, la clase política republicana decide la formación de un nuevo gobierno que sustituya al de Giral, que tan poco éxito y tantos problemas ha tenido. Tras convencer al presidente Azaña, es elegido Francisco Largo Caballero, único político del Frente Popular que puede aglutinar las distintas tendencias de los grupos de izquierda que apoyan a la República, especialmente a los sindicatos. Su primer gobierno se forma el 4 de septiembre. De él forman parte seis socialistas, cuatro republicanos, dos comunistas, un representante de los republicanos catalanes y un nacionalista vasco, incorporado tras asegurarse la aprobación del Estatuto de Autonomía.

Bombardeos
El asedio de Madrid, que duró prácticamente toda la guerra, fue acompañado de continuos ataques por parte de la aviación rebelde. En la imagen, aviones enemigos sobrevuelan el edificio de Correos.

PROTAGONISTAS

Manuel Azaña Díaz

Manuel Azaña Díaz, uno de los políticos más representativos de la II República, nace en Alcalá de Henares en 1880 en el seno de una familia acomodada. Huérfano desde muy joven, lo educa su abuela y a los 13 años ingresa en el internado agustino de El Escorial.
Después de licenciarse en Derecho en Zaragoza (1898) y de doctorarse en Leyes en Madrid (1900), trabaja como pasante en un bufete. La mala situación económica familiar le obliga en 1910 a presentarse, con éxito, a las oposiciones de auxiliares terceros de la Dirección de Registros y Notariado.
A principios de la década inicia su carrera política, afiliándose en 1913 al Partido Reformista de Melquíades Álvarez, y comienza a ser conocido en los ambientes intelectuales de la capital como orador, articulista y traductor; desde 1914 es secretario de la Junta del Ateneo. En 1924 publica el panfleto *Apelación a la República* y en 1925 funda, junto a José Giral, Acción Política –después Acción Republicana– partido a través del cual canaliza su oposición a la dictadura de Primo de Rivera y a la monarquía.
En esta época publica sus estudios sobre Juan Valera (1926) y su novela autobiográfica *El jardín de los frailes* (1927), en la que ya se aprecia su anticlericalismo. El 27 de febrero de 1929 contrae matrimonio con Dolores Rivas Cherif, hermana de su íntimo amigo Cipriano.
En 1930 participa en la coalición antimonárquica del Pacto de San Sebastián y entre abril de 1931 y septiembre de 1933 ocupa el Ministerio de la Guerra, cargo que compaginará desde octubre de 1931 con el de presidente del Gobierno, impulsando reformas decisivas con un genuino deseo transformador en ámbitos como la educación, el ejército, el ordenamiento agrario, el Estatuto Catalán o la Ley de Defensa de la República de 1931, no exenta de intransigencia.
Tras la caída de su gobierno en septiembre de 1933, principalmente por los sangrientos sucesos ocurridos en Casas Viejas en enero del mismo año, la victoria posterior de las derechas ese mismo año y la fallida revolución de octubre de 1934, Azaña es encarcelado, acusado de complicidad con los insurgentes, aunque posteriormente será absuelto. Ese mismo año funda Izquierda Republicana, que, con el anhelo de unificar a las izquierdas moderadas en torno a un socialismo humanista no revolucionario, liderará los esfuerzos por constituir el Frente Popular que saldrá vencedor en las elecciones de 1936.
Tras la destitución de Alcalá Zamora, Azaña ocupa en mayo de 1936 la presidencia de la República, enfrentándose a una creciente agitación social y a incesantes rumores de golpe de Estado. Después del 18 de julio, cuando el levantamiento no tarda en dar pie a la guerra civil, Azaña se va viendo sobrepasado por la entrega de armas a las milicias, la caída del gobierno de Giral y la constitución del gabinete de Largo Caballero, que decide trasladarlo a Barcelona, donde fijará su residencia en el monasterio de Montserrat. Allí se convierte en una figura decorativa desde el punto de vista político, cuyo pesimismo se refleja en textos como sus *Memorias políticas y de guerra* o la obra de teatro *La velada en Benicarló* (1937), que refleja la «furia fratricida» que anega el país. En un discurso de 1938 manifiesta ya su deseo de reconciliación entre los españoles, pidiendo «Paz, Piedad y Perdón». Después de sucesivos enfrentamientos con el presidente del Gobierno, Juan Negrín, y convencido de que la República no puede ganar la guerra, en febrero de 1939 abandona España junto a su familia y muere en la localidad francesa de Montauban el 3 de noviembre de 1940.

Una vez establecida su residencia en Cataluña en octubre de 1936, las relaciones de Azaña con las autoridades catalanas fueron duras y difíciles. En la imagen, visitando una fábrica de armamento en compañía de Companys (en el centro) y Tarradellas (a la derecha).

Ciudad Universitaria
En esta zona de Madrid se libraron algunos de los combates más encarnizados. En la imagen, estado actual de un búnker de la guerra.

El Gobierno vasco
Aguirre preside una sesión del Gobierno vasco una vez trasladado a Barcelona tras la caída del frente del Norte.

El 1 de octubre, el mismo día en que Franco es nombrado *generalísimo,* Largo Caballero es refrendado en su cargo y aprobado el estatuto del País Vasco tras reunirse, menguado por las ausencias, el Congreso de los Diputados. Cinco días después, José Antonio Aguirre jura su cargo como presidente del Gobierno autónomo vasco.

Pese a contar con mayor apoyo que Giral, tampoco Largo Caballero consigue resolver los problemas más acuciantes. Tras convencerse de la ineficacia del sistema de milicias, el jefe del Gobierno decreta, a comienzos de octubre, la disolución de las mismas y la creación de brigadas mixtas, estructura principal del ejército republicano a partir de ese momento (en los siguientes meses se formarán más de 150). Sin embargo, cuando las tropas del ejército de África llegan a las puertas de Madrid todavía no se ha puesto en marcha la nueva organización militar. Eso sí, se ha creado el Comisariado General de Guerra y se ha reorganizado el Estado Mayor, con no pocas resistencias en Cataluña y el País Vasco. Donde mayor empeño pone el Gobierno de Largo Caballero es en el intento de atraer apoyo y ayuda internacional, pero ni la Sociedad de Naciones ni las potencias occidentales prestan la suficiente atención a las denuncias del Gobierno español acusando a la Alemania nazi y la Italia fascista de ayudar directamente a los insurgentes.

Tan sólo la Unión Soviética, que hasta el mes de octubre se ha limitado a enviar medicinas y alimentos, dada

Cataluña y el País Vasco
Las tensiones nacionalistas no desaparecieron en la España republicana a pesar del contexto bélico. En la imagen, manifestación en Barcelona en apoyo del País Vasco (en manos de las tropas franquistas).

La ayuda a los rebeldes
Italia y Alemania desestabilizaron la balanza gracias a su suministro y apoyo a las tropas de Franco. A la izquierda, cañones italianos utilizados en la batalla de Guadalajara; a la derecha, la propaganda republicana informa de una noticia aparecida en la prensa de los sublevados.

la pasividad internacional ante el comportamiento de alemanes e italianos, comienza a enviar aviones, carros de combate y vehículos, además de personal militar. Temerosos de la inmediata toma de Madrid, Largo Caballero y su ministro de Hacienda, Juan Negrín, deciden el envío de más de la mitad de las reservas de oro del Banco de España a la Unión Soviética. Cuatro buques parten de Cartagena hacia la URSS con el objetivo de impedir que caiga en manos de Franco o que sea congelado en bancos franceses o suizos en caso de ser internacionalmente reconocido el gobierno de los rebeldes. La ayuda soviética, nada desinteresada, se pagaría utilizando estos fondos (la de Alemania e Italia también se pagó, ya después de la guerra...). En cualquier caso, la llegada de material soviético y la organización de las milicias comunistas, cuyo Quinto Regimiento es la más eficaz y disciplinada de entre las de todos los partidos, acrecientan el prestigio del Partido Comunista, que poco a poco se convierte en uno de los mayores puntales de la República.

No pasarán

El 22 de octubre, con las tropas franquistas a punto de abordar la toma de Madrid, que ha sido ordenada por Franco dos días antes, el presidente Azaña abandona la capital para instalarse, hasta casi el final del conflicto, en Barcelona. Aviones *Junkers* alemanes bombardean Madrid el día 23. En una situación prácticamente de asedio, sólo con comunicación hacia el sureste, hacia Valencia, cuatro ministros anarquistas se incorporan al gabinete de Largo Caballero el 4 de noviembre. Apenas tomada esta decisión, el Gobierno, ante lo insostenible de la si-

El apoyo soviético
La República, ante los titubeos de las democracias occidentales y las limitaciones impuestas por el Comité de No Intervención, sólo dispuso de la ayuda directa de la Unión Soviética. En la imagen, desembarco de trigo ruso en el puerto de Valencia.

LAS BRIGADAS INTERNACIONALES

Desde el principio de la Guerra Civil comenzaron a llegar a España voluntarios para luchar con las fuerzas del bando republicano, como los integrantes de la Columna Lenin, creada por el POUM en el frente de Aragón en julio de 1936 –en la que luchó el escritor británico George Orwell– o los pocos soldados rusos llegados a Madrid a finales de agosto junto al embajador soviético Marcel Rosenberg. Sin embargo, la idea de organizar una fuerza de voluntarios internacional para ayudar a la República española nació del secretario del Partido Comunista Francés, Maurice Thorez, en septiembre de 1936 y contó con el respaldo de la Unión Soviética, aunque la participación de ésta en el empeño había de ocultarse, para no irritar a las potencias occidentales.

Los primeros 500 voluntarios llegaron al puerto de Alicante el 12 de octubre de 1936 y se concentraron en Albacete, donde André Marty, un francés veterano de la I Guerra Mundial conocido por su brutalidad, constituyó las dos primeras Brigadas Internacionales (de un total de 5), la XI y la XII, que entraron en combate el 8 de noviembre en el frente de Madrid. Al principio, estas brigadas, cada una de 3.000-5.000 hombres, y compuestas por 3 o 4 batallones, constituyeron un ejemplo de disciplina en un entorno dominado aún por milicias poco organizadas. Sin embargo, al ser fuerzas de choque destinadas a posiciones clave y estar formadas sobre todo por profesionales sin mucha formación militar, sus bajas en combate fueron enormes. De los alrededor de 40.000 voluntarios llegados durante toda la guerra para alistarse en las Brigadas Internacionales, se calcula que murieron unos 18.000 y que en cada momento de la contienda hubo en torno a 15.000 en los frentes.

Entre los componentes de estas brigadas, gran parte de ellos comunistas o simpatizantes de la Revolución Rusa, hubo hombres de unos cincuenta países, siendo los más representados Francia (10.000), Alemania y Austria (5.000), Italia (3.300), EE.UU. (2.800), Gran Bretaña (2.000), Yugoslavia (1.200) y Checoslovaquia (1.500). A diferencia de los contingentes que acudían en ayuda del bando alzado, los internacionalistas solían viajar de forma ilegal (amparándose en redes de apoyo comunistas), para no llamar la atención de sus gobiernos o de naciones hostiles, y llegaban a España sin armamento y sin estar encuadrados en organización militar alguna.

Al principio, los batallones brigadistas (con nombres como «Lincoln», «Comuna de París» o «Garibaldi») sólo estaban formados por extranjeros, pero en el curso de la guerra se fueron incorporando a unidades del Ejército Popular de la República. En general, aunque los brigadistas participaron en muchas batallas cruciales de la Guerra Civil (Madrid, Guadalajara, Brunete, Belchite, Ebro o Teruel), su actuación no fue militarmente decisiva, aunque sí tuvo gran importancia simbólica. En virtud del acuerdo alcanzado entre el Gobierno de Juan Negrín y el Comité de No Intervención, el 15 de noviembre de 1938 desfilaban en Barcelona los últimos brigadistas –ya no quedaban más de 10.000–, para despedirse de una República a punto de fenecer.

Varios años después de reinstaurarse la democracia, el 19 de enero de 1996 se aprobó un Real Decreto que concedía la nacionalidad española, mediante carta de naturaleza, a los brigadistas supervivientes que la solicitaran.

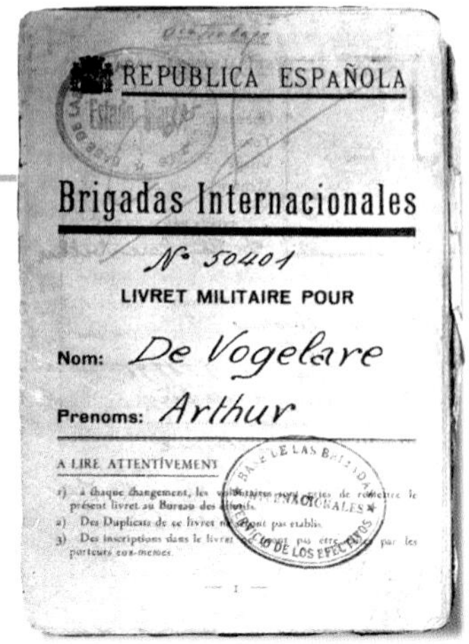

Cartilla militar de un miembro de las Brigadas Internacionales

Miembros del Tercer Batallón («Henry Barbusse») de la XIV Brigada Internacional, compuesto en su mayoría por franceses, que participaría en las batallas del Jarama, Brunete y Belchite.

¡No pasarán!
Esta famosa frase, cuyo origen es anterior a la Guerra Civil, quedaría asociada a la defensa de Madrid y a la lucha contra el fascismo gracias a las arengas radiofónicas de La Pasionaria.

tuación, es evacuado a Valencia el día 6. El general José Miaja es encargado de defender Madrid, para lo cual organiza la Junta de Defensa (en la que participan partidos y asociaciones) y prepara los planes militares, diseñados por el teniente coronel Vicente Rojo.

Los bombardeos, la llegada de la avalancha de refugiados que escapa del avance de las tropas rebeldes por Extremadura y Castilla la Nueva y la marcha del Gobierno a Valencia da lugar a una situación de pánico colectivo en la ciudad. El temor a las tropas moras, cuyas *acciones* son pregonadas por la población, lejos de favorecer una rendición provocada por el terror, alienta la defensa numantina de la capital. «No pasarán», lema para la defensa de un Madrid asediado, se convierte en emblema de resistencia al fascismo. La llegada de las Brigadas Internacionales y de la columna anarquista de Durruti eleva la moral de los madrileños que, gracias a la estrategia de Rojo y al valor con que se enfrentan a los asaltantes, logran resistir el ataque. Aunque las tropas de Franco consiguen dominar parte del casco urbano (algunas barriadas obreras, un sector de la ribera del Manzanares y la Ciudad Universitaria), ante la imposibilidad de tomar la ciudad, el asalto a Madrid es interrumpido. No obstante, se mantendrá el frente en las posiciones más avanzadas, manteniéndose casi hasta el final de la contienda.

El papel de los intelectuales

Si en el bando franquista se conforma una cultura tradicional, apoyada en el más rancio catolicismo, en el irra-

El avance franquista
Arriba, una mujer con sus dos hijos llega a Madrid huyendo del avance de las tropas sublevadas. A la izquierda, columna de soldados rebeldes marchando desde Extremadura camino de Madrid.

Federica Montseny

Nace en el barrio madrileño de Cuatro Caminos en 1905, hija única de dos activistas libertarios, Federico Urales y Teresa Mañé. Su madre, que era profesora, la educa sin llevarla al colegio siguiendo los principios pedagógicos de la italiana Maria Montessori y del pedagogo catalán Francesc Ferrer i Guardia. En 1912 la familia se traslada a Cataluña y, después de participar en varias empresas agrarias en los alrededores de Barcelona, se establece en la ciudad. En 1922 Federica entra en la CNT, participando en publicaciones como *Solidaridad Obrera, Tierra y Libertad* y *Nueva Senda*. En estos años edita, bajo el seudónimo de Blanca Montsan, su primera novela.

En 1923 sus padres retoman la publicación de *La Revista Blanca,* que habían producido entre 1898 y 1905. Federica Montseny participará activamente en ella, así como en la editorial del mismo nombre, que lanzará colecciones literarias como «La Novela Ideal» y «La Novela Libre», con el objetivo de difundir principios libertarios y analizar la situación de la mujer, propugnando la «unión libre» y el control de natalidad –aunque la futura dirigente cenetista pensaba que las mujeres no querrían dejar de tener hijos–. Eran propuestas que chocaban incluso con la postura de los propios hombres del sindicato anarquista. Al proclamarse la República en 1931, Montseny, casada con el también anarcosindicalista Germinal Esgleas, madre de un niño y ardiente oradora, viaja por toda España como propagandista del sector más radical de la CNT, la FAI, a la que se afiliará en 1936, al poco de producirse el golpe de Estado del 18 de julio y de comenzar la guerra. En noviembre de ese mismo año se convierte en la primera mujer ministra de la historia de España, y lo hace dentro del segundo gabinete de Largo Caballero, en la cartera de Sanidad y Asistencia Social. Entre sus políticas hay que citar la fundación de los «Liberatorios de Prostitución»; medidas para comenzar a abordar el creciente problema de los refugiados en la zona republicana, y una campaña contra las enfermedades venéreas.

Durante los acontecimientos de mayo de 1937 en Barcelona, que enfrentan a la CNT y al POUM con los comunistas y el Gobierno de la Generalitat, Montseny intenta mediar entre las partes y aplacar a las masas anarcosindicalistas, que nunca habían aceptado la entrada de la CNT en el Gobierno. Tras la caída de Largo Caballero, los ministros anarcosindicalistas, entre ellos Federica Montseny, se niegan a colaborar con el nuevo jefe de gabinete, Juan Negrín, apoyado por los comunistas, y dimiten. En 1939, ante el avance franquista sobre Cataluña, Montseny y su familia cruzan la frontera pirenaica hacia Francia, donde la dirigente anarquista intentará reconstruir la CNT y colaborará con el Servicio de Emigración de Refugiados Españoles (SERE).

En 1942 es detenida en la región de Perigueux y después en la localidad de Limoges, pero el gobierno galo no accede a la petición de extradición de la dirigente cenetista –embarazada de su tercer hijo– que cursa el régimen franquista.

Después de la reinstauración de la democracia en España, Federica Montseny regresa a Barcelona, participa en actividades de la renacida CNT pero no abandona su residencia en Toulouse, donde muere en 1993. Además de novelas como *La victoria* y *El hijo de Clara,* entre sus ensayos pueden citarse *La mujer, problema del hombre; Anselmo Lorenzo,* y volúmenes de memorias como *Cien días de la vida de una mujer* y *Mis primeros cuarenta años.*

Bandera de la CNT, organización a la que Monstseny dedicaría toda su vida, en la que puede leerse una conocida frase de Durruti.

La evolución política de Federica Montseny estuvo unida en todo momento a la de la CNT, organización en la que ingresó en los años veinte. En la imagen, en un mitin en la plaza de toros de Barcelona en noviembre de 1936.

El asalto a Madrid
Las tropas rebeldes llegaron a controlar algunos barrios de la capital. En la imagen, soldados Regulares marroquíes en pleno combate.

cionalismo fascista de Falange y en la difusión de una serie de símbolos con reminiscencias imperiales, en el republicano tiene lugar una revolución cultural apoyada por la mayor parte de los escritores e intelectuales, que continúa la labor iniciada en tiempo de paz por la II República. El énfasis se pone en la difusión de la cultura y en el esfuerzo pedagógico de educar a las clases más humildes. Se crean los Institutos Obreros, las Escuelas de Adultos y las Milicias de la Cultura, encargadas de enseñar a leer y escribir a todos los soldados analfabetos. Las iniciativas culturales se suceden sin descanso. Recitales poéticos, giras teatrales, proyecciones cinematográficas, conferencias y cursos populares llegan al frente y a todos los rincones de la menguante España republicana.

Entre los intelectuales que apoyan a la República, al igual que sucede en el bando franquista, destacan algunos escritores que han pasado a la historia de la literatura: Antonio Machado, Miguel Hernández, Rafael Alberti, Juan Ramón Jiménez... Su posicionamiento es tan diverso como el de aquellos que inicialmente apoyan la legalidad republicana: desde liberales ilustrados a comunistas estalinistas. En todos ellos subyace un mismo propósito: evitar el desmoronamiento de un proyecto colectivo que ha intentado sacar a España del atraso secular en que se encontraba y defender el régimen de libertades que desde 1931 ha intentado establecerse. Cuestión distinta es el modelo de sistema político al que aspiran: desde el liberalismo democrático a la dictadura del proletariado, pasando por el utopismo anarquista.

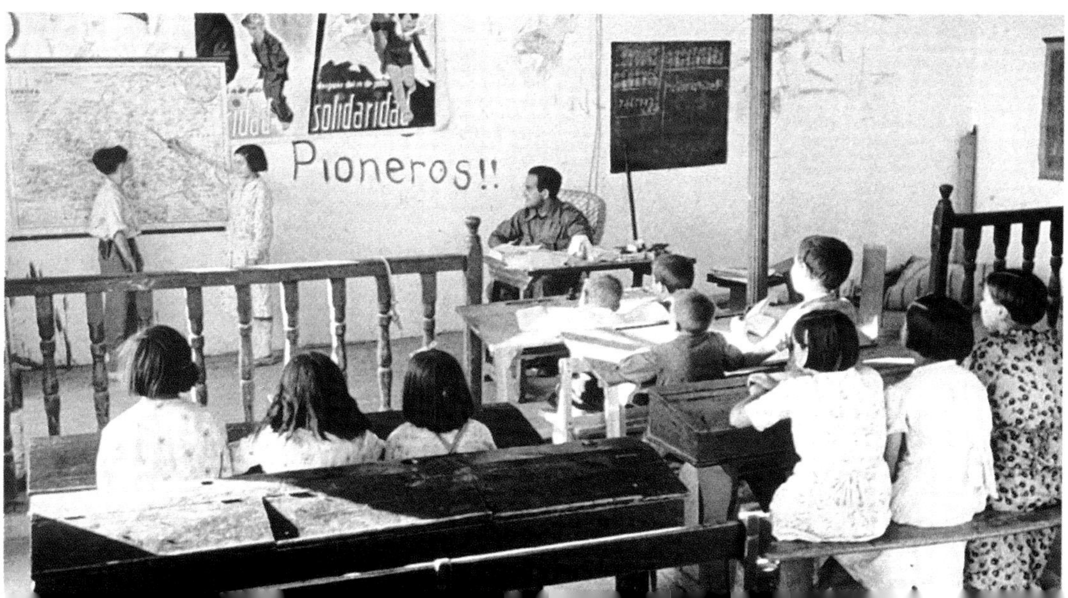

El papel de la escuela
La II República impulsó en todo momento la educación, en especial la de las capas más desfavorecidas. En la fotografía, escuela de las Milicias de la Cultura.

1 9 3 7

La guerra de desgaste

A finales de 1936 la guerra tiene cuatro frentes abiertos: los de Andalucía, Aragón, Madrid y el denominado del Norte. Cinco meses después del inicio de la rebelión en Melilla, el enfrentamiento, concentrado especialmente en torno a la capital, parece haber entrado en una fase de equilibrio. A la vez que el ejército franquista se desgasta en el asedio, las tropas republicanas toman aire y consolidan su resistencia. En el plano político la situación también está más definida: Franco ha conseguido el poder y, utilizando los intactos recursos de la Administración de las zonas sublevadas, ha puesto en marcha la creación de un nuevo Estado. El apoyo y ayuda tanto de la Alemania nazi como de la Italia fascista se reflejan en el nuevo sistema, creado a imagen suya. La República, que se ha visto desbordada por el vendaval revolucionario, ha conseguido controlar mínimamente la situación a pesar del terreno y del tiempo perdidos. La cor-

Asedio de Madrid
(Pág. 102) Bombardeo de la céntrica calle Alameda.

Republicano *(Pág. 103)*

Participación rusa
La presencia de la Unión Soviética en el bando republicano queda patente en la nomenclatura de las calles (un tramo de la Gran Vía madrileña se transforma en Avenida de Rusia) y en el armamento (un militar rebelde apunta a los símbolos comunistas de un camión ruso incautado en Brunete).

dura del Partido Comunista, consciente de que sólo la disciplina impedirá el derrumbe republicano, y el apoyo de la Unión Soviética, única potencia que ayuda materialmente al Gobierno español, evitarán la debacle. La lealtad comunista y el auxilio soviético tendrán, no obstante, un alto coste para el bando republicano: la creciente influencia de los primeros y la deuda permanente con los segundos.

Los combates en torno a Madrid

El ataque a Madrid, que ha golpeado intensamente a los milicianos y motivado el traslado del Gobierno a Valencia, ha supuesto, sin embargo, el mayor descalabro para las tropas rebeldes. El primer intento, el que tiene lugar en los meses de octubre y noviembre de 1936, no ha conseguido su objetivo; al contrario, ha permitido la organización de un ejército republicano capaz de medirse con los insurrectos. Además, el bombardeo aéreo de Madrid y la llegada de los voluntarios de las Brigadas Internacionales han contribuido a elevar la moral de los resistentes. El segundo intento se inicia el 29 de noviembre de ese mismo año con un ataque sobre las localidades de Pozuelo de Alarcón y Húmera, situadas al noroeste de la capital. Un exceso de confianza por parte de las tropas franquistas, al desarrollarse el combate en campo abierto, acaba de nuevo, tras cinco días de encarnizados enfrentamientos, en fracaso. El fuerte ánimo de los sitiados y la estrategia militar de Miaja y Rojo compensan su inferioridad material y logran una nueva victoria sobre la anquilosada táctica colonial utilizada por los rebeldes. Un segundo ataque, más preparado esta vez, se inicia el 14 de diciembre con el objetivo de tomar la carretera de

PROTAGONISTAS

El general Rojo

Vicente Rojo nace en Enguera, Valencia, en 1894. Después de quedarse huérfano, ingresa en la Academia de Infantería, de la que sale como segundo teniente el 25 de julio de 1914. Como tantos otros militares de la época, inicia su carrera en Marruecos, donde permanece cuatro años. Entre 1922 y 1932 es profesor de la Academia de Infantería de Toledo.
Al iniciarse la República tiene el rango de comandante y cuando estalla la guerra, Vicente Rojo, católico practicante, apoya al gobierno legítimo. Su papel se vuelve crucial cuando José Miaja, cabeza de la Junta de Defensa de Madrid, le nombra jefe de Estado Mayor. A pesar de su escasa experiencia en combate y del recelo que sentía hacia las fuerzas de milicianos, Rojo, hasta entonces más dedicado al estudio teórico del pensamiento militar, logra impedir, junto a Miaja y un contingente de unos 20.000 hombres, la toma de Madrid por parte de los franquistas, dotando de estrategia a los movimientos de las confusas e indisciplinadas fuerzas republicanas. En marzo de 1937 es ascendido a coronel y, al caer el Gobierno de Largo Caballero en mayo de 1937, Indalecio Prieto, ministro de Defensa Nacional, le nombra jefe del Estado Mayor Central de las Fuerzas Armadas y del Estado Mayor del Ejército de Tierra. A pesar de varias ofensivas fracasadas (Segovia, Brunete, Zaragoza...), en octubre de 1937 es ascendido a general. Después de constituir en julio de 1938 el Ejército del Ebro, dirige las acciones republicanas en la batalla del mismo nombre, que se prolonga hasta mediados de noviembre de ese año. Tras el fracaso de su plan de acción

Moscardó en el frente
Después del asedio del Alcázar, José Moscardó (con prismáticos) fue ascendido a general y se convirtió en jefe de la división de Soria, que participó en la batalla de Guadalajara.

La Coruña, aunque el empuje de los carros de combate rusos y de la XII Brigada Internacional detienen nuevamente el avance. Conscientes de sus limitaciones, los republicanos intentan distraer la atención de los sublevados atacando en las proximidades de la ciudad de Sigüenza (Guadalajara), sin conseguir el traslado de tropas franquistas desde Madrid que se pretendía y sin que suponga cambio alguno en el frente establecido.

El tercer intento de tomar la capital desde el norte se inicia el 3 de enero de 1937. Las fuerzas atacantes del general Varela, compuestas sobre todo por mercenarios marroquíes, toman finalmente la carretera de La Coruña pero no alcanzan su propósito último: entrar desde esa misma vía en Madrid. Además de la resistencia encontrada en las localidades de Aravaca, El Plantío, Húmera y Pozuelo, los asaltantes comenten el error de no centrar su fuerza en un único punto y, pese a su evidente superioridad, son frenados en el monte de El Pardo y en el puente de San Fernando. Dos mil hombres pierden la vida en el bando franquista y más del triple entre los defensores de la ciudad. A mediados de enero, con la pérdida de la carretera de La Coruña, aunque conservando otros accesos alternativos a la sierra norte, concluye la batalla de Madrid.

La siguiente acción de las tropas franquistas es la de intentar tomar la carretera de Valencia con el objetivo de cortar la comunicación entre Madrid y Valencia, nueva

Indalecio Prieto, que desde el Ministerio de Defensa propició el mando único de todas las fuerzas republicanas, y el General Rojo en el frente de Teruel.

para defender Cataluña, presentado a Juan Negrín el 23 de noviembre de 1938, marcha a Francia y, al finalizar la guerra, se establece en Bolivia, de cuya Academia Militar será profesor entre 1943 y 1956.
En 1957 regresa a España, donde un consejo de guerra lo condena a treinta años de cárcel, pena que es sustituida posteriormente por otra de libertad vigilada. Muere en Madrid el 16 de junio de 1966. Vicente Rojo escribió obras como *¡Alerta a los pueblos!* (1939), *¡España heroica!* (1961) y *Así fue la defensa de Madrid* (1967).

LA MUJER EN EL FRENTE Y EN LA RETAGUARDIA

El papel de las mujeres y de sus asociaciones en ambos bandos fue definido por la evolución de cada uno de ellos, sus diferentes concepciones de la mujer y las transformaciones sociales propiciadas por las guerras del siglo XX, que tendieron a sacar a las mujeres de su ámbito doméstico habitual.

En el bando republicano la mujer partía teóricamente de una base más favorable a la equiparación con el hombre y en los primeros momentos del conflicto se la representó incluso como miliciana en los frentes, aunque su presencia en combate fue escasa y apenas deseada por las autoridades. Las principales organizaciones femeninas de la zona republicana fueron la Asociación de Mujeres Antifascistas (AMA) –y su correlato catalán, la Unió de Dones de Catalunya (UDC)–, fundada en 1933 con la intención de aglutinar a todas las tendencias republicanas, aunque en ella predominaran las comunistas, y Mujeres Libres, de tendencia anarquista, que, surgida en septiembre de 1936 de la revista homónima, hacía más hincapié en la liberación de la mujer como individuo, sin supeditarla al esfuerzo bélico, y en el trabajo como derecho, no como necesidad coyuntural. La labor más importante de ambas organizaciones durante la guerra fue la educación de la mujer, junto a tareas como el auxilio a los soldados, el trabajo en fábricas, el cuidado de desplazados, o iniciativas como los «liberatorios de prostitución». Sin embargo, a pesar de medidas como la legalización del aborto en Cataluña en 1937, el papel tradicional de la mujer como madre no se vio apenas cuestionado.

En comparación con la zona republicana, en el bando franquista las organizaciones femeninas se vieron sometidas a un control todavía mayor por parte del nuevo Estado, las diferencias entre ellas se solventaron de forma más soterrada y el discurso oficial proclamó

Las integrantes de la Sección Femenina falangista, en la foto dedicadas a asistir a los necesitados, nunca cuestionaron el modelo de mujer de la época.

claramente un modelo de mujer abnegada y sometida al hombre en el ámbito doméstico, aunque, durante la contienda, esto no impidió su incorporación a labores de apoyo y sociales no muy diferentes a las realizadas por las mujeres republicanas. Tras el decreto de Unificación de 1937 las funciones encomendadas a la mujer se distribuyeron entre la Sección Femenina (que, fundada en junio de 1934 por José Antonio Primo de Rivera y dirigida por su hermana Pilar, se encargaría de la movilización y formación de las mujeres); la Delegación de Frentes y Hospitales (las "margaritas" carlistas, que, en pugna con la Sección Femenina, se ocuparían de atender las necesidades del frente), y el Auxilio Social (que, constituido en octubre de 1936 por Mercedes Sanz, viuda de Onésimo Redondo, se centró en actividades benéficas).

Las mujeres republicanas vistieron inicialmente el uniforme de las milicias pero sus organizaciones no lograron la autonomía que pretendían respecto a partidos y sindicatos.

La artillería italiana
Muy avanzada en los años treinta, fue de las primeras en optar por calibres pequeños, como el de 75 mm que figura en la foto.

La batalla del Jarama
Tuvo lugar en febrero de 1937, se inscribe dentro de las intentonas realizadas ese año por cercenar las defensas en torno a Madrid.

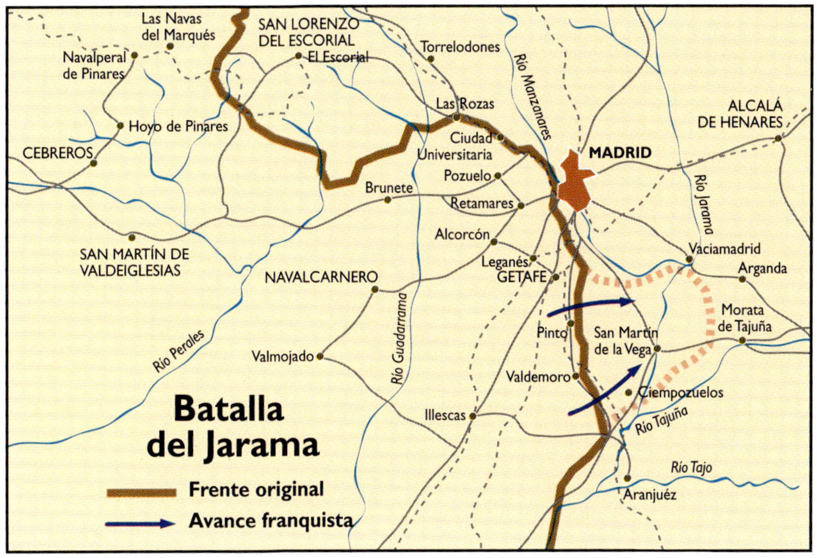

sede del Gobierno de la República. Da comienzo la batalla del Jarama, que tiene lugar entre el 6 y el 28 de febrero. La operación inicial consiste en la embestida de cerca de 20.000 hombres, apoyados por la Legión Cóndor, que obliga a los republicanos a replegarse al otro lado del río Jarama. La batalla tiene lugar en un frente abierto y, sin prácticamente maniobra importante alguna, se convierte en un choque de desgaste. La lucha material enfrenta a los carros de combate, artillería y aviones soviéticos con los de las potencias fascistas. Los sucesivos choques en las cercanías del Jarama sirven para que unos y otros midan la capacidad de su nuevo armamento: la batalla aérea enfrenta a modelos de avión rusos *(Polikarpov I 15* e *I-16)* con italianos y alemanes *(Fiat CR-32* y *Heinkel-41)*; bombarderos *Katiuska SB-2* se miden frente a *Junkers-52* y *Savoia-81*; la artillería alemana prueba su cañón 8'8. Sin embargo, el equilibrio resultante, y en ocasiones la mala utilización del material empleado, impide el éxito de ninguno de los contendientes. La principal prueba de fuego es para el ejército republicano, que consigue detener al enemigo en un escenario abierto. En torno a 20.000 muertos, más o menos idéntica cifra para cada bando enfrentado, es el resultado efectivo de la batalla.

La reorganización de los contendientes

La firmeza de Madrid, que consigue repeler los ataques lanzados contra ella, origina diferentes cambios en la organización militar de ambos bandos. En el lado republicano se procede a la disolución del Quinto Regimiento,

Cañonería alemana
El contingente alemán más determinante para la victoria rebelde fue el de los aviadores de la Legión Cóndor, en el que también se encuadraban unidades terrestres.

Artesanía militar
En la zona republicana proliferaron más de doscientas clases de ingenios acorazados de diversa índole y utilidad, los llamados «tiznaos».

Anarquistas y comunistas
Abrazo de Valentín González, El Campesino, *comunista, y Cipriano Mera, anarquista.*

proyecto que pese a estar previsto no se ha podido llevar a cabo por las necesidades de la urgente defensa de la capital. El Quinto Regimiento es la unidad de partido más importante entre las surgidas nada más iniciarse la guerra. Organizado por el Partido Comunista, debe su nombre a la existencia en el Madrid anterior al conflicto de cuatro regimientos: al fundarse uno nuevo, con el objetivo de proceder a su defensa, se numera como «el quinto». Tras la batalla de Madrid, más de 60.000 hombres –la mitad de ellos militantes comunistas– lo integran. Junto a las fuerzas de la CNT, compuestas por unos 30.000 milicianos, servirá de base para la formación de media docena de brigadas mixtas, nueva unidad proyectada por el Gobierno de Largo Caballero. Los jefes de cada una de las nuevas brigadas serán conocidos líderes comunistas (Líster, Modesto, Valentín González «El Campesino»...) y anarquistas (Cipriano Mera). Las brigadas mixtas, tal y como estaba planeado, pasan a depender de la Junta de Defensa dirigida por el general Miaja. Por su parte, el ministro de Hacienda, Juan Negrín, cuya acción política va más allá de la meramente económica, inicia la reorganización del cuerpo de carabineros. El nuevo Ejército Popular, que así será denominado, se dotará de su propio sistema de empleos, uniforme, símbolos (la estrella roja de cinco puntas) y saludos. En la primavera de 1937, tras

Fidel Dávila, jefe del ejército del Norte, y Franco fotografiados en 20 de agosto de 1937, fecha de la entrada en Reinosa.

El Frente Norte

La batalla por el control del Norte (Vizcaya, Santander y Asturias), en manos republicanas y vital por sus zonas mineras e industriales, se prolongó entre el 31 marzo y el 21 octubre de 1937, lentamente y con ataques frontales amparados en fuego aéreo y artillero.
Las tropas de Mola en el frente vasco contaban con 60.000 hombres, 50 baterías, 120 aviones y el apoyo de la Legión Cóndor alemana y del Corpo de Truppe Voluntarie italiano; mientras que las republicanas, al mando de Llano de la Encomienda, tenían 50.000 soldados, 20 baterías, 12 carros, 25 aviones anticuados y sufrían la falta de entendimiento entre el Gobierno de Valencia y el vasco.
Después de las primeras ofensivas, que comienzan el 31 de marzo con el bombardeo de Durango, la lucha se paraliza prácticamente hasta el 20 de abril. El 26 se produce el bombardeo de Guernica y, poco después, el avance se interrumpe de nuevo durante gran parte de mayo. El 22 llegan algunos cazas republicanos y el 28 Gámir Ulibarri se convierte en jefe militar de Vizcaya, mientras que Llano de la Encomienda pasa a Santander como jefe militar del frente Norte. El 10 de junio las tropas franquistas de Fidel Dávila (Mola había muerto el día 3), llegan a las fortificaciones del "cinturón de hierro" bilbaíno. El Gobierno vasco, presionado por Indalecio Prieto, opta por no rendirse, aunque abandona la ciudad, que cae el 19 de junio, velando por la conservación de su infraestructura industrial.

Los bombardeos
Fueron un componente esencial de la estrategia de «guerra total» desarrollada durante la contienda. En la foto, dos milicianos improvisan un parapeto entre los escombros.

movilizar a los reemplazos de 1931 a 1936, el nuevo ejército está integrado por 200 brigadas mixtas, 61 divisiones y otras unidades diversas que en conjunto suman más de medio millón de hombres.

En el bando franquista también se producen modificaciones que afectan a los medios y a los objetivos militares. Hasta este momento el ejército sublevado está organizado en columnas: las que han ascendido desde Sevilla por Extremadura hasta llegar a Madrid y las que han ocupado Guipúzcoa y siguen combatiendo en el frente Norte. Desde finales de 1936 las distintas columnas pasan a denominarse brigadas; y el conjunto de ellas, división. Aunque las tropas africanas siguen siendo la principal fuerza de choque, el mantenimiento de los frentes obliga a movilizar a los reemplazos de la zona bajo su control, alcanzándose idéntica cifra de soldados que la conseguida por los republicanos aunque, eso sí, más profesionales, más disciplinados y mejor equipados. Además, el Cuerpo de Tropas Voluntarias (CTV) italiano, que en el mes de febrero ya ha enviado a España cuatro divisiones (tres de milicias fascistas y una del ejército), sumando más de 50.000 hombres, reclama una participación más activa, abriendo su propio frente. Junto a ellos, más de 10.000 portugueses, conocidos como *viriatos*, y las unidades de élite del ejército alemán, englobadas en la Legión Cóndor, apoyan activamente a las tropas franquistas.

Tras una nueva estabilización del frente, debida a la concurrencia de la batalla de Brunete (Madrid), la ofensiva para tomar Santander se reanuda el 14 de agosto y la llegada de los italianos dos días después al Puerto del Escudo es decisiva. Entretanto, el contingente nacionalista vasco, atrincherado en Laredo y Santoña, pacta una paz separada con los italianos.
La toma de Asturias se produce con parsimonia y técnica similares: ataques desde el este y el sur, y acoso naval. Los 40.000 milicianos que defienden el Principado carecen de organización y no cuentan con aviones de apoyo ni blindados. El 20 de octubre la Junta de Defensa vuela a Bayona y el 21, hundidos el destructor Císcar y tres submarinos por la Legión Cóndor, Gijón cae en manos franquistas.
En toda la campaña del Norte los republicanos tuvieron alrededor de 30.000 bajas y los sublevados 10.000 muertos. El número de prisioneros republicanos rondó las 100.000 personas.

Tras la caída del Norte, Llano de la Encomienda tuvo que enfrentarse a un proceso de depuración de responsabilidades por la derrota, pero fue absuelto.

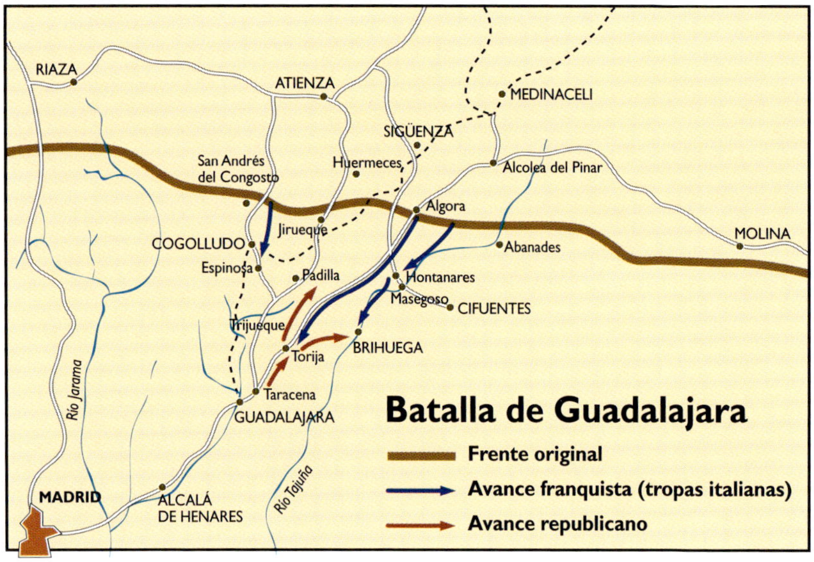

BATALLA DE GUADALAJARA
La derrota de la ofensiva franquista en Guadalajara, cuyo grueso formaban las tropas del CTV italiano (4 divisiones motorizadas dirigidas por el general Roatta, alias Mancini*), detuvo su avance hacia Madrid en marzo de 1937.*

El primer movimiento importante desarrollado por el CTV italiano, que ha desembarcado en los puertos andaluces controlados por los insurrectos a principios de 1937, tiene lugar en el mes de febrero al tomar Málaga. En tres días los italianos entran en la ciudad, en la que tan sólo encuentran una pequeña resistencia. El optimismo generado por este primer éxito hace que Mussolini demande un mayor protagonismo para sus tropas y que se reivindique su presencia en el frente del centro, con la idea de resolver una complicada situación, la de entrar en Madrid, que dura ya tantos meses. Las sucesivas derrotas en el intento de conquistar la capital convencen a Franco de la necesidad de recurrir a las fuerzas extranjeras a su servicio para conseguirlo.

LA BATALLA DE GUADALAJARA

Tras la ocupación de Málaga, y durante todo el mes de febrero, las unidades italianas se concentran en la franja comprendida entre Aranda de Duero (Burgos) y Almazán (Soria). Poco a poco se sitúan en la zona norte de la provincia de Guadalajara, en las inmediaciones de Sigüenza y de la carretera de Zaragoza, con la intención de lanzar un duro ataque, romper el frente, avanzar en una veloz marcha motorizada, tomar la capital alcarreña, llegar a Alcalá de Henares y desde allí, con el apoyo de las fuerzas franquistas atrincheradas en el Jarama, conquistar Madrid. El exceso de confianza de los italianos, que no elaboran bien sus planes y menosprecian las posibilidades de resistencia de las tropas republicanas, es enorme. Bien es cierto que los

APROVECHAMIENTO DE LOS RECURSOS
La escasez de materiales de todo tipo, especialmente entre los republicanos, propició la reutilización de los incautados al enemigo. En la foto, dos soldados republicanos se sirven del alambre de espino utilizado por los franquistas en la batalla de Guadalajara.

El bombardeo de Guernica

El devastador bombardeo de Guernica (Vizcaya) por parte de la Legión Cóndor alemana se produjo el 26 de abril de 1937 durante la campaña del Norte. Cuatro elementos siguen centrando los debates sobre el episodio: las razones para destruir Guernica; las características del bombardeo; el número de víctimas y la responsabilidad última de la acción.

En primer lugar, gran parte de los autores indica que la localidad no era un objetivo militar de importancia, aunque sí constituía un centro de comunicaciones que las fuerzas republicanas podrían utilizar en su retirada; sin embargo, el importante puente de piedra de Rentería no fue destruido. Tampoco puede obviarse la importancia que tenía atacar el lugar donde se encuentran dos símbolos esenciales del nacionalismo vasco: la Casa de Juntas y el roble que hay junto a ella. Aunque ninguno de ellos fuera derribado, el impacto psicológico del bombardeo fue indudable.

Respecto a las características de la incursión, se suele señalar que duró entre dos y tres horas; que la realizaron por la tarde aviones *Junkers y Heinkel;* que estos lanzaron primero bombas explosivas convencionales y después bombas incendiarias, y que la población civil fue bombardeada cuando intentaba escapar del pueblo.

La cifra más habitual de víctimas es la que ofreció el propio Gobierno vasco después de los sucesos: 1.645 muertos y 889 heridos. Sin embargo, ha habido historiadores que han reducido el número de víctimas mortales, quizá excesivamente en vista de la destrucción causada en la localidad (en torno al 70-75%), a una cifra que se sitúa entre 120 y 250 muertos.

La cuestión más espinosa es la responsabilidad del ataque. Inmediatamente después del mismo, y ante su negativa repercusión en la prensa extranjera, el gobierno sublevado de Burgos achacó la destrucción de Guernica a los propios republicanos que se batían en retirada. Años después, el régimen franquista acabó abandonando esta inverosímil hipótesis –que chocaba con los testimonios de los testigos– para atribuir toda la culpa a la Legión Cóndor y a su jefe Richthofen. Sin embargo, resulta muy difícil creer que, dado el grado de centralización del mando militar franquista, éste no ordenara o, como mínimo, no conociera previamente la acción, máxime teniendo en cuenta que diversas fuentes citan entrevistas, bien del coronel Vigón, jefe del Estado Mayor del general Dávila, o del propio Mola, con Richtofen el día 25 por la tarde o el 26 por la mañana.

En cualquier caso, el bombardeo de Guernica se convirtió en símbolo tanto del sufrimiento de la población civil en tiempo de guerra como de la resistencia de la República española. El cuadro *Guernica* de Picasso, encargado por el gobierno republicano al pintor antes del bombardeo y, más tarde, bautizado con el nombre del pueblo, llevó esos mensajes a la Exposición Universal de París de 1937.

Guernica devastada tras un bombardeo que tuvo un doble objetivo: aterrorizar a la población y vulnerar sus símbolos.

Luchar contra los elementos *La sangrienta batalla de Guadalajara tuvo lugar en condiciones meteorológicas extremas. A la izquierda un combatiente transporta a un herido, a la derecha se aprecia el estado de las trincheras bajo la nieve.*

soldados italianos están preparados, son los mejor equipados de todos los que intervienen en el conflicto y tienen, en la mayoría de los casos, la experiencia que les ha dado su participación en las aventuras coloniales de Mussolini en África. Pero no es menos cierto que, a esas alturas de la guerra, los republicanos ya no son desorganizados milicianos voluntariosos sino que, en buena medida gracias a la ayuda soviética, han conseguido conformar un ejército que hasta ese momento ha detenido todos los intentos de tomar Madrid por parte de las tropas franquistas.

El 7 de marzo, víspera del día previsto para el inicio de la operación, el tiempo empeora. Bajan considerablemente las temperaturas y la lluvia, la nieve y la niebla envuelven la zona. Los italianos, pese a ello, confiados en su fácil victoria, no retrasan el plan previsto y el día 8, a las siete de la mañana, comienza la acción con un ataque artillero. Concentrados en una línea de 15 kilómetros de ancho, los italianos avanzan a continuación en tres columnas: una que baja por la carretera nacional, otra a su izquierda que ocupa Las Inviernas y una tercera a la derecha que debe tomar Mirabueno. Este primer avance, desarrollado con abundantes medios, derrumba el frente republicano, incapaz de resistir la embestida. Los problemas, sin embargo, no tardan en aparecer: la columna de la derecha es detenida por una compañía republicana en la localidad de Almadrones, que no es tomada hasta el mediodía del día 9, lo que retrasa considerablemente el avance. Las tropas republicanas, ante el empuje de los italianos, retroceden de forma ordenada y evitando las bajas.

Artillería pesada *Según Hemingway, que cubrió la batalla de Guadalajara, los pequeños tanques italianos quedaban desvalidos ante los republicanos, dotados tanto de cañón como de ametralladoras. En la foto, soldados republicanos a bordo de un carro soviético T-26*

Represiones en Málaga

La situación de Málaga entre el 18 de julio de 1936 y febrero de 1937 ilustra tanto la brutalidad revolucionaria como la franquista.
En Málaga, ciudad en la que ya en la primavera de 1936 habían menudeado tanto las quemas de establecimientos religiosos como los tiroteos entre los grupos de izquierda, la sublevación militar fracasa por la acción de las milicias y la indecisión de los golpistas.
Desde el 19 de julio conviven dos autoridades teóricas en la ciudad, el Comité Permanente de Enlace (con representación de todos los partidos republicanos) y el Gobierno Civil. La ambigua consigna del primero era «acatar las órdenes del Gobierno Civil y las consignas del Comité de Enlace». Pero ni uno ni otro logran que comités menores y mal avenidos no procedan a una violenta «depuración» de las instituciones republicanas y del ejército, a la toma de las fábricas y al incendio de los periódicos (sólo se mantuvo *El Popular,* republicano).
Los sucesivos gobernadores civiles y militares nombrados por el Gobierno central tampoco consiguen detener la «justicia revolucionaria» y las sacas de las cárceles, que ocasionan entre 1.100 y 2.700 muertes (según las fuentes). La llamada «república independiente malagueña» era ajena a la tendencia centralizadora del mando militar y de la gestión económica que avanzaba en otras zonas republicanas. El 28 de noviembre de 1937, los sindicatos –la CNT era el mayoritario– firman un pacto que propone la disolución de los ayuntamientos y aboga por el derecho de autodeterminación de Málaga dentro de «Iberia». Sin embargo, no toman ninguna medida de relevancia para proteger una ciudad que, por otra parte, el propio Gobierno de Valencia, considerándola ingobernable, abandonó prácticamente a su suerte.
Hasta febrero, en vísperas de la Batalla del Jarama, los sublevados no deciden la toma de Málaga, importante por la situación estratégica de su puerto. El 17 de enero el Ejército del Sur, al mando de Francisco María de Borbón, Duque de Sevilla, inicia su marcha hacia Málaga desde Estepona, pero la lentitud de su avance hace que sea el contingente italiano –unos 5.000 hombres bien pertrechados, al mando del general Roatta– el que entre el 7 de febrero en una ciudad que apenas ofrece resistencia y de la que el día anterior han huido hacia Almería miles de personas, que serán bombardeadas sin piedad desde el mar.
La represión posterior en la ciudad es enorme. Los propios italianos –que a través de su embajador Cantalupo se quejaron a Franco de la magnitud de las ejecuciones– hablaron de unos 4.000 fusilados. Otras fuentes indican que en los meses siguientes fueron asesinadas un mínimo de 1.500 personas. Entre el 8 febrero de 1937 y abril de 1939 ingresan, sólo en la cárcel provincial de Málaga, cerca de 5.000 individuos.

El ataque a las iglesias fue un acto recurrente entre los movimientos revolucionarios de los años treinta, que se volvió especialmente virulento en la Málaga inmediatamente anterior y posterior al golpe del 18 de julio.

La toma de Málaga, puerto de indudable importancia estratégica, fue rápida y estuvo precedida de severos bombardeos italianos. En la foto, la población civil de la ciudad hace trincheras bajo el cañoneo enemigo.

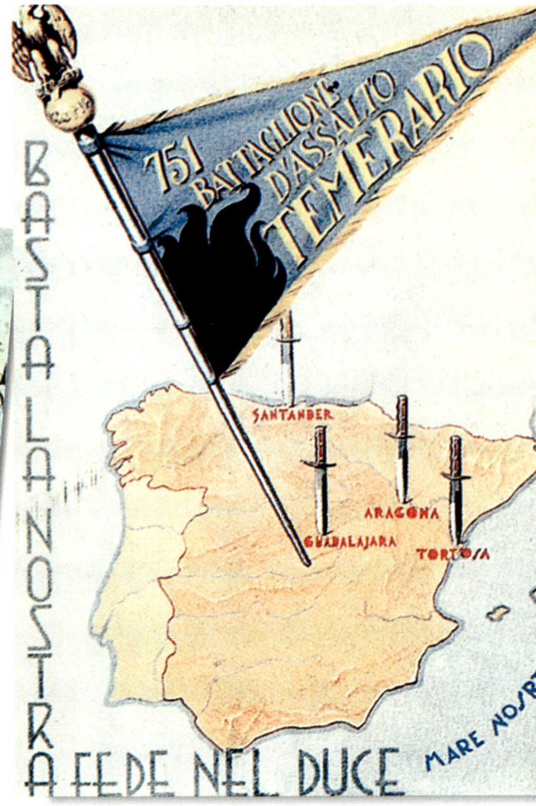

VOLUNTARIOS ITALIANOS
Postales propagandísticas del CTV. A la izquierda, se alude a la hermandad entre la España franquista e Italia mediante la unión de las dos banderas; a la derecha, al tiempo que se proclama que «Basta nuestra fe en el Duce*», aparece el mapa de España con los lugares en los que intervino el cuerpo voluntario italiano.*

La persistencia del mal tiempo impide el despegue de los aviones franquistas –no así de los republicanos, en cuyos campos de despegue las condiciones permiten el vuelo–, el barro hace intransitable la zona y la carretera, colapsada por el continuo movimiento de tropas, se embotella. A lo largo del día 9, la 2ª División italiana es reemplazada por la 3ª, avanzando desde ese momento en dos columnas: una por la carretera, que progresa más o menos deprisa, y otra por el flanco izquierdo, que tomará Masegoso y Brihuega, población de la que se apoderan los italianos al amanecer del día 10. El día 11 la primera columna ocupará Trijueque y la segunda el Palacio de Ibarra, no consiguiendo sobrepasar estas posiciones. La presencia de carros rusos en la carretera y la llegada de refuerzos desde la retaguardia madrileña consiguen frenar el avance y contener al CTV en los encinares situados entre Brihuega y Trijueque. El agua, que hace insoportable a los soldados la intemperie, endurece la situación. Además, ocultas en un monte de encinas, las Brigadas Internacionales XI y XII impiden el contacto entre las columnas italianas.

Castigados por la aviación gubernamental y por el empuje de la infantería republicana, los italianos se ven obligados a retroceder de forma desordenada, abandonando numeroso material en su precipitada huida. Trijueque el día 13, el Palacio de Ibarra el día 14, Brihuega el día 18... una

LOS ESTATUTOS DE AUTONOMÍA

Los estatutos de Cataluña, el País Vasco y Galicia fueron los únicos aprobados por la II República. Sin embargo, en la primavera de 1936 ya se preparaban o debatían textos similares en Aragón, las dos Castillas y León, Asturias, Valencia, Canarias, Baleares, Andalucía y Extremadura.
La necesidad de un nuevo marco legal para Cataluña ya se recogía en el Pacto de San Sebastián de 1930. El 3 de agosto de 1936 se aprobó en un plebiscito el proyecto de Estatuto Catalán, preparado por la Generalitat provisional. El texto fue sancionado por las Cortes el 9 de septiembre de 1932 y, a pesar de los recortes que sufrió, sus amplias atribuciones legislativas y ejecutivas siguieron contando con gran consenso entre los partidos catalanes.
El primer proyecto de Estatuto Vasco es el de Estella, de junio de 1931, apoyado por nacionalistas y carlistas, que naufraga por las diferencias con el Gobierno respecto a la cuestión religiosa. El segundo, sometido en junio de 1932 al voto de los ayuntamientos vascos y navarros, es rechazado en Navarra y sólo logra el 50% de los votos en Álava. El tercero, basado en el catalán, dejó de lado a Navarra y fue aprobado en plebiscito el 20 de octubre de 1933, pero quedó en suspenso por la victoria de la derecha en las elecciones

En 1937 el Gobierno de Euskadi emitió dos monedas iguales de níquel, acuñadas en Bélgica y de diferente tamaño, de 1 y 2 pesetas, con la imagen de la República (mujer con gorro frigio).

Estat Català
Durante la guerra, la Generalitat catalana pugnó por su independencia frente al Gobierno republicano. En la foto, Lluís Companys acude a una conmemoración del 6 de octubre de 1934, *fecha de la fallida proclamación del «Estat Català».*

tras otra se recuperan las posiciones perdidas en los días anteriores. Aunque los italianos logran retener parte del territorio ganado en los primeros días, adelantando unos kilómetros el frente inicial, la derrota es evidente. El general Roatta, jefe del CTV, se desplaza a Salamanca para informar a Franco de la situación y solicitar una retirada que finalmente da comienzo el día 22. La primera derrota del fascismo, como será conocida en toda Europa la batalla de Guadalajara, convence definitivamente a los sublevados de la imposibilidad momentánea de tomar Madrid y de la necesidad de vencer a la República en los otros frentes abiertos, comenzando por el del Norte.

Los sucesos de Cataluña

Mientras Madrid recibe duros ataques desde el inicio de la guerra, la situación en Barcelona es bastante más tranquila al no ser objetivo inmediato del ejército franquista. Los problemas en Cataluña surgen de la lucha establecida entre los acérrimos partidarios de la vía revolucionaria radical y aquellos que anteponen la victoria o simplemente rechazan la revolución. Las denominadas Milicias Ciudadanas o Milicias Antifascistas de Cataluña son, desde julio de 1936, el verdadero poder en la región. El golpe de Estado ha fracasado gracias a la acción de anarquistas y revolucionarios de izquierda y, como con-

Tras la caída del País Vasco en manos franquistas, el gobierno autonómico se trasladó a Cataluña. La foto muestra una sede del Partit Socialista Unificat de Catalunya, proclamando su adhesión a la lucha en Euskadi.

siguientes. El anhelo de autonomía determinará el apoyo del PNV a la República tras el 18 de julio de 1936. El Estatuto, promulgado el 1 de octubre, sólo se aplicará en Vizcaya y permitirá que el *lehendakari* Aguirre, amparado por la situación bélica, gobierne con independencia sus relaciones exteriores, la política lingüística, la protección de la Iglesia o la ausencia de nacionalización de empresas en el País Vasco.

En Galicia, partidos como el Galeguista (PG) o la Organización Republicana Galega Autónoma (ORGA) recabaron diversos apoyos para el proyecto de Estatuto, que fue aprobado en la asamblea de municipios celebrada en diciembre de 1932. El referéndum definitivo no se efectuó hasta el 28 de junio de 1936 y el texto se presentó al Presidente de las Cortes el mismo 18 de julio de 1936. Hasta la última sesión del Parlamento republicano, celebrada en Montserrat en 1938, el Estatuto no tuvo un simbólico rango parlamentario.

ANARQUISMO Y CATALANISMO
Dirigentes cenetistas, incluyendo a Federica Montseny, depositan flores en 1937 en el lugar donde fue fusilado Francesc Ferrer i Guàrdia.

secuencia de ello, éstos han conseguido imponerse. Companys, presidente de la Generalitat, accede a la pervivencia de las Milicias; a cambio, los revolucionarios le permiten ejercer el control político. Limitado por el Gobierno republicano, que pretende concentrar todos los esfuerzos, y vigilado por las Milicias, Companys consigue, no obstante, aumentar notablemente la autonomía catalana, autoproclamándose incluso *presidente* de Cataluña.

Los sucesivos gobiernos de la Generalitat, que se dan paso desde el 1 de agosto de 1936, son controlados en un primer momento por Joan Casanovas y más adelante, desde el 26 de septiembre de 1936, por Josep Tarradellas, quien, como *conseller en cap*, forma un gobierno de unidad en el que se sientan todas las fuerzas políticas importantes, incluidas la CNT y el POUM. El extraordinario crecimiento del PSUC, partido de tendencia comunista prosoviética, y las diferencias y rivalidad existentes entre éste y el POUM, cuyo antiestalinismo choca frontalmente con las posiciones comunistas ortodoxas, provocan una crisis en el Gobierno de Tarradellas que acaba con la expulsión de Andreu Nin, consejero de Justicia y único miembro del POUM en el mismo.

Tras esta primera medida, el PSUC y su líder, Joan Comorera, intentan recortar el poder revolucionario por todos los medios. Apoyado por la UGT y Esquerra Republicana de Catalunya, el PSUC trata de unificar las fuerzas de seguridad, eliminando el control que sobre las de orden público tienen los revolucionarios. Este enfrentamiento, que se agudiza en los primeros meses

LA GUERRA RETRANSMITIDA
El papel que desempeñaron los medios de comunicación fue esencial para convertir la Guerra Civil en un gran acontecimiento mundial. En la foto, dos reporteros sentados en una cornisa.

Jesús Hernández
Ministro de Instrucción Pública del PCE en los gobiernos de Largo Caballero y Negrín, y posteriormente comisario general para la zona centro-sur, durante una alocución escuchada por Miaja (sentado), Hidalgo de Cisneros (de pie) y Rojo (de pie, con gafas).

de 1937, estalla en el mes de mayo cuando tras los asesinatos de un miembro del PSUC y de un anarquista se suspenden los actos previstos para la celebración del Primero de Mayo. La intervención de la Guardia de Asalto en el edificio de Telefónica de la capital catalana, inmueble controlado por la CNT, provoca una situación de guerra civil a pequeña escala, en la que anarquistas y miembros del POUM se enfrentan a comunistas e integrantes de los cuerpos ordinarios del orden. Tras cuatro días de violentos enfrentamientos, que se saldan con unas cifras oficiales de 200 muertos, tropas gubernamentales llegadas desde Valencia el día 7 ponen fin a los combates, acabando definitivamente con toda veleidad revolucionaria.

El Gobierno de Negrín

Desde su llegada a la presidencia del Gobierno, en septiembre de 1936, Largo Caballero ha tenido tres claros objetivos: organizar un ejército capaz de defender a la República, reconstruir el Estado y frenar los procesos revolucionarios incontrolados. Aun compartiendo los comunistas dicho programa, las tiranteces con ellos no tardan en aparecer, especialmente en los aspectos relacionados con la dirección militar de la contienda. Un altercado con el embajador soviético, Marcel Rosenberg, que pretendía la destitución del general José Asensio, subsecretario de la Guerra, acaba con el cese del diplomático gracias a la presión de Largo Caballero y provoca la ruptura definitiva de éste con el Partido Comunista.

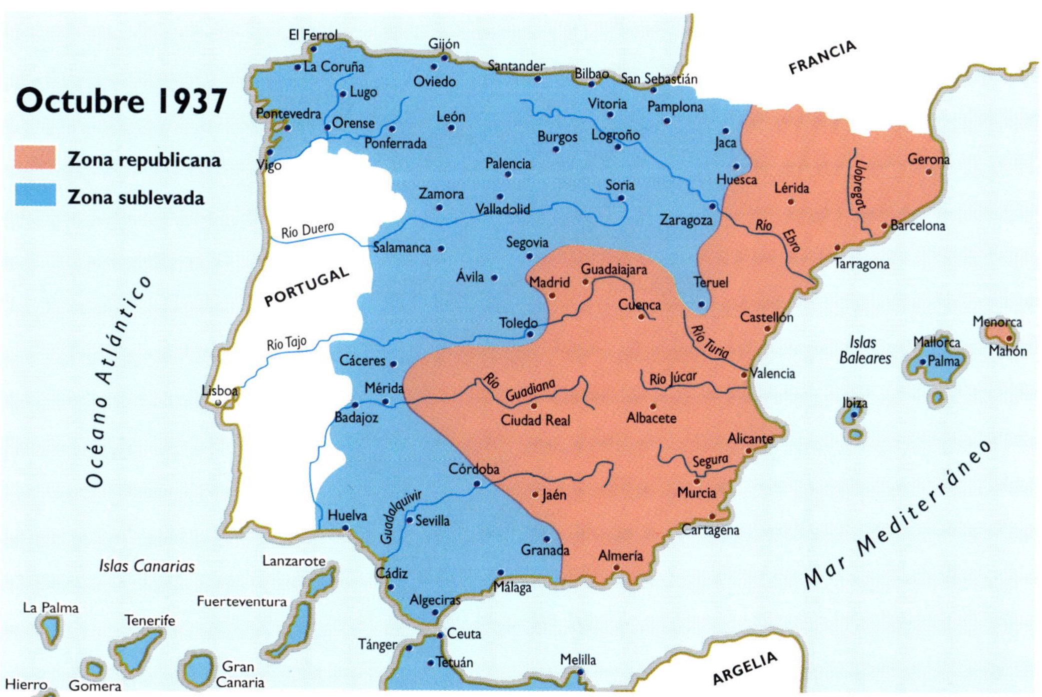

Octubre de 1937
Tras la caída del Norte los frentes se estabilizan y el ejército franquista piensa una vez más en avanzar sobre Madrid, movimiento que frustrará en diciembre de 1937 la ofensiva republicana sobre Teruel.

Miguel Hernández
Soldado en los frentes de Teruel, Extremadura, Andalucía y Levante, comisario de actividades culturales y propaganda, y, sobre todo, gran poeta, arengó a las tropas en el frente y a todos los combatientes a través de sus versos. Murió en el Reformatorio de Adultos de Alicante en 1942.

Tras los sucesos de Barcelona, la negativa de Largo Caballero a acabar con el POUM traslada la tensión al Consejo de Ministros. El 13 de mayo, como jefe del Gobierno, se niega a la disolución de dicho partido y los dos ministros comunistas que forman parte del mismo, Uribe y Hernández, presentan su dimisión. La retirada del apoyo comunista y las luchas internas dentro del PSOE, entre el sector que apoya a Largo Caballero y el que respalda a Prieto, provocan la caída del Ejecutivo. Largo Caballero dimite de todos sus cargos el 17 de mayo y el presidente de la República, Azaña, propone como sustituto a Juan Negrín, miembro del Partido Socialista, quien hasta ese momento ha sido ministro de Hacienda. La llegada de Negrín al Gobierno es posible gracias al apoyo del sector prietista y del Partido Comunista de España. Su acceso al poder coincide con la intensificación de las acciones del ejército rebelde en el frente Norte.

Ante la imposibilidad de las fuerzas franquistas de tomar Madrid, donde se encuentra el ejército republicano mejor preparado, el frente Norte, aislado del resto del territorio, parece un objetivo más asequible. Las tropas del

Prisioneros italianos tras la batalla de Brihuega, 1937.

El Partido Obrero de Unificación Marxista (POUM)

El Partido Obrero de Unificación Marxista (POUM), que contaba en sus inicios con unos 7.000 militantes, se funda en Tarrasa, en la clandestinidad, el 29 de septiembre de 1935 y señala la fusión del Bloque Obrero y Campesino (Bloc Obrer i Camperol, BOC) –dirigido por Joaquín Maurín y especialmente arraigado en Cataluña y Baleares– e Izquierda Comunista –pequeño grupúsculo liderado por Andreu Nin y con seguidores en Madrid, Asturias y Extremadura–. Ambas formaciones procedían de escisiones del Partido Comunista de España (PCE), pero tanto Maurín como Nin habían formado parte anteriormente de la rama «comunista» de la CNT, sindicato que habían abandonado después de que éste decidiera retirarse en 1922 de la Internacional Comunista.

En ese momento, Maurín pasará al PCE y

Nin viajará a la Unión Soviética, donde su cercanía a Trotski acabará por precipitar su expulsión del país en 1930. Toda esta trayectoria ideológica hará que el POUM se conforme como un partido de izquierda radical cuyas máximas serán la revolución social, la dictadura del proletariado y el antiestalinismo, todo ello aderezado con una fuerte impronta catalanista.

En 1936 el POUM se integra en el Frente Popular, pero subrayando el carácter coyuntural de su apoyo. Entre septiembre y diciembre de ese año Andreu Nin es Consejero de Justicia de la Generalitat, mientras el partido funda sus propias milicias y participa en gran número de comités obreros. Sin embargo, el fortalecimiento del recién constituido Partit Socialista Unificat de Catalunya (PSUC), comunista de fuerte influencia soviética, hace que el POUM se acerque de nuevo a la CNT y dificulta su permanencia en las instituciones republicanas. La lucha soterrada entre los dos partidos comunistas se insertará en las pugnas intestinas del bando republicano y, sobre todo, en el avance de un PCE que, aupado por el apoyo de la Unión Soviética a la República, propugna con métodos expeditivos el sometimiento de la disidencia a la victoria bélica. Las andanadas antisoviéticas de La batalla, principal órgano de prensa del POUM, y las acusaciones del PCE y el PSUC contra este partido, al que calificaban de contrarrevolucionario, fascista y trotskista –aunque Trotski le había retirado su aval por su apoyo al Frente Popular–, culminan en los sucesos de mayo de 1937 en Barcelona, que enfrentarán a las bases de la CNT y el POUM, por un lado, y a la Generalitat, los comunistas y el Gobierno de la República, por otro.

Este grave conflicto, que arrojará un saldo de alrededor de 200 muertos, proporcionará a los comunistas la ocasión para forzar la caída del Gobierno de Largo Caballero, la disolución del POUM y un juicio contra sus dirigentes, en el que, sin embargo, no se pudieron presentar, por imposibles, pruebas de su connivencia con el bando franquista. En medio de esta ofensiva contra el POUM, y también contra la CNT, se producirá la desaparición de Andreu Nin, que según todos los indicios fue trasladado a Madrid, torturado y finalmente asesinado por los servicios secretos soviéticos.

Trotski, especialmente influyente en el POUM prebélico, al llegar en 1937 a Tampico (México). A su izquierda Frida Kahlo y su esposa; a su derecha, el trotskista estadounidense Max Schachtman.

Barricadas destruidas
La toma de Bilbao proporcionó a los golpistas centros industriales vitales que, muy codiciados por sociedades de ayuda alemanas como HISMA y ROWAK, fueron abandonados intactos por las autoridades nacionalistas vascas. En la foto, barricadas destruidas en una zona céntrica de Bilbao.

general Mola, que suman más de cien mil hombres, y las del CTV italianas, que buscan desquitarse de su derrota en Guadalajara, lucharán durante seis meses hasta acabar con los últimos focos de resistencia. El 13 de junio es tomado Portugalete; el 19 de junio las tropas franquistas entran en Bilbao; el 20 de agosto es tomada Reinosa; Santander cae en manos italianas el día 26; el 21 de septiembre el general Aranda consigue para los sublevados el puerto de Pajares; el 27 el general Solchaga entra en Ribadesella; el 1 de octubre los franquistas llegan a Covadonga; el 12 toman Cangas de Onís; por último, entre los días 20 y 21 son ocupadas Gijón y Avilés, dando fin a la campaña del Norte. Una tras otra caen Vizcaya, Santander y Asturias sin que el Gobierno central pueda hacer prácticamente nada por evitarlo.

Aunque la República trata de distraer la atención de Franco provocando la apertura de otros frentes (Brunete en julio; Belchite en agosto; Teruel en diciembre), no consigue impedir la caída de los territorios cantábricos, zona de importantísimo valor minero e industrial. Con un territorio menguante y cada vez más dificultades, el Gobierno de Negrín decide trasladarse a Barcelona el 28 de octubre. El presidente de la República, Manuel Azaña, reside allí desde octubre de 1936, un año antes. El Gobierno vasco llega también a la capital catalana el 2 de noviembre. Los políticos republicanos se cobijan en una Barcelona todavía alejada de los campos de batalla. Franco, indeciso sobre el camino a tomar tras la caída del Norte, prefiere posponer el asalto a Cataluña.

Flechas Negras en Santander
El suplemento dominical del Corriere de la Sera *italiano da cuenta el 29 de agosto de 1937 de la participación de la brigada mixta «Frecce Nere» (Flechas Negras) en la toma de Santander. Con tono épico hace referencia a su «victoriosa avanzadilla», que «quiebra las últimas resistencia de los rojos».*

Las batallas de Brunete y Belchite

Las batallas de Brunete (Madrid) y Belchite (Zaragoza), registradas entre julio y septiembre de 1937, constituyen dos iniciativas casi consecutivas del Ejército Popular republicano destinadas principalmente a aligerar la presión en el frente Norte. Ambas fueron ofensivas por sorpresa que pretendían rodear a las tropas enemigas con la tenaza de dos ataques simultáneos y las dos fueron batallas encarnizadas libradas casa por casa y con un calor sofocante, cuyo resultado final se vio determinado por la aviación franquista.

Con su acometida desde Madrid los republicanos trataban de aliviar la presión sobre la capital y desviar tropas del frente Norte mediante dos ataques, uno hacia Navalcarnero y otro que, partiendo desde Vallecas hacia el sur, confluyera con el primero para rodear a los sitiadores de Madrid. Al mando de Miaja estaban dos Cuerpos, el V, de Modesto, y el XVIII, de Jurado (un total de cinco divisiones, entre ellas las de Líster y el «Campesino») con unos 60.000 hombres, 120 tanques, 60 bombarderos y otros tantos cazas. Entre el 6 y el 11 de julio los republicanos rompieron las líneas franquistas y tomaron Villanueva de la Cañada y Brunete, pero su inexperiencia les llevó a detenerse ante Boadilla del Monte (cuartel general franquista en la zona). Tras el contraataque de las tropas de Varela –las divisiones 12, 13 y 150 de Asensio, Barrón y Sáenz de Buruaga– que contaban con el empuje de los *Heinkels* y *Messerschmitts* alemanes, el ataque desde Vallecas no llegó a producirse –había que sustituir a las bajas de los combates en la zona de Brunete– y entre el 19 y el 26 de julio los republicanos se replegaban prácticamente a sus posiciones de partida, después de librar una de las batallas más cruentas de la Guerra Civil (unas 20.000 bajas republicanas y 13.000 franquistas). A pesar de esta situación favorable, Franco no accedió a que Varela avanzara sobre Madrid.

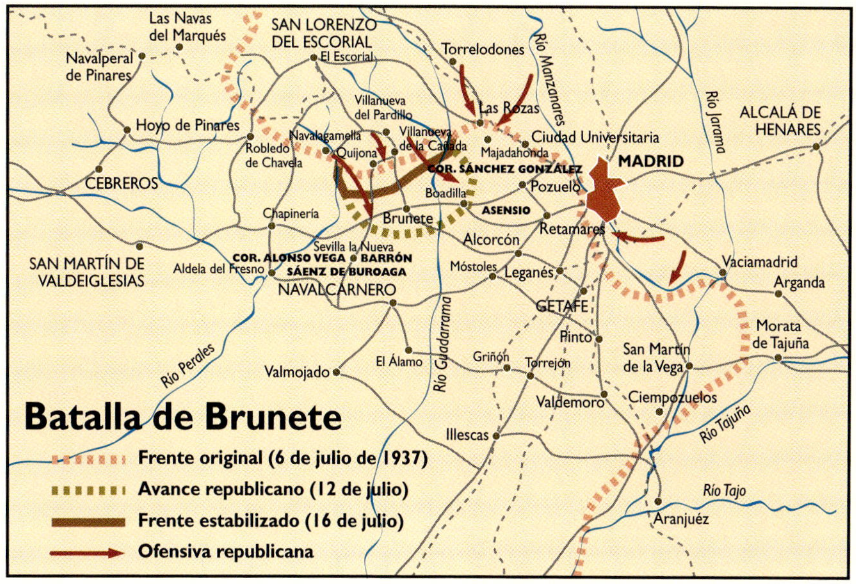

La batalla en torno a Belchite y Quinto (Zaragoza), que alteró notablemente el por entonces tranquilo frente aragonés, se prolongó entre el 23 de agosto y el 6 de septiembre de 1937. El general Pozas estuvo al mando del operativo, que pretendía quebrar el frente mediante dos puntas de lanza y llegar a Zaragoza en tres días. Las comunicaciones en la zona eran peores que al oeste de Madrid, pero la concentración de tropas sublevadas era menor.

La sucesión de las acciones fue similar a la de la batalla de Brunete: tras el éxito inicial de los republicanos, que, con el V Cuerpo y algunas divisiones del XII, rompieron las líneas enemigas en Zuera (al norte) y, con más determinación, cerca de Belchite (al sur), la falta de coordinación, de fuerzas de reserva y de inteligencia militar, así como la inexperiencia de los mandos intermedios, que se obcecaban en tomar ciertos enclaves (Belchite en este caso) antes de avanzar, imposibilitaron la llegada a Zaragoza. Los republicanos ocuparon definitivamente Belchite el 6 de septiembre, pero la tenaz resistencia de los sublevados –más firmes en la defensa de sus posiciones que sus enemigos– frustró toda la operación.

El antiguo pueblo, arrasado, se encuentra aún junto al nuevo, como testimonio de una batalla en la que murieron unos 6.000 hombres.

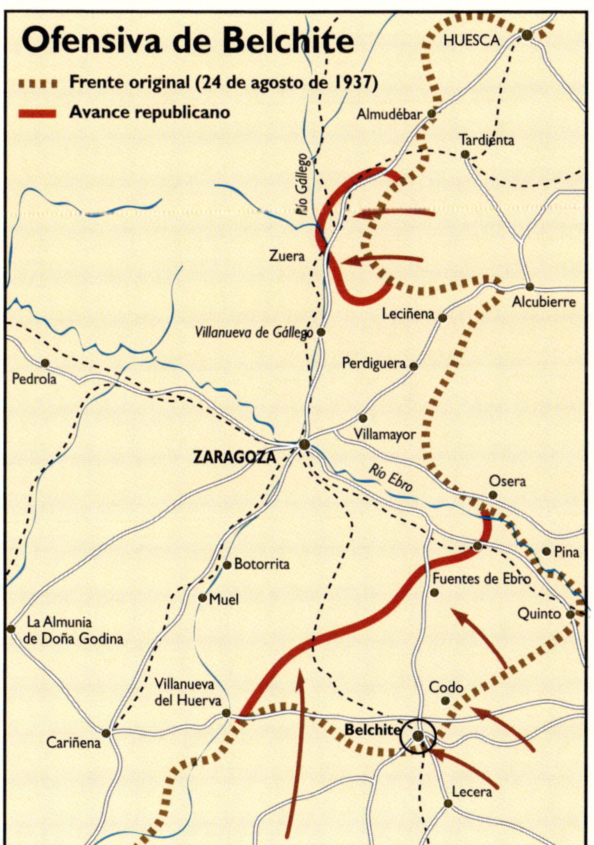

UNA
LIBRE
PLVS
VLTRA
ESPAÑA RESUCITA

1938

El avance franquista

A comienzos de 1938, la situación bélica, pese a su aparente equilibrio, inclina la balanza del lado franquista. Si bien la República ha conseguido resistir los sucesivos embates de las tropas sublevadas, sus únicos éxitos han sido de tipo defensivo. Aunque Madrid no ha sido tomada y Cataluña sigue lejos del frente, la pérdida del Norte y el avance ininterrumpido del ejército franquista permiten pensar que la caída de la República es cuestión de tiempo. Únicamente la internacionalización del conflicto bélico ha contribuido a su dilatación temporal gracias al refuerzo constante de los contendientes. Ya en septiembre de 1936 Azaña había manifestado a su círculo más íntimo que la victoria de la República era sólo una ilusión. La esperanza, para los líderes republicanos, que estuvo inicialmente puesta en la mediación internacional, lo está ahora en el inicio de un conflicto armado, tantas veces anunciado, entre las democracias liberales euro-

TRES ALIADOS
En la primera foto aparecen los símbolos de los regímenes fascistas aliados: la cruz gamada nazi, el yugo y las flechas falangistas, y el fascio *(haz) de varas con hacha tomado por los fascistas italianos de la Roma antigua. En la segunda aparece una postal española con las efigies de Hitler, Franco y Mussolini, y dos sellos alusivos a Isabel la Católica y El Cid.*

peas y la Alemania de Hitler que modifique los apoyos y las alianzas con la España franquista. Consciente de que la guerra de desgaste mantenida a lo largo de todo el año 1937 ha eliminado cualquier posibilidad de éxito militar, Negrín confía en que alargar la guerra española y esperar a que comience la europea termine siendo la baza definitiva para la República. El propio Franco expresa sus temores a que el problema de los Sudetes en Checoslovaquia acabe con un acuerdo entre Francia y Gran Bretaña, por un lado, y la Alemania nazi, por otro, que incluya el ofrecimiento por parte de Hitler de la cabeza del militar español a cambio de mantener su política expansionista en la Europa central; temor que, finalmente, no se cumplirá.

EL PRIMER GOBIERNO DE FRANCO

Centrado en la actividad bélica y sin disidencias importantes en su seno, el bando franquista no tiene prisa en articular el tejido institucional sobre el que edificar un nuevo Estado. Trascurrido año y medio de guerra sólo se han producido dos hechos significativos que, más que apuntar a la construcción de un nuevo marco político, señalan en otra dirección: la concentración del poder en manos de quien ya destaca como nuevo dictador. El primero ha tenido lugar en 1936, apenas dos meses después de iniciada la contienda, al nombrar los generales rebeldes a Franco *jefe del Gobierno del Estado*, además de *generalísimo* de los ejércitos. En este momento se sustituye la Junta de Defensa Nacional, organismo provisional

ÉPICA FRANQUISTA
(Pág. 122) Cartel de propaganda que combina la iconografía bélica con la nueva simbología franquista: la bandera roja y gualda, el águila de los Reyes Católicos y las enseñas carlista y falangista.

CULTO AL LÍDER
(Pág.123) «Fiesta del Caudillo» celebrada en honor de Franco en Burgos el 1 de octubre de 1938, para conmemorar el 2º aniversario de su entronización como generalísimo.

ENCUENTRO EN HENDAYA
Terminada la Guerra Civil, Franco y Hitler se encontrarían el 23 de octubre de 1940 en la localidad fronteriza de Hendaya para tratar de la posible entrada de España en el conflicto europeo, que no se materializaría.

Ramón Serrano Súñer

Gobierno de enero de 1938
Primer ejecutivo franquista casi al completo. De izquierda a derecha: Peña Boeuf, González Bueno, Suanzes, Gómez Jordana, Franco, Martínez Anido, Dávila, Domínguez Arévalo y Serrano Súñer.

constituido nada más fracasar el golpe de Estado, por la Junta Técnica del Estado, que, pese a encargarse de la gestión de los asuntos de la zona sublevada, no llega a adquirir la categoría de un gobierno ordinario. Dirigida por el general Fidel Dávila y con las comisiones técnicas que la integran dispersas entre Burgos, Salamanca y Valladolid, la Junta Técnica no logra en ningún momento –y tampoco lo pretende– sustraerse a la estricta voluntad de Franco, cuyo hermano Nicolás dirige la Secretaría General del Jefe del Estado.

El segundo hecho tiene que ver con la unificación política conseguida en abril de 1937. La unión de carlistas y falangistas, forzada por decreto tras los incidentes desatados entre distintos sectores de Falange, elimina no sólo cualquier posibilidad de disensión interna sino que además refuerza el poder personal de Franco, que acaba de un plumazo con las divisiones políticas y consigue el control absoluto del único partido permitido. Ramón Serrano Súñer, cuñado de Franco, articula la estructura interna de la nueva FET de las JONS: un jefe nacional –el propio Franco– que gravita sobre un secretario general, una Junta Política y un Consejo Nacional. Tras la constitución en Burgos del I Consejo Nacional de Falange, que incorpora a todos los grupos que han apoyado la insurrección, Franco, con todo el poder en sus manos, inicia la efectiva construcción del que ya se conoce como Nuevo Estado. Además, el paso de los meses, debido a la lentitud del avance militar y a la resistencia mostrada por la República, hace que Franco comience a pensar en el escenario inmediatamente posbélico. La concentración del poder militar y político, que inicialmente se le había entregado «mientras dure la guerra», y el culto a la personalidad desplegado a imitación

FET de las JONS
El partido único del régimen franquista se fue asentando en las localidades españolas tomadas a los republicanos. En la foto, miembros y dirigentes saludan, brazo en alto, desde una de sus sedes.

PROTAGONISTAS

JUAN NEGRÍN

Nace en Las Palmas de Gran Canaria en 1892 en una familia acomodada y católica. En 1908 viaja a Alemania a estudiar Medicina y en 1912 se doctora en Leipzig, en cuyo Instituto de Fisiología trabaja hasta 1915. El estallido de la I Guerra Mundial le obliga a volver a España y en 1917, por mediación de Ramón y Cajal, se convierte en director de un laboratorio de fisiología radicado en la Residencia de Estudiantes de Madrid.

En 1920 se ve obligado a realizar una nueva tesis doctoral en España sobre «el tono vascular», publicada en 1922. Ese mismo año obtiene la cátedra de Fisiología de la Universidad Central. Entre sus discípulos estará Severo Ochoa, futuro Premio Nobel.

En 1927 es nombrado asesor técnico para la construcción de la Ciudad Universitaria y en 1929 se afilia al PSOE, partido con el que consigue en 1931 su primer acta de diputado.

En 1934, tras obtener un escaño por Madrid, pide la excedencia para dedicarse por entero a la política. En septiembre de 1936 pasa a ocupar la cartera de Hacienda en el Gobierno de Largo Caballero, desde la cual aprobará el polémico traslado de las reservas del Banco de España a la URSS y Francia. En mayo de 1937 el Presidente Azaña le encarga la formación de gobierno, desplazando a Indalecio Prieto, político de más prestigio que Negrín y su mentor político.

A partir de ese momento, la gestión de Negrín viene marcada por el apoyo de los comunistas y la ayuda soviética, propugnando una política de resistencia bélica que no le impidió iniciar, desde el puesto de ministro de la Guerra al que accede en 1938, infructuosos contactos con los mandos sublevados para lograr una paz justa. El 1 de mayo de 1938 publica los «13 puntos de Negrín», que no sólo pretendían ganarse a la opinión pública internacional sino que constituían la base para un compromiso con Franco.

El 27 de febrero de 1939, tras el reconocimiento del gobierno sublevado por parte de Gran Bretaña, Azaña presenta su dimisión, pero Negrín decide resistir. El 4 de marzo, el coronel Casado, convencido de la inminencia de un golpe de Estado comunista, se subleva en Madrid con el apoyo de algunos socialistas, anarquistas y del propio general Miaja. Derrotado, Negrín huye a Francia y posteriormente, en 1940, a Inglaterra. Al finalizar la II Guerra Mundial regresa a Francia, donde muere el 12 de noviembre de 1956, después de haber renunciado en 1945 en México a su cargo como presidente del Gobierno español en el exilio.

El jefe del Gobierno republicano, Juan Negrín, y el presidente de la República, Manuel Azaña, momentos antes de pasar revista a las tropas para un desfile.

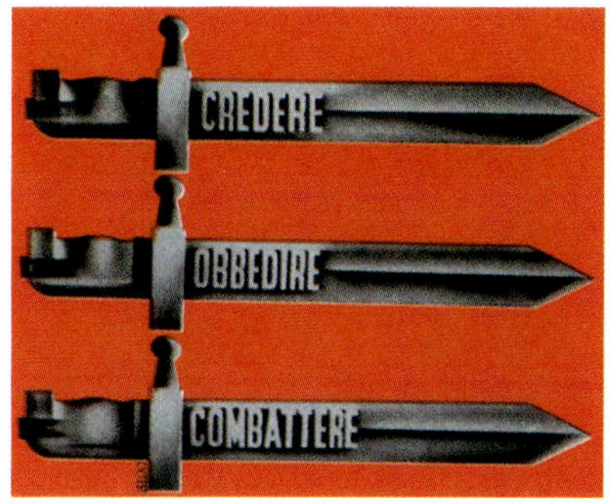

Disciplina y obediencia
El régimen nazi y el fascismo italiano, aliados de Franco, pusieron un especial énfasis en los valores de tipo castrense. A la izquierda, Hitler frente a una formación de sus adeptos en Nuremberg; a la izquierda, divisa de la Juventud Italiana del Lictorio (hasta 1937 Opera Nazionale Balilla), con tres principios básicos impresos en tres dagas: creer, obedecer y combatir.

del que practican otras potencias fascistas, imposibilitan cualquier cuestionamiento del poder de Franco. El apoyo y fidelidad de su hermano y de su cuñado, Nicolás Franco y Serrano Súñer (llamados el hermanísimo y el cuñadísimo, como remedo del título de generalísimo), garantizan el control de su entorno más inmediato.

El 30 de enero de 1938, dieciocho meses después de iniciada la guerra, se forma el primer Gobierno de la España franquista. En él están representadas las distintas familias del naciente régimen: militares (los generales Dávila y Martínez Anido, en los ministerios de Defensa Nacional y Orden Público, respectivamente), falangistas (Raimundo Fernández Cuesta, en Agricultura, y González Bueno, en Organización y Acción Sindical), carlistas (Domínguez Arévalo –Conde de Rodezno–, en Justicia), monárquicos (el general Gómez-Jordana, ministro de Asuntos Exteriores; Pedro Sainz Rodríguez, de Educación Nacional; Andrés Amado, de Hacienda), etc. Todos ellos tienen en común su dependencia y sumisión a las órdenes de Franco; todos intentan desde este momento conseguir su favor. Los nuevos ministros prestan juramento en el monasterio de Las Huelgas, en Burgos, en una ceremonia religiosa, alejada de la parafernalia fascista, cuyo simbolismo pretende rescatar la España imperial de los Reyes Católicos.

La Ley de la Administración Central del Estado, que sustituye al «gabinete de guerra» que en realidad era la Junta Técnica para dar paso a la formación del Consejo de Ministros, es el primer peldaño, fruto del afán de Serrano Súñer –que ocupará el ministerio del Interior–, de

Primer consejo de ministros
Presidido por Franco, se reúne el primer Gobierno franquista el 2 de febrero de 1938. En el extremo izquierdo aparece Serrano Súñer, ministro del Interior.

ANTONIO ARANDA
Jefe del levantamiento militar en Oviedo, es nombrado general posteriormente y, al mando del Cuerpo de Ejército de Galicia, entra en 1939 en Valencia, ciudad de la que será capitán general.

dotar de una estructura jurídica al emergente Estado franquista. Otras leyes importantes como el Fuero del Trabajo (9 de marzo), que, a imitación de la Italia fascista, organiza la economía sobre los principios corporativos del sindicalismo vertical y de la intervención estatal; la Ley de Prensa (9 de abril), que somete a censura previa a todos los medios de comunicación y otorga al Gobierno la facultad de nombrar a los directores de periódicos; o la Ley de Enseñanza Media (20 de septiembre), que deja manos libres a la Iglesia en la educación secundaria, contribuyen a la institucionalización del nuevo Estado español.

Junto a estas disposiciones, el nuevo Gobierno franquista no olvida derogar algunas de las leyes aprobadas por la República. En marzo, aunque suprimida en la práctica, es abolida formalmente la ley republicana del divorcio. Lo mismo ocurre el 5 de abril, coincidiendo con la llegada de las tropas franquistas a la provincia de Lérida, con el Estatuto de Autonomía de Cataluña. En el preámbulo de la Ley de Abolición se justifica dicho acto: «El Estatuto de Cataluña, en mala hora concebido por la República, dejó de tener validez, en el orden jurídico español, desde el día diecisiete de julio de 1936. No sería preciso, pues, hacer ninguna declaración en este sentido. Pero la entrada de nuestras gloriosas armas en territorio catalán plantea el problema, estrictamente administrativo, de deducir las consecuencias prácticas de aquella abrogación. Importa,

VALORES FRANQUISTAS
Imagen de una exposición organizada en noviembre de 1937. La efigie de Franco, flanqueado por una bandera falangista y otra carlista, preside la muestra, que incide en valores como el entusiasmo, la disciplina y el auxilio.

PROTAGONISTAS

El cardenal Gomá

Isidro Gomá Tomás nace en 1869 en La Riba, Tarragona. La influencia materna resulta determinante para impulsarle a una pronta vocación religiosa. En 1895, a los veintiséis años, es ordenado sacerdote en el Seminario de Tarragona. Posteriormente ejerce como cura rural, pero pronto inicia una más ambiciosa carrera eclesiástica, que le lleva a doctorarse en Teología por la universidad de Valencia y en Derecho Canónico y Filosofía por la de Tarragona.

En 1897 se convierte en profesor del Seminario de Valencia e inicia así una carrera docente que durará 25 años. En 1899 es ya rector de la misma institución, mientras que en 1927 se convierte en obispo de Tarazona (Zaragoza), desde donde demuestra sus capacidades organizativas y sus dotes de polemista y escritor religioso.

La República encuentra en Gomá a un sólido antagonista que en abril de 1933, tras la expulsión del país del cardenal Segura, ocupa el arzobispado de Toledo. En julio del mismo año publica su primera carta pastoral, oponiéndose a la Ley de Congregaciones. Sus relaciones con el Estado mejoran durante los gobiernos radical-cedistas, pero la victoria del Frente Popular y los ataques que sufre la Iglesia en la primavera de 1936 vuelven a enfrentar a Gomá, cardenal desde 1935, con las autoridades civiles.

El estallido de la guerra civil le sorprende en Balascoain, Navarra, y Gomá no tarda en constituirse en representante «confidencial y oficioso» de la Santa Sede ante el gobierno de Burgos. Entre septiembre de 1936 y enero de 1937 expresa su pensamiento respecto a la guerra en varias pastorales, dejando claro el sentido «nacional» de la contienda, su carácter de pugna entre «España y la anti España», y el derecho de «toda criatura... a entrar en guerra contra otra cuando esta última se pone en guerra contra Dios».

La «Carta colectiva del Episcopado Español», fechada el 1 julio de 1937 y publicada en la prensa a mediados de agosto, manifiesta con claridad la postura de Gomá, redactor del texto, respecto a la guerra, y recoge los deseos de Franco, que con dicha carta pretendía ganarse a la opinión pública internacional. La carta, que no fue comentada por el Vaticano hasta nueve meses más tarde y que se guardó de utilizar la habitual terminología referente a la «cruzada», supuso un acto de adhesión al llamado Movimiento Nacional, aunque mostraba los recelos de la jerarquía eclesiástica hacia las tendencias totalitarias del nuevo régimen. Tras la guerra, Isidro Gomá fue nombrado miembro de la Real Academia Española en 1940, poco antes de morir en agosto de ese mismo año, en Toledo.

El cardenal Gomá, tomando juramento a nuevos alféreces en Ávila.

JOSÉ MIAJA
Cabeza visible de la Junta de Defensa de Madrid que, en el otoño-invierno de 1936-1937, logró detener el embate franquista contra la capital. En la foto, junto al comisario político Francisco Antón.

ARMAMENTO RUSO
Abajo: dos tipos de munición para tanques rusos utilizados por los republicanos.

por consiguiente, restablecer un régimen de derecho público que, de acuerdo con el principio de unidad de la Patria, devuelva a aquellas provincias el honor de ser gobernadas en pie de igualdad con sus hermanas del resto de España». También en abril se crea el Servicio Nacional de la Reforma Económica Social de la Tierra, que tiene como misión devolver a sus antiguos dueños las tierras expropiadas por la República. El 3 de mayo se permite el regreso de los jesuitas e, igualmente, les son devueltas sus propiedades. El 5 de julio una nueva ley restablece la pena de muerte, que «por un sentimentalismo de notoría falsa y que no se compagina con la seriedad de un Estado fuerte y justiciero» fue eliminada «en el Código penal de la nefasta República», tal y como también anuncia su preámbulo.

TERUEL Y EL FRENTE DE ARAGÓN

La finalización de la campaña del Norte, cuyos últimos combates se disputan en octubre de 1937, da paso a un período de tregua que es utilizado por el ejército rebelde para preparar un definitivo ataque a Madrid. A lo largo de semanas se concentran en las inmediaciones del valle del río Jalón y de la localidad de Medinaceli (Soria) numerosas unidades dispuestas a marchar sobre la capital. Sin embargo, el Estado Mayor republicano toma la iniciativa en diciembre de 1937, adelantándose a los pla-

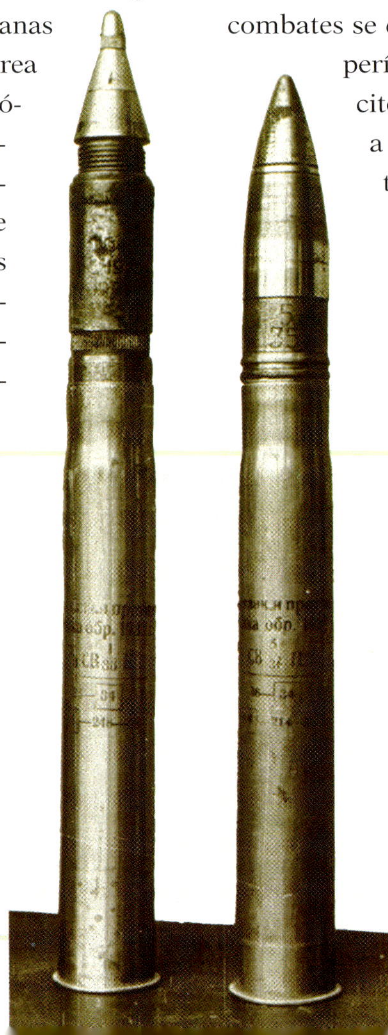

LAS NUEVAS ARMAS

En julio de 1936, al igual que ocurrió con los medios aéreos y marinos, el armamento con que se encontraron los dos bandos contendientes era de mala calidad y, en gran medida, obsoleto. La situación se fue modificando gracias a la ayuda exterior. Las armas indicadas a continuación son las más representativas, pero se recurrió a todo tipo de modelos (por ejemplo, sólo en la zona republicana se utilizaron fusiles de 35 tipos diferentes).

El fusil reglamentario del Ejército Español era el *Máuser* de 7 mm, modelo 1893, que será el más utilizado por ambos bandos hasta la llegada del *Mannlicher-Carcano* italiano y del *Mosin* soviético. Inicialmente, el fusil ametrallador más frecuente fue el *Hotchkiss* de 1922, posteriormente superado en cada una de las zonas por el *Degtyarev-Pekhotny* soviético y el *Breda* italiano, ambos de 1930. Los mejores cañones anticarro fueron los *Vickers* soviéticos de 47 mm, mientras que los morteros más usuales, en los dos bandos, fueron los *Valero* de fabricación

Batalla de Teruel *Los rigores del invierno hicieron de esta batalla una de las más duras de la guerra. En la imagen, una hilera de soldados avanza entre la nieve.*

nes previstos por Franco, recuperando la ciudad de Teruel. Las escaramuzas y los duros combates en torno a la capital turolense ocupan a ambos ejércitos hasta finales del mes de febrero de 1938. Durante los dos meses de batalla en torno a Teruel, en condiciones insoportables debidas a la dureza del invierno, el ejército republicano agota definitivamente sus reservas. Aunque la batalla finaliza con los frentes establecidos a su inicio, el desgaste republicano permite la penetración del ejército franquista hacia Cataluña y Valencia. El optimismo generado por la acción gubernamental, que suponía pasar de la defensa al ataque, dura escasos días, desapareciendo desde ese momento del ánimo republicano y dando paso al desaliento más absoluto.

La evidente superioridad material del ejército rebelde, al que, pese al bloqueo internacional, siguen llegando armas y equipos procedentes de Alemania e Italia, facilita su inmediata recuperación. El 9 de marzo de 1938, la mitad de las divisiones franquistas, desplegadas en la línea que va de Zaragoza a Teruel, lanzan un ataque que provoca numerosas brechas. Enfrente, intentando contener la embestida, el veinte por ciento del ejército republicano no puede evitar ser arrollado. En apenas unos días son tomadas importantes posiciones (Belchite y Quinto el día 10, Alcañiz el 14) a la vez que se rompen los enlaces y comunicaciones del frente republicano. Mientras, a partir del día 16, Barcelona es bombardeada por aviones italianos que lanzan de forma indiscriminada contra la población civil bombas de espoleta retardada, diseñadas para explotar en el interior de los edificios, con el único fin de provocar el terror. En los

española, de diferentes calibres, y algunos rusos de 50 mm.
En artillería, los modelos reglamentarios en 1936 eran los cañones *Schneider* de 70 y 75 mm y el obús *Vickers* de 105 y 155 mm. Posteriormente, entrarían en combate los obuses *Plasencia* de 80, 90 y 210 mm, los *Krupp* de 75, 90 y 150 mm, así como los obuses *Schneider* y *Perm*, traídos de la URSS.
Los carros de combate eran muy escasos al inicio de la guerra (sólo había dos Regimientos de Carros, el de Madrid y el de Zaragoza) y, a diferencia de lo ocurrido en la II Guerra Mundial, tampoco después tuvieron un papel decisivo durante la Guerra Civil.
El bando gubernamental recibió dos versiones del *T-26* soviético, de 1933, mientras que el sublevado contó con los diversos modelos *Panzer*, (al *I Krupp* se le llamaba «el negrillo»).

Carro blindado UNL-35 fabricado por Unión Naval de Levante, similar al modelo soviético 'FAI'. Se siguió fabricando ¡hasta los años 50!

LA BATALLA DE TERUEL

La ofensiva republicana en Teruel, concebida por Rojo y realizada por el Ejército del Este, al mando de Hernández Saravia, pretendía frustrar los planes franquistas de ataque a Madrid tras la victoria en el Norte (que parece ser fueron conocidos por los mandos republicanos gracias al cenetista Cipriano Mera, que se infiltró en las líneas enemigas). Teruel fue elegida para esta maniobra de diversión porque, situada en el extremo sur del frente aragonés, su abastecimiento no sería fácil para las tropas sublevadas. El 15 de diciembre se inició la ofensiva con unos 40.000-70.000 hombres, que pronto completaron el cerco de la ciudad. Los defensores de ésta, dirigidos por el teniente coronel Rey d'Harcourt, abandonaron las alturas de La Muela y fueron haciéndose fuertes en ciertos edificios. Los combates callejeros eran tan intensos como el frío, que llegó a los 20° bajo cero.

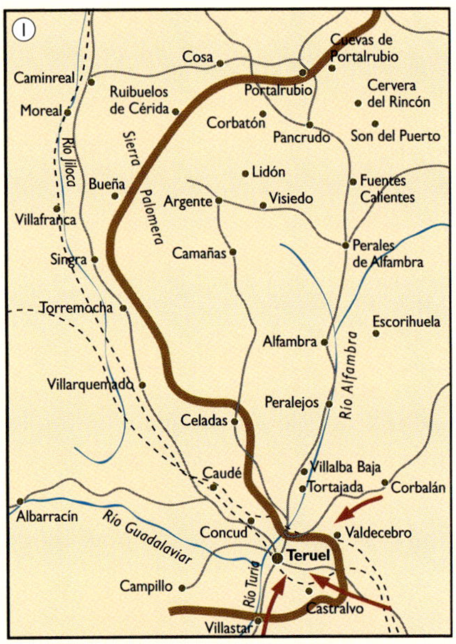

El 22 de diciembre, cuando los republicanos ya habían tomado casi toda la ciudad, los cuerpos de Aranda y Varela iniciaron el contraataque con el apoyo de la Legión Cóndor (que se había resistido a intervenir, considerando que su lugar estaba en el pospuesto ataque a Madrid). La contraofensiva consiguió romper el frente en La Muela pero la terrible ventisca (que causó frecuentes casos de congelación en ambos bandos) y la llegada de refuerzos de las Brigadas Internacionales frenaron su avance.

El 8 de enero se produjo la rendición de los restos de la guarnición turolense, pero el 17 el intenso fuego artillero del CTV italiano y el cuerpo de Yagüe rompieron el frente al norte de Teruel, aunque los republicanos siguieron resistiendo. Entre el 5 y 9 de febrero se desarrolla la decisiva batalla de Alfambra en la que, bajo la dirección del propio Franco, 14 divisiones de Dávila lograron quebrar definitivamente las líneas republicanas (con una inusitada acción de la 1° División de caballería, quizá la última de su especie en las guerras contemporáneas). El 20 de febrero, cuando «El Campesino» aún resistía en Teruel, casi totalmente rodeado por Aranda, Hernández Saravia decretó la evacuación de la plaza.

La batalla de Teruel fue una de las más crueles de la Guerra. Los sublevados hicieron gran cantidad de prisioneros (entre 6.000 y 22.000, según las fuentes), capturando abundante material. Las cifras de bajas son enormemente imprecisas. Como mínimo, parece que los sublevados perdieron a los alrededor de 9.000 defensores de la ciudad, mientras que los muertos entre los que acudieron a socorrerles oscilan entre 1.400 y 14.000. En esta ocasión, algunos autores cifran las bajas republicanas en torno a la mitad de las franquistas. De la desmoralización e indisciplina entre las tropas gubernamentales da fe el hecho de que más de cuarenta hombres fueran fusilados por insubordinación.

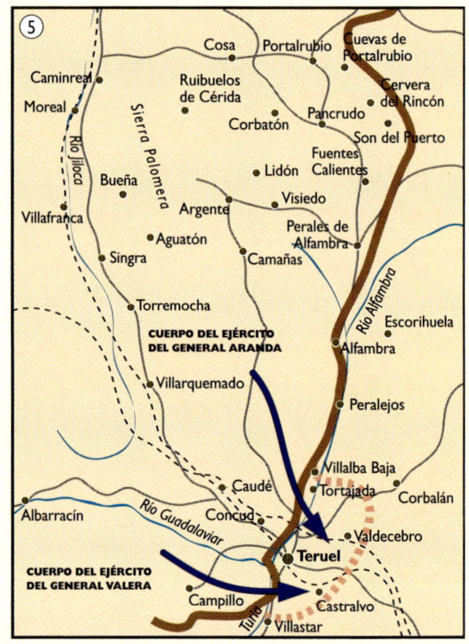

JOSÉ VARELA
General desde mayo de 1937, tuvo un papel decisivo en la batalla de Teruel. En la foto aparece ante un mapa de operaciones.

LA MORAL REPUBLICANA
Fue decayendo tras las sucesivas derrotas y la propaganda incidió especialmente en la necesidad de recobrarla para mantener la lucha.

días siguientes la ofensiva consigue avanzar más de cien kilómetros tomando poblaciones como Barbastro, Fraga, Cariñena y Lérida. En los Pirineos son ocupados el Valle de Arán y la ciudad de Tremp, donde se ubica la central eléctrica que suministra a Barcelona la mayor parte de su energía. A lo largo del río Ebro, unidades franquistas llegan a Vinaroz, en la costa mediterránea, ocupando unos ochenta kilómetros de litoral al sur del delta del Ebro, hasta Peñíscola, y rompiendo en dos, de esta forma, el territorio bajo control de la República.

LA CRISIS DEL GOBIERNO DE NEGRÍN

Los lamentables resultados en el campo de batalla provocan una crisis en el Gobierno republicano. Tanto el Presidente, Azaña, como el ministro de Defensa Nacional, Prieto, llegan a la conclusión de que, ante el fracaso militar y la imposibilidad de conseguir el apoyo británico, no hay más salida que reconocer la derrota y acabar cuanto antes con la guerra. Anthony Eden, ministro británico de Asuntos Exteriores cuya política de oposición al fascismo le enfrenta al primer ministro Neville Chamberlain, partidario de llegar a un acuerdo con

PASANDO REVISTA
Fotografía de Franco tomada en el puerto castellonense de Vinaroz el 31 de mayo de 1938.

LA BATALLA DEL EBRO

La batalla del Ebro puede considerarse en muchos sentidos la más importante de la Guerra Civil española: por su duración –tres meses y medio–; medios empleados –fue la mayor concentración artillera de toda la contienda–; número de muertos –alrededor de 20.000, más de dos tercios republicanos–; encarnizamiento en la lucha e importancia a la hora de determinar el fin de la guerra y su vencedor. En un momento muy delicado para la República, cuando el territorio bajo su control había quedado partido en dos, el Gobierno de Negrín y el ejército, al mando del general Rojo, decidieron tomar la iniciativa para frenar el avance de los rebeldes hacia Valencia y así ganar tiempo mientras se dilucidaba la situación internacional.

El recién constituido Ejército del Ebro que, a las órdenes de Juan Modesto, cruzó dicho río por Mequinenza y Amposta la noche del 24 al 25 de julio de 1938 y sorprendió a los franquistas llegando a penetrar 40 kilómetros en su territorio, estaba formado por cerca de 100.000 hombres. La primera gran batalla tuvo lugar el 1 de agosto en Gandesa, donde se detuvo el avance de las tropas de Líster. A pesar de la escasez de provisiones y de piezas del ejército republicano, éste recibió la orden de resistir y así lo hizo hasta principios de noviembre, en dos bolsas situadas en la ribera occidental del río, mientras se libraban feroces combates.

El 6 de agosto se inició el contraataque franquista (se reunieron unos 300 aviones en la zona), que fue haciendo retroceder a los republicanos, cuya inferioridad aérea quedó nuevamente demostrada, mientras que el 30 de octubre empezó la contraofensiva final.

La guerra de desgaste que se había desarrollado en el frente del Ebro acabó así con el bombardeo de la sierra de Caballs y la retirada total de las tropas republicanas al otro lado del río el 16 de noviembre de 1938.

El éxito inicial de la batalla del Ebro causó problemas internos al bando franquista, que no estaba preparado para una derrota, y fortaleció al Gobierno republicano de Negrín, muy cuestionado por su dependencia de los comunistas, principales impulsores de la ofensiva en el Ebro. Sin embargo, finalmente, la batalla supuso el derrumbamiento del ejército de Cataluña y abrió la puerta para la derrota definitiva del bando republicano que, a diferencia del franquista, no podía compensar las pérdidas humanas y materiales que le había ocasionado la última ofensiva.

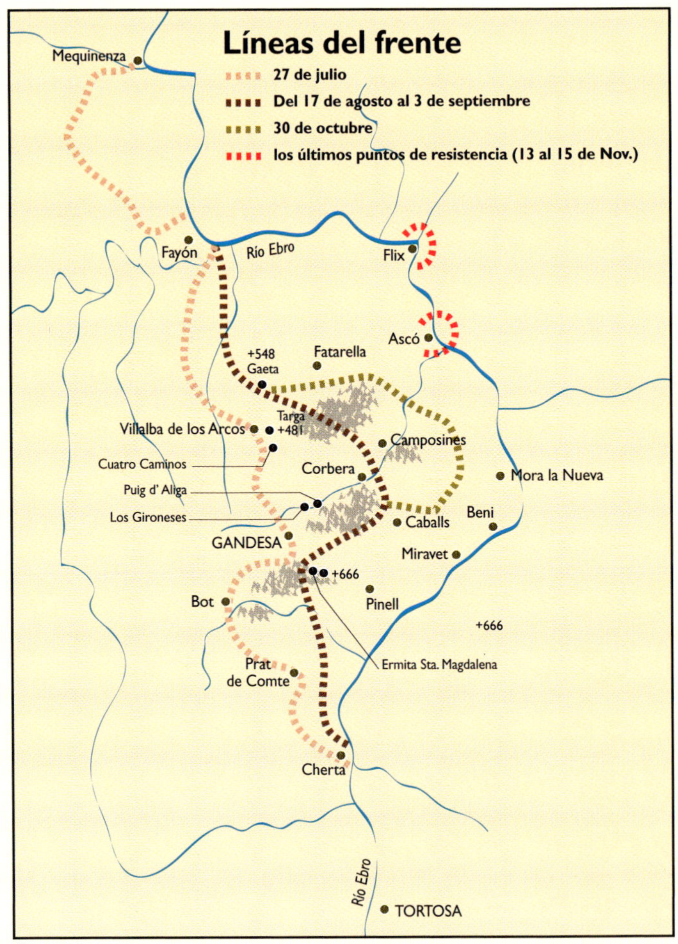

Anthony Eden
El ministro británico de Asuntos Exteriores, del partido conservador, abandonó el gobierno de su país en febrero de 1938 por su desacuerdo con la política de no intervención de Chamberlain. Volvería a este puesto en 1940 de la mano de Churchill.

Mussolini sobre el Mediterráneo sin obligarle a retirar sus tropas de España, dimite el 20 de febrero. Para Azaña y para Prieto, la clave del apoyo internacional no se encuentra tanto en el material enviado por la Unión Soviética como en la capacidad británica de obligar a Franco a negociar un armisticio. La dimisión de Eden y el derrotero seguido por Chamberlain, más preocupado por asegurar los negocios británicos en España que por las consecuencias políticas de la victoria de Franco, alejan del todo esa posibilidad. Por el contrario, Negrín, que consigue la entrada de armamento gracias a la reapertura de la frontera francesa, y los comunistas, atrincherados en una política de resistencia hasta el final, consideran que no todo está perdido. El alargamiento temporal del conflicto es entendido como algo positivo ya que vislumbran una posible modificación del escenario internacional. Las políticas agresivas de Hitler, que se intensifican a lo largo de 1938, deben tener un límite que las democracias europeas no estén dispuestas a sobrepasar.

Ante esta situación, el 16 de marzo, mientras el Gobierno se reúne en el palacio de Pedralbes, residencia del Presidente, una manifestación organizada por los comunistas pide la dimisión de Prieto por derrotista. En un primer momento, Negrín considera la posibilidad de continuar con Prieto en el Gobierno pero en otra cartera. Sin embargo, la profundidad de la crisis impide otra salida que la formación de un nuevo Gobierno que,

Tras la conquista
En la foto, tropas franquistas posan en una calle de una localidad antes republicana. A la derecha se distingue un local de Cultura y Acción, *publicación anarquista aragonesa.*

ÁLVAREZ DEL VAYO
El ministro de Asuntos Exteriores desde abril de 1935 en una foto tomada en el cine Rialto de Madrid en 1937, con motivo del estreno de la película Ejército Popular*; tras él, entonces ministro de Estado, aparece a la derecha García Oliver, titular de Justicia.*

sin la presencia de Prieto, garantice el apoyo firme de los comunistas. El 5 de abril queda constituido el nuevo Gabinete, en el que el propio Negrín se hace cargo de la cartera de Defensa; el socialista vasco Paulino Gómez de Gobernación; el también socialista Álvarez del Vayo de Asuntos Exteriores; el anarquista Segundo Blanco de Instrucción Pública y Sanidad (sustituyendo al comunista Jesús Hernández, que es apartado); y José Giral y Manuel Irujo pasan a ser ministros sin cartera. La confirmación del general Rojo, al frente del Estado Mayor Central, garantiza la lealtad del Ejército Popular, en especial de los mandos profesionales fieles a la República.

EL AVANCE HACIA VALENCIA

El dilema entre resistencia o rendición, ante la imposibilidad de llegar a un pacto (debida a la incapacidad internacional para presionar en tal sentido y al rechazo de Franco), es resuelto no sólo afrontando la lucha sino incluso intentando pasar a la ofensiva. Para mantener segura Cataluña es necesario afianzar las posiciones en torno al río Ebro y para ello es necesario controlar sus dos orillas. La llegada de armas, combustible y alimen-

CABALGATA INFANTIL
En la foto, perteneciente a un desfile organizado por el ministerio de Instrucción Pública republicano, se observa una carroza que rinde homenaje al buque soviético Komsomol*, hundido por los franquistas en diciembre de 1936.*

PROTAGONISTAS

Juan Yagüe Blanco

Nace en 1891 en el pueblo de San Leonardo, Soria, en el seno de una familia acomodada cuyo cabeza de familia era médico. En 1907 entra en la Academia Militar de Toledo, el mismo año que Franco. Su primer destino tras la academia es Burgos, pero en 1914 llega a Marruecos, como siempre había deseado. Su brillante carrera en la colonia, que le lleva al rango de comandante y que está jalonada por 8 cruces al mérito militar, se ve interrumpida en 1924 cuando, a causa de las heridas recibidas en combate, es trasladado a la Península. Cuatro años después regresa para hacerse cargo, ya como teniente coronel, de los Regulares de Larache. Durante el primer bienio republicano es degradado al revisarse los ascensos por méritos de guerra. Durante el segundo, Franco solicita su colaboración para sofocar la revolución de octubre de 1934 en Asturias.
Falangista y amigo de José Antonio Primo de Rivera, participa en los planes de sublevación militar de 1936, actuando como enlace entre Mola y Franco, y encargándose de llevarla a cabo en Ceuta y de consolidarla en Sevilla, junto a Queipo de Llano. Posteriormente, dirige la toma de Mérida y Badajoz en agosto del mismo año y la sangrienta represión posterior. Nombrado coronel, tras mostrar su desacuerdo con el desvío de sus contingentes hacia el Alcázar y ser sustituido en dicha operación por Varela, participa en el asedio de Madrid, pero se ve obligado a abandonarlo tras sufrir un infarto. A pesar de su militancia falangista, decide apoyar a Franco en la unificación política de FET de las JONS en abril de 1937, pero en 1938 su solicitud de perdón para Hedilla y los «camisas viejas» represaliados, así como sus afirmaciones respecto a las causas de la guerra (que achacó a «los años de injusticia social») le ocasionan una sanción disciplinaria.
En marzo de 1938, cuando las tropas de Yagüe se encontraban ya en Tremp y Balaguer, Franco frena su avance hacia Barcelona para concentrar todas las fuerzas rebeldes en el Ebro. Finalmente, como general de brigada del I Cuerpo de Ejército, Yagüe entra en la capital catalana el 26 de enero de 1939, asumiendo el mando militar de la misma. Tras finalizar la guerra, que había visto a Yagüe en frentes de batalla decisivos como Brunete, Teruel, Belchite y el Ebro, además de Cataluña, ocupa el puesto de ministro del Aire, recién creado, entre agosto de 1939 y junio de 1941, pero su germanofilia, su cercanía a los puristas de Falange enemistados con el régimen y, curiosamente, las acusaciones de indulgencia con los «rojos» (amparadas en su petición de reducción de sentencias para los republicanos de las fuerzas aéreas encarcelados) provocan su destitución. En 1942, admitiendo que sólo la monarquía podría garantizar el futuro político de España, trata de alentar sin éxito un encuentro entre don Juan de Borbón y algunos dirigentes alemanes. Ese mismo año es ascendido a teniente general y un año después ocupa la Capitanía General de la VI región militar en Burgos, ciudad desde la que dirige las primeras operaciones contra el maquis y en la que fallece en 1952, siendo nombrado, a título póstumo, capitán general y marqués de Leonardo.

Monumento erigido en honor de Yagüe en su pueblo natal de San Leonardo, Soria, más tarde rebautizado San Leonardo de Yagüe.

El papel de la aviación

Desde el punto de vista puramente numérico, el balance inicial de fuerzas en el aire beneficiaba a las tropas republicanas, que se quedaron con tres cuartas partes de los alrededor de 450 aviones de las Fuerzas Aéreas Españolas y con unos 150 pilotos militares de los 240 disponibles. Sin embargo, esta ventaja era sólo aparente, dado que gran parte de los aviones, fabricados entre 1917 y 1925, estaban anticuados y algunos eran prácticamente inservibles. La participación extranjera en ambos bandos será el factor determinante de la renovación de los contingentes aéreos, tanto desde el punto de vista técnico como estratégico. Inicialmente, la Legión Cóndor alemana y el Grupo 12 ruso actuaron con gran autonomía respecto a sus respectivos mandos aéreos centrales (Kindelán en el bando franquista e Hidalgo de Cisneros en el republicano).

La llegada a comienzos de agosto de 1936 de los primeros bombarderos *Savoia SM 81* italianos a Marruecos comienza a modificar esta situación, que, con la incorporación, desde finales de julio, de los *Junkers* (las «pavas») y *Heinkel* alemanes (que facilitarán el traslado de tropas desde Marruecos), así como de los cazas *Fiat* italianos, dará ventaja en el aire a las tropas sublevadas hasta la aparición a finales de octubre de los nuevos aparatos rusos. A partir de ese momento se incorporan al bando republicano aeronaves soviéticas que, muy superiores a las del bando sublevado, supondrán un revulsivo para la iniciativa alemana e italiana: son los bombarderos soviéticos *Tupolev SB 2*, llamados «katiuskas», y los cazas *Polikarpov I-15*, los «chatos», posteriormente sustituidos por los *Polikarpov I-16*, los «moscas», aún más rápidos.

En 1937 la aviación es ya un factor determinante en las batallas. La incorporación al bando sublevado de los cazas *Messerschmidt 109* alemanes, similares a los «moscas», y de los bombarderos *HE-111* (ambos dentro de la Legión Cóndor, constituida en octubre de 1936), así como de los *Savoia 79* italianos, superiores a los «katiuskas», hará que a partir de la primavera de 1937, y durante casi toda la guerra, la superioridad en el aire sea patrimonio de las tropas franquistas.

A pesar de la táctica de permanente supeditación de las operaciones aéreas al avance terrestre que imperó en ambos bandos, 1938 supone la mayoría de edad de la aviación en la Guerra Civil. En las batallas de Teruel, el Ebro y Cataluña el ejército sublevado demostró su superioridad aérea. Se calcula que a lo largo de la guerra las fuerzas republicanas recibieron en torno a 1.500 aviones (unos 1.000 soviéticos), mientras que las franquistas contaron con un número similar de naves extranjeras, unas 800 italianas y 600 alemanas, disfrutando de la ventaja que proporcionaban unos suministros constantes, apenas afectados por el bloqueo del Comité de No Intervención que sufrió el bando gubernamental.

Labores de mantenimiento en un avión republicano.

Frente de Castellón
Imagen de tropas franquistas llegando a Benicasim, Castellón, el 13 de junio de 1938.

tos a través de la frontera francesa, y el prestigio renovado de Negrín, que contagia su ánimo optimista a una población desmoralizada, dan nuevas fuerzas a la República.

Por su parte, roto el territorio republicano en dos porciones y alcanzado el Mediterráneo, Franco duda sobre si avanzar sobre Cataluña o, por el contrario, encaminarse hacia Valencia. Finalmente se decide a marchar sobre la capital valenciana cuando todo apunta a lo contrario. De haber atacado a Cataluña, incomunicada con la otra zona republicana y por tanto sin posibilidad de recibir ayuda, la guerra hubiera llegado antes a su fin: se hubiera cerrado la frontera con Francia y controlado la poca industria que quedaba en manos de la República. Generales como Kindelán, Vigón y Yagüe se manifiestan en ese sentido. El ministro de la Guerra alemán transmite la necesidad de que se avance hacia Barcelona. Franco, sin embargo, inicia el camino de Valencia.

El lento progreso, que encuentra muchas más dificultades de las previstas, ocasiona innumerables vícti-

Hacia Valencia
El avance de las tropas franquistas hacia Valencia fue lento y especialmente cruento. En la foto, un camión ardiendo en el frente castellonense en julio de 1938.

El Partido Nacionalista Vasco (PNV)

Sabino Arana funda el PNV en Vizcaya en 1895 para reivindicar una cultura vasca étnica y los fueros abolidos en 1876. Después de su muerte, ocurrida en 1903, el PNV, que ya había conseguido concejales en ayuntamientos de Vizcaya, va extendiéndose a otros territorios del País Vasco y Navarra. En 1911 se funda el sindicato nacionalista Solidaridad de Obreros Vascos (SOV), que en 1933 se convertirá en Solidaridad de Trabajadores Vascos (STV). En 1916 el PNV pasa a llamarse oficialmente Comunión Nacionalista Vasca (CNV) y en 1918 obtiene sus primeros escaños en las Cortes. El conflicto apuntado en 1915 con la expulsión del partido de Luis Arana, hermano del fundador, se consolida en 1921 con la escisión de un nuevo PNV, más independentista.

El golpe de Estado de Primo de Rivera conlleva el cierre de los locales de este PNV, mientras que, en 1924, CNV lanza un manifiesto contra el separatismo y por la regeneración de España y del País Vasco. En 1930, tras la dimisión del dictador, PNV y CNV inician conversaciones para su reunificación, al tiempo que se funda un nuevo partido, Acción Nacionalista Vasca (ANV), formación aconfesional, republicana y liberal.

El PNV, ya reunificado, y los carlistas promueven el movimiento municipal que redacta en 1931 el Estatuto de Estella. El desencuentro con las autoridades republicanas, que declaran incompatible con la Constitución dicho estatuto, también se demuestra en la oposición del PNV a las medidas anticlericales del primer bienio. En 1932 otro proyecto de estatuto es rechazado en Navarra, por lo que el PNV acepta continuar el proceso autonómico sin esta provincia, iniciando un giro hacia el centro. Con 12 diputados en Cortes, el PNV se convierte en el primer partido vasco en noviembre de 1934, después de que el año anterior una asamblea de municipios aprobara otro borrador de estatuto. La tramitación de éste se paraliza por discrepancias sobre la inclusión de Álava. En las elecciones de febrero de 1936 el PNV pierde votos, pero sigue siendo la agrupación más votada en el País Vasco. El acercamiento al Frente Popular queda patente con la inclusión de José Antonio Aguirre en la Comisión de Estatutos como secretario y se consolida cuando el PNV, a cambio de la promulgación inmediata de la autonomía vasca, que se produce el 1 de octubre de 1936, decide apoyar la legalidad republicana tras el golpe de Estado.

El País Vasco autónomo, reducido a Vizcaya y una parte de Guipúzcoa, se rinde a las tropas franquistas en junio de 1937, después de negociaciones secretas entre el Gobierno vasco y el Vaticano, y de la firma en Santoña de una paz a espaldas de los políticos republicanos con el contingente italiano. La presencia del PNV en el Gobierno de la República, sin embargo, se mantendrá hasta 1938. Posteriormente, las actividades del partido se centrarán en el Gobierno vasco en el exilio. Con el retorno de la democracia y con un nuevo estatuto de autonomía, el PNV volverá a ser el partido hegemónico en las instituciones vascas.

Sabino Arana, fundador del PNV.

Al lado, cartel alusivo al Aberri Eguna *(Día de la patria vasca) y a los combatientes vascos* (gudaris).

El *lehendakari* Aguirre
Tras la caída del País Vasco en manos franquistas se trasladó primero a Santander y después a Cataluña, desde donde partió al exilio en febrero de 1939.

mas, desgastando de forma importante a las fuerzas franquistas. En ocasiones, la ofensiva se detiene durante semanas. Kindelán insiste a Franco, a quien escribe solicitando el fin de la operación. El 14 de junio las tropas encabezadas por el general Aranda toman Castellón. A lo largo de los meses de junio y julio se avanza en dirección a Valencia. El 20 de julio, las tropas atacantes se encuentran a menos de cuarenta kilómetros de Valencia, en Viver, donde encuentran una feroz resistencia. Cuando finalmente se decide iniciar la ofensiva que conduzca a los rebeldes hasta Valencia, movimiento previsto para el 25 de julio, se detiene el ataque. Esa misma madrugada, el ejército republicano, plantando batalla y llevando la iniciativa por primera vez después de varios meses, ha cruzado el Ebro.

Aviadores franquistas
Arriba, Alfredo Kindelán, jefe de las fuerzas aéreas sublevadas, y Joaquín García Morato, aviador decisivo para la constitución de dicho contingente aéreo.

Camino de Cataluña

La batalla del Ebro se desarrolla durante más de tres meses. Con su derrota, el Gobierno de la República es plenamente consciente de que las posibilidades de victoria son inexistentes. Además, el cambio de Gobierno en Francia, que de nuevo cierra la frontera, y la sumisión de las

Prioridad bélica
Cartel de propaganda ugetista en el que se subraya la necesidad de ganar primero la guerra (se entiende que antes de proceder a la revolución social).

OFENSIVA SOBRE CATALUÑA
El primer mapa muestra la evolución de los frentes catalanes entre diciembre de 1938 y febrero de 1939, mientras que el segundo presenta los movimientos de los cuerpos implicados en la toma de Barcelona.

DEFENSA ANTIAÉREA
Ante el avance franquista sobre Cataluña, las autoridades alentaban a la resistencia con carteles como estos, que loaban la labor de la DCA (Defensa antiaérea).

democracias liberales a Hitler, que actúa a su antojo en la Europa central, impiden cualquier tipo de mediación. Por si queda alguna duda, Franco no considera ningún tipo de negociación que no pase por la rendición incondicional.

A Negrín y a su Gobierno, así como a todos los combatientes republicanos, sólo les queda resistir hasta la derrota o rendirse y acabar en manos de Franco. El 23 de diciembre de 1938, varios meses después de la fecha sugerida por algunos de sus generales, tras el desplome del frente de Aragón, Franco inicia la toma de Cataluña. En esta ocasión el ritmo será constante y no encontrará, al contrario de lo sucedido en Valencia, obstáculos insalvables ni resistencias dignas de mención. Defendido por el más importante ejército republicano todavía en pie, el del centro, Madrid contempla temeroso y cansado el avance por Cataluña.

Intelectuales a favor de la República

La Guerra Civil truncó por completo la llamada «edad de plata» de la cultura española, iniciada, paradójicamente, tras las pérdidas coloniales de 1898 y continuada, sobre todo en literatura, con la Generación del 27. La II República, como esfuerzo modernizador y europeísta, había concitado la adhesión de gran parte de los intelectuales del momento (entre ellos Unamuno, Marañón o Américo Castro). Sin embargo, la evolución de la propia República y, sobre todo, la radicalización de la contienda produjeron abandonos tempranos de intelectuales (Ortega, Azorín, Pérez de Ayala) o perplejidad y decepción (el propio Azaña, Cernuda); muertes violentas a manos de los sublevados (García Lorca), y una floreciente eclosión cultural, de calidad pero sometida a las necesidades bélicas, que impulsaron sobre todo las figuras más jóvenes (Rafael Alberti, Miguel Hernández, José Bergamín, Max Aub), con el apoyo de un nutrido plantel de escritores y artistas extranjeros (entre ellos Hemingway, Orwell, Bernanos o Gide).

El médico e historiador Gregorio Marañón abandonó España al poco de iniciarse la Guerra Civil y regresó en 1942.

En la zona que permaneció leal al Gobierno republicano el esfuerzo por mantener la vida cultural anterior a la guerra fue considerable y en él tuvo un papel señalado la Alianza de Escritores Antifascistas, creada antes del estallido bélico. La dirección de esta organización, que fue ofrecida a Antonio Machado y Juan Ramón Jiménez, figuras señeras de la poesía española, recayó finalmente en José Bergamín, siempre con la ayuda clave de Rafael Alberti. La AEA organizó en Valencia, entre el 4 y el 18 de julio de 1937, el II Congreso Internacional de Escritores para la Defensa de la Cultura, que se convirtió, al igual que la presencia española en la Exposición Universal de París del mismo año –con el *Guernica* de Picasso y obras de Miró o Solana–, en un acto de respaldo internacional a la República y también de propaganda. En la estela de empresas teatrales populares anteriores a la guerra, como las de García Lorca, la AEA también propició iniciativas como Nueva Escena, el Teatro de Arte y Propaganda, y las Guerrillas del Teatro, que fundían pedagogía cultural y política.

Por otra parte, mientras fue posible, revistas como *El Mono Azul* (publicada por la AEA), *Cuadernos de la Casa de la Cultura* u *Hora de España,* dieron cuenta del quehacer literario y ensayístico de la España republicana (con textos de autores españoles como Dámaso Alonso, María Zambrano o Vicente Aleixandre) sin dejar de incluir colaboraciones de autores extranjeros (como Vicente Huidobro o Pablo Neruda). Este apoyo a la República acabaría por arrojar a un gran número de literatos, científicos y artistas españoles a un exilio de larga duración o definitivo, que principalmente se dirigió a Latinoamérica, aunque también recaló en EE UU y en algunos países europeos.

Dos imágenes del II Congreso Internacional de Escritores Antifascistas, celebrado en Valencia en el verano de 1937. En la primera aparecen José Bergamín (a la izquierda, sentado) y Julián Zugazagoitia (de pie) en el acto de apertura. En la segunda, el poeta peruano César Vallejo en una de las reuniones.

HA LLEGADO ESPAÑA

1 9 3 9

La caída de la República

Coincidiendo con la batalla del Ebro, el escenario internacional, una vez más, condiciona la evolución de la Guerra y su definitivo resultado. La apertura de la frontera francesa y la momentánea paralización de los suministros alemanes al comienzo del otoño de 1938 –Hitler antepone sus pretensiones anexionistas en la Europa central a la ayuda a Franco, que tantas críticas conlleva– han permitido que la ofensiva republicana, en cuyas manos ha estado durante unas semanas la iniciativa militar, ponga a Franco contra las cuerdas. Sus errores militares, contestados en ocasiones por algunos de sus generales, llegan a su máximo nivel al emprender la fallida ofensiva contra Valencia, acción que no sólo no consigue su propósito sino que permite la recuperación del ejército republicano asentado en Cataluña. Otros errores, numerosos, cometidos durante la campaña del Ebro, llevarán a Mussolini a solicitar a su yerno, el conde Ga-

HITLER GULLIVER.
Viñeta que muestra al «gigante» Hitler jugueteando con los líderes europeos, entre ellos Mussolini.

ARMAS
Pistola semiautomática Beretta modelo 1931, utilizada por los oficiales de la Regia Marina y la Aviazione Legionaria durante la Guerra Civil.

leazzo Ciano, que escriba en su diario: «Profetizo la derrota de Franco. Ese hombre o no sabe hacer la guerra o no quiere hacerla. Los rojos son luchadores, Franco no».

La suerte, sin embargo, sonríe de nuevo al general rebelde ya que el 28 de septiembre de 1938 los jefes de Gobierno de Francia, Gran Bretaña, Alemania e Italia se reúnen en Munich para buscar una solución a los distintos problemas planteados por las reivindicaciones territoriales de Hitler. Tratando de alejar el peligro de una guerra europea, las democracias liberales ceden a las pretensiones del III Reich sobre Checoslovaquia al igual que unos meses antes, en marzo, habían aceptado la ocupación alemana de Austria como un mal menor. De esta forma, la República española es definitivamente abandonada a su suerte. Los acuerdos de Munich y el nuevo cierre de la frontera francesa, junto con la llegada de más ayuda alemana, determinan el resultado de la batalla del Ebro y, con él, el de la propia contienda. Chamberlain, primer ministro británico, considera que Checoslovaquia y España son el precio puesto a la paz europea. Tan sólo unos meses después, en septiembre de 1939, cuando la República española sea sólo historia, la invasión de Polonia por parte de Alemania demostrará lo erróneo de sus cálculos.

HACIA BARCELONA

Con la lección bien aprendida, Franco no comete de nuevo el error de permitir la reagrupación republicana. Ni Madrid ni Valencia son los objetivos inmediatos; por el contrario, aprovecha el empuje realizado en los momentos finales de la batalla del Ebro para tomar totalmente Cataluña. De la

PROPAGANDA FRANQUISTA
(Pág. 144) Cartel de propaganda rebelde realizado por Josep Morell e impreso en la editorial Seix Barral de Barcelona poco después de la caída de Cataluña en manos de los sublevados.

VÍCTIMAS CIVILES
(Pág. 145) La contienda española fue, en cuanto a la incidencia sobre los no combatientes, un antecedente de la «guerra total» que representa la II Guerra Mundial.

ALIANZA GERMANO-ITALIANA.
A la izquierda, los ministros de exteriores de dos países del Eje: el alemán Ribbentrop y el italiano Ciano, en mayo de 1939.

La toma de Barcelona

Tras el fin de la batalla del Ebro, a mediados de noviembre de 1938, en Barcelona cundió el desánimo y el temor. Los organismos del Estado y los de la Generalitat, no muy bien avenidos, perdían el control de la situación en una ciudad repleta de refugiados (alrededor del millón en toda Cataluña), procedentes de otras zonas como Extremadura y Andalucía, que tenía que restañar las heridas físicas de los heridos en combate y las morales producidas por disensiones internas como los juicios celebrados en octubre contra miembros del POUM, participantes en los sucesos de mayo de 1937. En esta ocasión no hubo penas de muerte y los presos fueron puestos en libertad antes de la llegada de los franquistas.

El primer embate enemigo del 23 de diciembre contra el frente catalán fue frenado por el 5º Cuerpo de Ejército de Líster durante unos 15 días. Pero el 4 de enero caía Artesa del Segre y, posteriormente, el Ejército del Ebro se mostraba incapaz de contener el avance desde el sur. Desde el 15 de enero Barcelona fue bombardeada día y noche. El 22 de enero los organismos del Estado recibían la orden de abandonarla y los contingentes marroquí y navarro cruzaban el Llobregat, abriendo así el camino hacia la capital catalana. La desbandada ya era generalizada y las carreteras estaban atestadas de miles de civiles y militares que trataban de llegar a la frontera francesa bajo los bombardeos de la Legión Cóndor. Las cárceles se vaciaron y muchos detenidos fueron sumariamente ejecutados.

El 26 de enero, al mediodía, las fuerzas de Solchaga y de Yagüe entraban en una urbe desguarnecida que no opuso ninguna resistencia, más preocupada por su alimentación –se registraron asaltos a los depósitos de víveres– que por el combate. Yagüe y el General Álvarez Arenas, jefe supremo de los servicios de ocupación, llegaron a Barcelona en actitud más de conquista que de liberación, puesto que, según ellos, la ciudad representaba la doble amenaza «roja» y «separatista». Se decretaron cuatro días de «libertad» para las tropas, antes de restablecerse el orden. Días en los que cundieron los «paseos». A pesar de la presencia de personas como Dionisio Ridruejo, Jefe Nacional de Propaganda, que incluso llegó a hablar en Barcelona de reconciliación entre vencedores y vencidos, se prohibió el uso del catalán y se inició el proceso de devolución de bienes nacionalizados o colectivizados. Después se iniciaron los consejos de guerra propiamente dichos, en virtud de la Ley de Responsabilidades Políticas aprobada ya el 9 de febrero de 1939.

Restos de un avión franquista en las calles de Barcelona a la entrada de las tropas vencedoras. Foto del 29 de enero de 1939.

Coronel García Valiño
Jefe del cuerpo de ejército del Maestrazgo, participó en la ofensiva para tomar Cataluña.

Solchaga y Franceschi
Imagen de José Solchaga, jefe del cuerpo de ejército navarro, con boina carlista, y Gustavo Franceschi, sacerdote y polemista argentino, en el frente de Vizcaya.

ofensiva se encarga, dirigido por el general Dávila, el ejército del norte, compuesto en este momento por varios cuerpos de ejército: el de Urgel, comandado por Muñoz Grandes; el de Aragón, liderado por Moscardó; el de Navarra, a cuyo frente está Solchaga; el del Cuerpo de Tropas Voluntarias italiano, dirigido por Gambara; el cuerpo de ejército marroquí, capitaneado por Yagüe; y el del Maestrazgo, mandado por García Valiño. Más de 350.000 soldados, bien armados y con repuestos suficientes, están preparados para la acometida. La superioridad en todos los órdenes es manifiesta, especialmente en el aire, donde los aparatos alemanes e italianos no encuentran ninguna oposición. Alemania, tras la victoria diplomática en la Conferencia de Munich, vuelve a suministrar armamento al incipiente Estado franquista. Esta vez, sin embargo, el precio es más elevado que nunca: el material entregado y el apoyo de la Legión Cóndor ha de ser pagado no sólo con la concesión de derechos mineros –se cede a los alemanes una participación mayoritaria en cinco de las minas más importantes– sino a través del envío directo de minerales a Alemania y la aceptación de créditos que hipotecarán al Estado en los años siguientes. Los acuerdos mineros firmados el 19 de noviembre abren de nuevo el grifo de la ayuda nazi.

Debido a las malas condiciones meteorológicas, el ataque franquista se demora hasta finales del mes de diciembre. Las autoridades republicanas, en su mayor parte asentadas en Barcelona, conscientes de la inminencia de la campaña, tratan una vez más de poner en marcha distintas maniobras de diversión, recurso utilizado para obli-

Puentes sobre el Ebro
Improvisadas pasarelas establecidas por el ejército republicano para cruzar el Ebro durante la ofensiva desarrollada entre julio y noviembre de 1938.

En el frente
Imagen de combatientes republicanos con una ametralladora.

gar al atacante a desviar parte de sus tropas a otros puntos, aunque sin conseguir ningún resultado positivo. Tras desechar una propuesta de tregua navideña, las tropas franquistas inician su marcha hacia la capital catalana. Frente al bien preparado ejército de Franco, noventa mil exhaustos republicanos, derrotados en el Ebro y sin posibilidad de recibir suministros debido al cierre de la frontera francesa, intentan contener el avance. Únicamente las unidades comunistas dirigidas por Líster, Galán y Tagüeña oponen una resistencia destacada.

La campaña de Cataluña

Por primera vez desde iniciado el conflicto, las tropas franquistas cumplen sus planes militares tal y como están previstos. El agotamiento de las tropas republicanas, que prácticamente huyen en desbandada, facilita la labor. Tarragona es tomada sin apenas lucha el 15 de enero de 1939. El 26, las tropas de Yagüe entran en una tranquila Barcelona sin realizar un disparo mientras el Gobierno de la República, con Negrín al frente, se instala en Figueras, localidad cercana a la frontera francesa. Los intentos de convertir Barcelona en un nuevo Madrid resistente, de mantener el pulso con las tropas franquistas para evitar su entrada en la ciudad, se disuelven con la huida aterrorizada de buena parte de la población, que emprende el camino de la frontera. Más de medio millón de personas, entre civiles y soldados, se agolpa en las carreteras que conducen a Francia. La aviación franquista, al igual que en otras ocasiones similares (Irún, Málaga, Bilbao...), bombardea sin piedad a los desplazados.

El 29 de enero, el ejército franquista ha ocupado la línea que va desde Solsona, Manresa, Tarrasa y Sabadell hasta Ma-

Prisioneros
Reparto de rancho a prisioneros republicanos en el frente de Cataluña.

LA RADIO

Gracias a los avances técnicos y a una legislación que permitió la apertura de emisoras locales (germen de cadenas como la SER o la COPE), la radio experimentó un gran desarrollo durante la II República, lo cual hizo que este medio, quizá el más indicado para un país en el que aún abundaba el analfabetismo, comenzara a ser ampliamente utilizado tanto para fines informativos y políticos como para entretener (emitiendo, por ejemplo, zarzuelas o crónicas taurinas). Durante la Guerra Civil se asiste a una transformación sin precedentes de las ondas, que se convierten en un arma de propaganda esencial. Rudimentarios aparatos de radio, que en la mayoría de los casos no podían captar más que emisoras locales, eran escuchados atentamente, en casas y lugares públicos, por círculos de familiares y amigos, y se transformaron en objetos preciados que, en determinados momentos, las autoridades decidían requisar.

En la zona leal a la República, a pesar de los intentos del Gobierno, que canalizó todas sus emisiones a través de Unión Radio en Madrid y Barcelona, el medio sufrió la fragmentación política manifiesta en otros ámbitos, con lo que no sirvió como aparato de información y de propaganda unificado. Por su parte, en la zona golpista, los militares controlaron pronto las ondas, creando ya en enero de 1937 Radio Nacional de España, con sede primero en Salamanca y después en Burgos. La ayuda alemana les permitió superar la inicial ventaja técnica de la República y conseguir cobertura nacional para sus emisiones, desde Salamanca en 1937 y desde Zaragoza en 1938. Ambos bandos se disputaron la misma frecuencia, al tratar RNE de ocupar la de Unión Radio.

Hasta la eliminación de su programa radiofónico el 1 de febrero de 1938, el general Queipo de Llano fue la principal figura de la radio franquista y un claro exponente del uso de este medio para la guerra psicológica, mediante brutales arengas diarias que podían escucharse en gran parte de España. Por otra parte, proliferaron «Radios Fantasma» que emitían con el espíritu de un bando desde territorio controlado por el otro. Los acontecimientos esenciales de la guerra se vivieron primordialmente a través de la radio y este medio sirvió para informar, siempre bajo censura, de la situación en los frentes; para demonizar, confundir y desmoralizar al enemigo; para animar a las tropas o a la retaguardia, e incluso para transmitir mensajes de la quinta columna (como ocurrió, por ejemplo, en Madrid en vísperas del golpe de Casado, cuando éste creyó recibir mensajes cifrados del enemigo a través de RNE).

Puesto de radio de la Falange vallisoletana en el frente de Madrid.

La radio no sólo fue utilizada como medio de propaganda sino como medio de comunicación en los frentes. En la foto, imagen del frente de León, en San Pedro de Luna.

Saludo republicano
El puño en alto, ya fuera el socialista, con la mano derecha, ya el comunista, con la izquierda, fue uno de los saludos característicos de los republicanos en tiempo de guerra.

Sello republicano

taró. Sobrepasada Barcelona, el imparable avance es tan rápido como le permiten sus medios. Tras un bombardeo con bombas incendiarias, sin lógica ni justificación alguna, el cinco de febrero las tropas franquistas alcanzan Gerona. El día 8 llegan a Figueras y el 9 a la frontera, por la que, antes de su cierre total el día 12, huyen más de 400.000 personas. La campaña de Cataluña es la historia de un ejército y una población en desbandada, un «sálvese quien pueda» con nombres de localidades y fechas de ocupación.

La dimisión de Azaña

El presidente Azaña, que reside en Cataluña desde octubre de 1936, se ha alejado poco a poco de las posiciones de Negrín, quien insiste en mantener la lucha. Convencido de que una rendición negociada es la única baza que le queda a la República, Azaña se enfrenta a las posiciones del jefe del Gobierno, proclive, en un primer momento, a esperar la mediación internacional y, posteriormente, convencido de su imposibilidad, a resistir hasta el final, planteamiento coincidente con el del

Víctimas infantiles
Como se aprecia en las dos imágenes, la población infantil se vio especialmente afectada por evacuaciones y bombardeos.

EL PRESIDENTE AZAÑA
Ante el avance de los sublevados sobre Cataluña, huye a Francia, propugnando una pronta interrupción de la guerra, y presenta su dimisión a finales de febrero de 1939.

SELLO REPUBLICANO

Partido Comunista. En cualquier caso, tras la derrota en el Ebro y la toma de Barcelona, el Presidente espera del Gobierno una rendición inmediata que acabe con el sufrimiento y evite la prolongación de la guerra. Así se lo expondría por carta, meses después, a su amigo Ángel Osorio: «Lo único que puede hacerse, y a toda prisa, es recabar los buenos oficios de Francia e Inglaterra, y si es posible, de otra tercera potencia, para obtener una suspensión de hostilidades, y concertar las mejores condiciones de paz, que no pueden ya ser de carácter político, sino puramente humanitario, para asegurar la salida de España a los jefes y oficiales del ejército, a los políticos y funcionarios, etcétera, más amenazados, y obtener garantías respecto de la vida y la libertad de los que se queden».

El 1 de febrero, en el castillo de Figueras, se celebra la última sesión de las Cortes elegidas tres años antes, en febrero de 1936. Setenta y dos diputados consiguen llegar allí, unos procedentes de Barcelona, de donde han escapado huyendo de las tropas franquistas, otros de Francia, adonde habían marchado en las semanas y meses anteriores. Presidida la reunión por Diego Martínez Barrio, sentado ante una mesa engalanada con la bandera tricolor,

CONSULTAS EN EL FRENTE
Franco departe con su Estado mayor en el frente catalán.

PROTAGONISTAS

Rafael Sánchez Mazas

El que sería un importante ideólogo de la Falange nace en Madrid el 18 de febrero de 1894. Tras la muerte de su padre, médico militar de Coria, se traslada con su madre a Bilbao, donde crece en un entorno aristocrático. En 1916 se licencia en Derecho en el Real Colegio de Estudios Superiores de María Cristina de El Escorial y en 1921, después de haber participado en la revista literaria *Hermes,* que edita la llamada Escuela Romana del Pirineo, el *Diario Vasco* le envía como corresponsal a Marruecos, donde establecerá cierta amistad con Indalecio Prieto. Posteriormente, en 1922, Torcuato Luca de Tena, director de *ABC,* le manda a Italia, en donde ya había trabajado para el periódico *El Sol.* Allí es testigo del golpe de Mussolini y se siente profundamente

atraído por los principios ideológicos del nuevo dictador. En 1932 publica, bajo el seudónimo «Persiles» el libro *La política religiosa. España-Vaticano. Encuentros con el capuchino,* que la jerarquía eclesiástica ordena retirar. En octubre de 1933, después de haber fundado la revista *El Fascio* en febrero del mismo año, participa en el Teatro de la Comedia de Madrid en el acto fundacional de Falange, partido del que tendrá el carnet número 4, después de Ledesma, José Antonio Primo de Rivera y Ruiz de Alda. Símbolos como el yugo y las flechas y el grito «¡Arriba España!» son ideas de Sánchez Mazas, que, amigo íntimo de José Antonio Primo de Rivera, participa activamente en la difusión del ideario falangista en los años previos a la guerra. En abril de 1934, durante un viaje a Alemania, se entrevista con Hitler, que no le causa buena impresión, por considerarle una «expresión turbulenta del romanticismo alemán», opuesta al «clasicismo» y la «razón» mussolinianos. El levantamiento militar de 1936 le sorprende en Madrid. Después de pasar más de un año refugiado en la embajada de Chile, huye a Barcelona, donde es detenido y encarcelado en el buque Uruguay por el Servicio de Información Militar (SIM). Cuando las tropas de Franco avanzan hacia Barcelona, Sánchez Mazas sale ileso de un fusilamiento colectivo en un bosque de Gerona, pero consigue huir y sobrevivir, gracias a los cuidados de varios campesinos republicanos. Entre 1939 y 1940 es ministro sin cartera del Gobierno de Franco. Posteriormente, será Consejero Nacional de Falange y Procurador en Cortes, y también será nombrado Académico de la Lengua, aunque nunca ocupará su sillón por no haber leído el discurso de entrada en la institución. Hasta su muerte en 1966 vive en una especie de aislamiento interior. Entre sus obras destacan *La vida nueva de Pedrito de Andía* (1951). Aunque se ocupe de un personaje del bando vencedor, el gran éxito y la polémica desatada por la novela de Javier Cercas, *Soldados de Salamina,* publicada en 2001 e inspirada en la peripecia vivida por Sánchez Mazas en 1939, se encuadran dentro del creciente debate sobre la recuperación de la memoria del bando derrotado en la Guerra Civil Española.

Las vivencias de Sánchez Mazas al final de la guerra inspiraron la novela Soldados de Salamina *de Javier Cercas, que, a su vez, dio lugar a una película, homónima, dirigida por David Trueba.*

Sánchez Mazas recuperó para Falange el Yugo y las Flechas de los Reyes Católicos, cuyas iniciales se correspondían con las de los dos reyes. En la imagen ambos símbolos aparecen envueltos en coronas de laurel de aire clásico.

CARTELES FRANQUISTAS
El cartel de la izquierda corresponde a J. Cabanas y fue realizado en 1938, mientras que el segundo, de autor desconocido, representa al enemigo republicano como un monstruo rojo.

Negrín pronuncia un discurso en el que hace explícitas las tres condiciones de su Gobierno para alcanzar la paz: garantías de que España conserve su independencia, consulta para la libre elección por parte de los españoles del régimen político por ellos preferido, y ausencia de represalias. Aparte de su buena intención, en sus circunstancias, y sabiendo que Franco jamás aceptará algo semejante, dichos requisitos suponen un voto a favor de la continuación de la guerra. Negrín pide seguidamente a los embajadores británico y francés que transmitan la decisión a sus respectivos gobiernos, con el fin de que medien ante Franco, haciendo explicito que el rechazo de las condiciones supondrá la prosecución de la guerra desde la zona centro, todavía bajo control republicano. Por otro lado, solicita a Azaña que se desplace a Madrid, petición que es rechazada por éste ya que puede ser entendida como un apoyo a la resistencia y, por tanto, a la prolongación de la guerra, a la que se opone.

Ante la inminente llegada a Figueras del ejército franquista, los principales dirigentes republicanos cruzan la frontera francesa a pie al amanecer del día 5: Azaña, presidente de la República, y Martínez Barrio, presidente de las Cortes españolas, acompañados por Negrín, quien regresará en breve a España, pasan a Las Illas, pueblecito del

AYUDA SANITARIA ESTADOUNIDENSE
Entre enero de 1937 y 1939, el Departamento de Ayuda Médica a la Democracia Española de los Estados Unidos (AMB), dirigido por Edward K. Barsky, envió a la zona republicana múltiples remesas de material sanitario y a numerosos voluntarios.

El oro de Moscú

Papel moneda puesto en circulación en octubre de 1936. En el Banco de España quedó depositada la plata que cada billete certifica.

En septiembre de 1936, ante el temor a que los franquistas tomaran Madrid y, con ella, las reservas del Banco de España (institución de carácter privado entonces, pero cuyos fondos eran vitales para el esfuerzo bélico republicano), el Ministro de Hacienda del Gobierno de Largo Caballero, Juan Negrín, propuso que abandonaran la capital todas las reservas de oro, plata, valores y joyas que albergaba dicho Banco.

Cuando el 13 de septiembre el Presidente Azaña firmó el decreto que permitía dicha medida, la operación, supuestamente secreta, ya estaba en marcha, en contra de la voluntad de varios consejeros de la entidad financiera que, en gran número, no tardaron en pasarse al enemigo.

La idea de sacar del país esos activos (alrededor de 500 toneladas de oro, inicialmente trasladadas a Cartagena) no era nueva: el ejecutivo de Giral, en virtud de la Ley de Ordenación Bancaria de 1931, ya había enviado en agosto de 1936 ciertas reservas a París con el mismo fin (como haría la propia Francia al llevar parte de sus activos a Nueva York en 1939). Sin embargo, aunque la legitimidad de la medida fuera indiscutible, hay estudios que argumentan que el oro hubiera estado mejor custodiado en la misma Cartagena.

Como el gobierno republicano temía que Francia y Gran Bretaña bloquearan sus activos, en aplicación de los acuerdos del Comité de No Intervención, gran parte de las reservas fueron enviadas a la URSS, principal proveedor de la República, que las convirtió en divisas giradas al Banque Commerciale pour l'Europe du Nord, una entidad soviética radicada en París (parte de la plata fue consignada a EE UU y, a pesar de todo, hasta la primavera de 1937 el Banco de Francia siguió recibiendo oro español). Esta medida sirvió para garantizar los suministros bélicos al gobierno republicano, pero a costa de acabar con las reservas del Estado y de perder en gran medida su control. Los soviéticos aplicaron una tasa de compra del oro muy onerosa para España y cobraron comisiones abusivas. Además, a diferencia de la ayuda alemana e italiana recibida por los sublevados, basada en créditos pagaderos al final de la contienda (que supondrían una gran carga en la posguerra), la asistencia soviética se abonó al contado, en oro, y sólo en marzo de 1938, cuando el metal estaba casi agotado, se estableció una línea crediticia.

Edificio del Banco de España, situado en la plaza de Cibeles de Madrid.

DEFENDER MADRID
Un marinero republicano lee un periódico que, al tiempo que informa, alienta a las tropas a defender posiciones, como la de Madrid, «capital de la revolución».

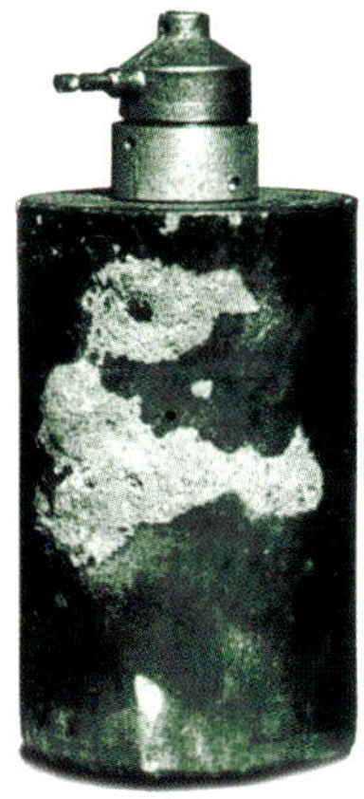

BOMBA DE MANO
Tosco artefacto hallado en la localidad de Nazaret, hoy un barrio de la capital valenciana, que en ocasiones se lanzaba desde los aviones.

pirineo francés; Companys, presidente de la Generalitat catalana, lo hace ese mismo día, poco después. En las dos semanas siguientes, Argentina, Bolivia, Brasil, Egipto, Grecia, Holanda, Irlanda, Perú, Suiza, Turquía, Yugoslavia y Uruguay reconocen al Gobierno presidido por Franco. El 27 de febrero, Francia y Gran Bretaña establecen relaciones diplomáticas con el nuevo Estado franquista. Inmediatamente, desde su refugio en París, Azaña, extenuado tras casi tres años de guerra, enfrentado a la política del Gobierno republicano y superado por la decisión de franceses y británicos, que abandonan definitivamente a la República, presenta su dimisión a Martínez Barrio, presidente del Parlamento. Tras una reunión, también en París, de la comisión permanente de las Cortes, Martínez Barrio, pese a su resistencia, es elegido nuevo presidente de la República Española. Partidario como Azaña de acabar con el conflicto, Martínez Barrio no se plantea regresar a España ni ejercer activamente sus funciones.

EL GOLPE DEL CORONEL CASADO

Tras cruzar la frontera, Negrín logra reunir al Gobierno en la ciudad francesa de Toulouse el 9 de febrero. Tan pronto como les es posible, una vez conseguida la autorización de las autoridades galas, el Presidente y sus ministros se trasladan de nuevo a España. En ese momen-

VICTORIA DEL FRENTE POPULAR
Manifestación en Valencia del 14 de febrero de 1937 para conmemorar el primer aniversario de la victoria del Frente Popular.

PROTAGONISTAS

El coronel Casado

Nace en Nava de la Asunción, Segovia, en 1893. A los quince años entra en la Academia de Caballería de Valladolid, siguiendo la vocación castrense de su padre. En 1911 termina sus estudios en dicha institución y en 1919, ya en la Escuela Superior de la Guerra, accede al rango de capitán. A partir de 1930, con el grado de comandante y después de diversos servicios en destacamentos de Madrid, Marruecos y Navarra, inicia su actividad como profesor de táctica militar. En 1931 publica *La organización del ejército francés*.

Al iniciarse la Guerra es jefe de la escolta del presidente Azaña. El Gobierno de Largo Caballero le destina en otoño de 1936 al Estado Mayor y entre octubre y noviembre del mismo año Casado organiza las Brigadas Mixtas en Albacete. Siguiendo esta línea de formación del nuevo ejército, en junio de 1937 es nombrado director de la Escuela Popular del Estado Mayor. Posteriormente, en julio del mismo año, accede a la jefatura del XVIII Cuerpo de Ejército, para pasar después a ocupar la del XXI y el 17 de mayo de 1938, tras ser ascendido a coronel, a sustituir a Miaja en la jefatura del Ejército del Centro.

Después de la caída de Cataluña, Casado está convencido de que la derrota de la República es inevitable y de que los comunistas van a hacerse con el poder. Establece contactos indirectos con Franco para negociar una paz honrosa y la noche del 5 al 6 de marzo de 1939 constituye el Consejo de Defensa de Madrid, apoyado, entre otros, por el socialista Julián Besteiro y el anarquista Cipriano Mera, cuyas fuerzas se enfrentan abiertamente en las calles a las gubernamentales, partidarias de seguir combatiendo (aun después de que Negrín abandonara el país el 6 de marzo). Al día siguiente, Miaja se adhiere al movimiento, para no «derramar sangre inútil». Las tropas de Casado controlan la ciudad tras duros combates, pero el militar no consigue negociar paz alguna con Franco, que no considera legítimo al Consejo de Defensa y pretende la victoria total sobre la República.

El 28 de marzo las tropas franquistas entran en Madrid sin hallar resistencia y Casado parte a un exilio que le conducirá primero a Gran Bretaña y después a Venezuela y Colombia. En 1961 regresa a España y un consejo de guerra le juzga inocente de todos los cargos, aunque Casado no logra que se le reconozca su grado militar.

Muere en Madrid en 1968, después de tratar de justificar su actuación al final de la Guerra en *The Last Days of Madrid* (Londres, 1939) y en *Así cayó Madrid: último episodio de la guerra civil española* (Madrid, 1968).

Arriba, izquierda: el coronel Casado. Sobre estas líneas: Portada del libro publicado por el coronel Casado para justificar su actuación al final de la guerra.
Al lado: Julián Besteiro lee a través de las ondas el manifiesto del Consejo Nacional de Defensa, el 6 de marzo de 1939.

to, cuando todo anuncia una derrota completa en cuestión de semanas, el territorio republicano ocupa una tercera parte del total, manteniendo el control de importantes ciudades como Madrid o Valencia y de un grupo de capitales de provincia (Albacete, Alicante, Almería, Cuenca, Ciudad Real, Guadalajara, Jaén y Murcia). Más de 500.000 hombres forman parte de los cuatro ejércitos que aún resisten, sin haber sido derrotados, en la zona bajo control de la República. Aunque la caída de Cataluña ha afectado a los suministros, y las carencias, sobre todo en comparación con el otro bando, son notables, Negrín considera posible combatir unos meses más. La moral de los oficiales que dirigen a las tropas, sin embargo, está más baja que nunca. Tras las derrotas en el Ebro y en Cataluña, numerosos militares de carrera (Hernández Saravia, Jurado, Perea, Rojo...) han decidido permanecer en Francia. Únicamente los jefes militares comunistas (Líster, Modesto...), dispuestos a resistir hasta el final, regresan a España. Su espíritu combativo y el elevado poder que han alcanzado despiertan no pocos recelos. Además, la sospecha sobre el tipo de régimen político que pretenden implantar en el improbable caso de que la situación internacional permita la victoria republicana aleja radicalmente de ellos tanto a los políticos moderados como a los militares profesionales, sin olvidar a los restos del anarquismo y a buena parte de los socialistas.

Los generales que dirigen a cada uno de los ejércitos republicanos (Escobar, jefe del ejército de Extremadura; Menéndez, del de Levante; y Moriones, del de Andalucía) así como el coronel Casado (jefe del ejército del Centro), el ge-

PARED ANTICOMUNISTA
(Arriba, izquierda) Sucesión de carteles anticomunistas en un muro, que difunden una imagen monstruosa y sanguinaria del comunismo.

ARANDA Y SERRANO SÚÑER
(Arriba, derecha) el artífice de la toma de Valencia y la mano derecha de Franco en tiempo de guerra departen durante una reunión.

FRENTES POPULARES
Derecha, Visita de parlamentarios del frente popular francés a Barcelona. En el centro aparece el Presidente Companys.

Negrín y Álvarez del Vayo
El presidente del Gobierno y su ministro de Estado abandonaron España ante el avance franquista sobre Cataluña, pero regresaron a Alicante poco después.

25 céntimos franquistas
Imagen de la única moneda acuñada durante la guerra por el gobierno de Burgos. Fue fabricada por la casa de la moneda austriaca y se puso en circulación tras el decreto del 5 de abril de 1938.

neral Matallana (jefe supremo de los ejércitos del Centro-Sur, y, por tanto, al mando de todos ellos), el coronel Muedra (jefe de Estado Mayor) y otros muchos oficiales leales, que siguen de cerca las diferencias políticas entre Azaña y Negrín, se decantan por la posición del presidente de la República. Se trata, en su mayor parte, de moderados e incluso conservadores (como Matallana) que, ante la rebelión de sus compañeros en 1936, habían optado por la lealtad y la observancia de la ley. Transcurridos casi tres años desde aquel momento, el cansancio y la ausencia de perspectivas favorables han minado su capacidad de resistencia. La rendición de Menorca, ocurrida tras la caída de Cataluña, es vista como un modelo plausible para su repetición en Madrid. Menorca, donde algunas unidades de la guarnición republicana se han levantado contra el Gobierno de Negrín, es entregada a las tropas franquistas gracias a la mediación británica –que consigue el traslado a Marsella de más de quinientos republicanos–. Dispuestos a no continuar la guerra, y mucho menos a favorecer las expectativas de los comunistas, los militares republicanos comienzan a preparar urgentemente una conspiración que ponga fin al desastre.

La llegada de Negrín a Madrid, el 12 de febrero, no consigue evitar la desesperanza de quienes defienden la legalidad republicana. Consciente de que la oposición a su propósito de continuar la guerra se ha extendido en las últimas semanas, emprende una larga serie de reuniones con políticos y militares, tratando a la vez de convencer a sus interlocutores y de imponer su autoridad. El día 16, en el aeródromo de Los Llanos, cerca de la ciudad de Albacete, preside una reunión con los principales jefes militares donde intenta convencerles de que la única salida, toda vez que sus intentos de negociar la paz han fracasado, es la resistencia. Pese a sus esfuerzos, los militares descontentos, encabezados por el coronel Casado, organizan un golpe de

Cruentas «vacaciones»
La guerra supuso en gran medida la interrupción de las actividades escolares, especialmente entre el bando republicano. En la imagen, unos niños juegan a la entrada de un refugio.

PROTAGONISTAS

DOLORES IBÁRRURI «LA PASIONARIA»

De padre carlista y en un entorno muy devoto, nace Dolores Ibárruri en el pueblo minero vizcaíno de Gallarta el 9 de diciembre de 1895, octava hija de una modesta familia de 11 hermanos. En 1910 deja la escuela, aprende costura y dos años después comienza a trabajar como sirvienta. En 1916 se casa con Julián Ruiz, que la introduce en política y del que se separará en los años treinta. En 1919 publica en *El Minero Vizcaíno* su primer artículo firmado como «La Pasionaria», en el que abandona su devoción juvenil para denunciar la hipocresía religiosa. En 1920 nace Rubén, su único hijo varón, que morirá en 1942 en la batalla de Stalingrado y que, junto a su hermana Amaya, será el único de los seis vástagos de Ibárruri que superará la infancia. Ese mismo año entra en el PCE.

Participa activamente en la campaña electoral previa al advenimiento de la República, formando ya parte del Comité Central del PCE, y viaja repetidamente al extranjero por actividades de la Internacional Comunista. Se traslada a Madrid como redactora de *Mundo Obrero* y pasa su primera temporada en la cárcel entre 1931 y 1932. Tras su implicación en la revolución de 1934 es condenada a 15 años pero logra huir. Vuelve a España en 1936 y se convierte en diputada por Asturias en las elecciones de febrero. En las turbulentas sesiones parlamentarias de la primavera de 1936 da muestras de una oratoria encendida y con frecuencia violenta, especialmente en sus enfrentamientos con José Calvo Sotelo. Al conocerse el levantamiento militar, el 19 de julio pronuncia la famosa alocución por los micrófonos de Unión Radio en la que hace suya la arenga del general Petain, «¡No pasarán!», que se convierte en el lema de la resistencia frente al fascismo. Durante la guerra, siempre con el negro riguroso de una viuda rural, realiza una incansable labor política y propagandística en el frente y la retaguardia. Tras el golpe de Estado de Casado contra el Gobierno de Negrín, abandona España en marzo de 1939 e inicia un exilio que la llevará primero a Orán y después a Francia y Rusia. En 1941 funda en Moscú Radio España Independiente, *La Pirenaica*, que en 1955 se traslada a Bucarest. Accede en 1942 a la secretaría general del PCE y en 1960, desplazada por Santiago Carrillo, pasa a ocupar la presidencia del mismo.

En mayo de 1977, tras la legalización del PCE, Dolores Ibárruri, ya anciana y siempre controvertida por sus relaciones con Stalin y por las purgas internas en el partido, regresa a Madrid y es elegida diputada por Asturias en las elecciones democráticas del 15 de junio. Presidenta Honoraria del PCE, muere en Madrid en 1989 a los 93 años y poco después de la caída del muro de Berlín. Sus vivencias están reflejadas en dos libros de memorias: *El único camino* (1962) y *Me faltaba España* (1984).

Dolores Ibárruri acompañada de sus hijos Amaya y Rubén.

«La Pasionaria» visita a los milicianos en el frente de Somosierra.

Mapa de la batalla de Madrid
A la derecha, los movimientos de ambos bandos entre el 29 de noviembre de 1936 y el 9 de enero de 1937.

«Resistir es vencer»
Ésa era la consigna republicana en 1938 y Madrid era el símbolo de esa actitud. Abajo, a la izquierda, collage con imágenes de la capital asediada y de su defensor, Miaja. Abajo a la derecha, fotografía del metro madrileño, utilizado como refugio antiaéreo.

Estado contra el Gobierno. El 6 de marzo, una semana después de la dimisión de Azaña, Casado formaliza finalmente la rebelión, constituyendo, con el apoyo de todos los grupos excepto el comunista, el Consejo Nacional de Defensa. En la madrugada del día 7, incapaz de hacerse con el control de la situación, Negrín y sus ministros, así como los principales líderes comunistas, salen de España. Desde la pequeña base de Monóvar, a pocos kilómetros de Elda (Alicante), donde se ha fijado la sede del Gobierno, parten en tres aviones los últimos partidarios de continuar la lucha.

La caída de Madrid y Valencia

Aunque la huída del Gobierno y del propio Negrín implican el final del conflicto, las divisiones comunistas que rodean Madrid, faltas de información sobre lo que está pasando y sintiéndose amenazadas, inician un combate con las fuerzas que apoyan a Casado, dando lugar a una pequeña guerra civil dentro de la guerra civil. Sin embargo, abandonados por sus dirigentes y desorientados sobre el camino a tomar, el día 12 aceptan un alto el fuego que pone fin a una absurda lucha que, pese a todo, se cobra centenares de vidas, especialmente en Madrid y Ciudad Real, donde tienen lugar los enfrentamientos más duros.

Inmediatamente, sin ningún obstáculo ya en el bando republicano, Casado trata de emprender negociaciones que conduzcan a una capitulación ordenada, digna y sin re-

PROTAGONISTAS

Tras la muerte de Franco, la memoria de Julián Besteiro sería recuperada con la democracia.

Julián Besteiro Fernández

Nace en Madrid en 1870 y en 1879 entra en la Institución Libre de Enseñanza. En 1903 ingresa en la Unión Republicana de Nicolás Salmerón y Alejandro Lerroux, siendo elegido concejal del Ayuntamiento de Toledo en 1905. En 1912, después de estudiar en La Sorbona, abandona las filas republicanas para ingresar en el PSOE, y consigue una cátedra de Lógica en la Universidad de Madrid. Al año siguiente contrae matrimonio con Dolores Cebrián, catedrática de Ciencias Físicas y Naturales, a quién conoce en la Escuela Normal de Maestros de Toledo. En 1914 es elegido vicepresidente de la UGT. Junto a Saborit y Largo Caballero participa activamente en la huelga general revolucionaria de 1917, lo cual le ocasiona una condena a cadena perpetua, conmutada en 1918 al ser elegido diputado. En 1925, al morir Pablo Iglesias, se convierte en el máximo dirigente del PSOE. Al igual que Largo Caballero, colabora con la dictadura de Primo de Rivera, pero en 1930 sus tesis antirrepublicanas (pensaba que la República sólo interesaba a la burguesía) y su apoyo a la iniciativa primorriverista de una Asamblea Nacional corporativa le hacen quedar en minoría dentro del PSOE y, en febrero de 1931, abandona todos sus cargos en el partido. Sin embargo, el 14 de abril de ese mismo año proclama la República desde el Ayuntamiento de Madrid y el 24 de julio asume la presidencia de las nuevas Cortes, que abandonará en mayo de 1933. En 1932 su marxismo reformista resulta derrotado dentro del PSOE, por un escaso margen, frente a la radicalización propugnada por Largo Caballero, quien le arrebata la presidencia del partido. Sin embargo, Besteiro, que tras la derrota de la CEDA piensa que el socialismo no tiene capacidad para realizar la revolución y aboga por una socialización de la producción mediante asambleas corporativas, conserva la presidencia del comité ejecutivo de la UGT hasta 1934, momento en el que abandona la política activa (aunque en 1936 su nombre se barajara como posible presidente de la República). Ese mismo año ingresa en la Academia de Ciencias Morales y Políticas, con el discurso *Marxismo y Antimarxismo,* que se publicará en forma de libro. Desde el inicio de la Guerra Civil se muestra contrario a la preponderancia comunista y a favor de una paz negociada. Anticipando su propia actitud al final de la guerra, a finales de 1936 se opone al traslado del gobierno republicano a Valencia. En 1937, aprovechando la coronación del rey Jorge VI de Inglaterra, trata infructuosamente, y con el beneplácito de Azaña, de establecer contactos con los británicos para acabar con la contienda. En abril de 1938, a través de miembros de la Facultad de Filosofía y Letras, de la que era decano desde agosto de 1936, se acerca al círculo quintacolumnista de Antonio Luna, dirigido por la jefatura clandestina de Falange, con vistas a la terminación de la guerra. El 6 de marzo de 1939 ocupa la vicepresidencia y la secretaría de Estado del Consejo de Defensa de Madrid dirigido por el coronel Casado (al que no había conocido personalmente hasta ese mismo año), que pretendía llegar a una paz honrosa con Franco. Sin embargo, éste impide la participación directa en cualquier negociación del político socialista, que fue detenido, ya gravemente enfermo, el 28 de marzo, al entrar las tropas franquistas en la capital. Juzgado el 8 de julio siguiente en consejo de guerra, es condenado a treinta años de prisión y muere, según las fuentes, de una septicemia o de una meningitis tuberculosa, el 27 de septiembre de 1940 en la prisión sevillana de Carmona.

TAN LEJOS DEL ALCÁZAR
A comienzos de 1939 la situación para los republicanos era prácticamente irreversible. En la foto, miembros del batallón «El socialista» avistan Toledo tras la pérdida de esta localidad en el otoño de 1936.

AVANCE NAZI
(Abajo) Hitler refuerza su posición. La entrada del führer *en Praga en marzo de 1939 fue una muestra más de la política de «apaciguamiento» practicada por Gran Bretaña y Francia.*

presión. Aunque su intención es la de entrevistarse personalmente con Franco en Burgos, éste hace saber el día 16 que sólo está dispuesto a admitir una rendición incondicional. Comprendiendo que la posibilidad de obtener cualquier concesión de los vencedores es pura quimera, Casado trata de ganar tiempo para conseguir la retirada del ejército del Centro hacia los puertos del Mediterráneo, con el objetivo de que todo aquel que quiera escapar pueda hacerlo. El fracaso de su intento de negociación, que había justificado su acción antigubernamental, dilatará unos días más el final de la guerra. La marcha de Hitler sobre Praga, ocurrida el 15 de marzo, refuerza, demasiado tarde, la opción de Negrín de mantener el conflicto unos meses a la espera de que se produzcan cambios en el escenario internacional.

El 26 de marzo, Franco anuncia el avance definitivo de su ejército, advirtiendo a los republicanos que deben mostrar banderas blancas para evitar el fuego aéreo y artillero. Yagüe marcha por Sierra Morena, tomando en Córdoba las poblaciones de Pozoblanco y Santa Eufemia. Esa misma tarde, el Consejo de Defensa autoriza la desmovilización del ejército republicano y los soldados abandonan rápidamente el frente para regresar a sus casas. El día 27, las tropas franquistas avanzan desde Toledo llegando al fi-

CRUZ DE SAN FERNANDO
Medalla que Franco se otorgó a sí mismo en mayo de 1939 en el primer desfile de la Victoria.

ARANDA Y SAGARDIA
El primero entró en Valencia el 30 de marzo de 1939 y el segundo participó en el avance hacia Cataluña al mando de la 62 división.

TRAS LA FRONTERA
(Abajo) Imagen de algunos de los miles de refugiados que huyeron a Francia.

nal del día a Madrid. El ejército republicano del Centro, del que apenas queda su Estado Mayor, parte hacia Valencia. En Madrid, abandonada por los dirigentes republicanos, sólo quedan Besteiro y Sánchez Guerra. El día 28, las tropas franquistas toman los edificios públicos madrileños. La ciudad, que ha sufrido durante meses un continuo asedio, es ocupada sin apenas resistencia.

En los últimos momentos, en los puertos republicanos (Alicante, Almería, Cartagena, Gandía y Valencia) se concentran decenas de miles de personas con la intención de embarcar al extranjero. El día 29, mientras la impaciencia cunde en las zonas portuarias y se suceden escenas de pánico ante la imposibilidad de huir, son tomadas Albacete, Ciudad Real, Cuenca, Jaén y Sagunto. El 30, las tropas italianas ocupan Alicante y el general Aranda, Valencia. El 31, por último, caen Almería, Murcia y Cartagena. Miles de prisioneros son prendidos en el avance final. Franco recibe la noticia de la captura de las últimas ciudades a media tarde de ese mismo día. El 1 de abril hace público el último parte de guerra: «En el día de hoy, cautivo y desarmado el Ejército rojo, han alcanzado las tropas nacionales sus últimos objetivos militares. La guerra ha terminado. Burgos, 1 de abril de 1939. Año de la Victoria».

Los exiliados

Desde comienzos de 1939 hasta el final de la guerra, el avance y posterior victoria de las tropas franquistas produjeron un éxodo ingente de población, que huyó mayoritariamente por tierra hacia Francia, aunque también por vía marítima y aérea en dirección a otros países del Norte de África, Europa y Latinoamérica. Se calcula que alrededor de 400.000 personas atravesaron la frontera francesa en los meses finales de la contienda y que gran parte de ellas, hombres sobre todo, fue recluida en condiciones deplorables en campos de concentración galos como el de Argelés, y en torno a 150.000-200.000 regresaron a España antes de 1945.

Un contingente menor, aunque muy considerable, consiguió llegar a otros países europeos, la URSS (más de 4.000), americanos como Chile, Argentina, la República Dominicana y, muy especialmente, México (unos 50.000 «trasterrados», según el término acuñado por el filósofo José Gaos), gracias al compromiso del presidente Cárdenas. Dos entidades, no siempre bien avenidas, trataron de organizar los flujos de refugiados: el Servicio de Emigración de los Refugiados Españoles (SERE), fundado por el Gobierno republicano en 1937 tras la caída del Norte de España en manos franquistas, y la Junta de Auxilio a los Refugiados Españoles (JARE), establecida en París en 1939 por la Diputación Permanente de las Cortes.

Entre las enormes pérdidas que generó en todos los sentidos el exilio posterior a la derrota republicana destaca la sangría intelectual producida por el éxodo de alrededor de 5.000 intelectuales, artistas y científicos (entre ellos más de la mitad de los profesores universitarios del momento), que en gran medida fueron a parar a México y EE UU. La colaboración de los exiliados españoles en los contingentes antinazis europeos durante la II Guerra Mundial fue especialmente notable (en el caso de la resistencia francesa, por ejemplo, se habla de una cifra de entre 10.000 y 50.000 españoles, mientras que en el campo de concentración de Mauthausen perecieron en torno a 7.000).

Los sucesivos indultos de la dictadura franquista y, con el tiempo, su relativa apertura, fueron favoreciendo el regreso de algunos exiliados y de sus descendientes, aunque muchos otros decidieron, por una u otra razón, permanecer fuera de España, aun después del retorno de la democracia. Recientes exposiciones y publicaciones sobre el exilio republicano han demostrado el interés que suscita todavía la historia de los miles de españoles que tuvieron que abandonar su patria en 1939.

Imagen de un barco republicano cargado de refugiados (sobre todo niños) con destino a la URSS.

ARMIS · HIC · VICTRICIBVS ·
· MENS · IVGITER · VICTVRA ·
· MONVMENTVM · HOC ·
D. D. D.

Las consecuencias de la guerra

Treinta y dos meses y medio de enfrentamiento, de lucha fratricida, de destrucción material y aniquilación humana, a pesar del cansancio y el dolor acumulados, no dan paso ni a la reconciliación ni a la concordia. La paz impuesta a partir de abril de 1939 por los vencedores es una paz instalada en el castigo, la venganza y el miedo. Con un poder indiscutible, asentado en los casi tres años que se alarga la guerra, Franco, que se ha opuesto a cualquier posibilidad de armisticio, negociación o compromiso con los republicanos una vez acabado el conflicto, pone en marcha el que considera su deber más inmediato: hacer todo lo posible para que una situación semejante no se vuelva a repetir. Para ello, desde su particular forma de entender lo ocurrido, lejos de promover el reencuentro entre los españoles («la piedad y el perdón» del deseo formulado por Azaña en 1938), el camino a seguir será el de erradicar los males que, según

ARCO DE «LA VICTORIA»
(Pág. 166). Al contrario que en otras guerras civiles, la paz no supondría reencuentro sino exclusión. Situado en Madrid, las obras de construcción del Arco finalizarían en 1956.

REFUGIADOS
(Pág. 167). La llegada de las tropas franquistas empujó a miles de personas a emprender el camino del exilio. En esta página, a la derecha, un grupo de evacuados.

él, habían confluido en la instauración de la II República: los partidos políticos, el sindicalismo, el laicismo, la masonería, la libertad de prensa y, como aglutinante de todos ellos, el liberalismo, auténtica lacra que desde su llegada a España en el siglo XIX, ajeno a las más puras tradiciones hispanas, sólo había dado paso a la desintegración, el descreimiento y el desorden. De esta forma, anarquistas, comunistas, socialistas, republicanos de izquierda y de derecha, no importa su grado de compromiso, son perseguidos con saña. La guerra ha dado paso a la Victoria.

LA REPRESIÓN

Antes del fin de la contienda, el 9 de febrero de 1939, entra en vigor la Ley de Responsabilidades Políticas, la cual, vulnerando uno de los principios fundamentales del derecho –el de la irretroactividad de las leyes–, se aplica con efecto de octubre de 1934 para condenar a todos los militantes y simpatizantes de las distintas organizaciones, partidos y sindicatos que, desde aquel momento, apoyaron al Frente Popular (o, simplemente, se opusieron «al triunfo del Movimiento Nacional»). Este hecho, junto con la aplicación del delito de «rebelión» a todo aquel que hubiera permanecido leal a la República, trastocando los términos hasta el punto de convertir a los leales en rebeldes y a los verdaderos rebeldes –los que se levantaron en armas contra la legalidad democrática– en leales, sienta las bases de un organizado sistema de represión que se aplicará de forma sistemática a lo largo de los años cuarenta. Este premeditado plan supondrá un grado de crueldad mayor aún si cabe, toda vez que el enfrentamiento ha terminado, que el desarrollado en tiempo de guerra. A la vez

LA NUEVA ESPAÑA
(Arriba izquierda). Los símbolos de los vencedores se extenderían por toda la geografía en poco tiempo. En la fotografía, escudo franquista en un edificio público de Valencia.

EL HAMBRE
El fin de la guerra, en un país destruido y sin actividad económica, supuso la propagación del hambre. En la imagen, vecinos de Tarragona intentando conseguir alimentos.

¡Presentes!
Siguiendo la tradición del fascismo italiano, se rendiría culto a los caídos por el bando franquista. En los templos de toda España, con la colaboración de la Iglesia Católica, se instalaron lápidas como esta.

que los vencedores hacen continua ostentación de su triunfo, monopolizando el espacio público, convirtiendo en omnipresentes sus símbolos y lemas, los perdedores son sometidos al más férreo control y a la amenaza permanente. Mientras los primeros rinden homenaje a sus muertos (ocupando un lugar preferente en todos los cementerios de España; dando nombre a calles y plazas; cincelando sus nombres en las lápidas de piedra que, con el apoyo entusiasta de la Iglesia, revisten las fachadas de los templos), los segundos son perseguidos, encarcelados, fusilados en el más espantoso de los silencios. Sus cadáveres ocuparán durante décadas, algunos todavía hoy, fosas comunes y cunetas de carretera.

También antes del fin de la guerra, un decreto-ley de 10 de febrero de 1939 establece los mecanismos para la depuración de los funcionarios del Estado. Maestros, jueces, profesores, diplomáticos, etcétera, pasan por las comisiones formadas en cada ministerio, ante las que tienen que aclarar sus antecedentes políticos y su actuación en el momento del golpe y durante la contienda. Miles de ellos son expulsados de su puesto de trabajo, quedando marcados para su futura vida laboral. La Ley de Represión de la Masonería y el Comunismo, publicada el 1 de marzo de 1940, incrementa el número de personas susceptibles de persecución: todo aquel que profese ideas contrarias a la religión católica, las nuevas instituciones

Fusilamientos
Hasta bastantes años después de finalizada la guerra, los fusilamientos fueron una práctica represiva habitual. Los presos de la imagen esperan ser fusilados.

LLAMADAS A LA CONCORDIA EN AMBOS BANDOS

Una vez que fracasa el golpe militar del 18 de julio de 1936, convirtiéndose en una prolongada guerra, son pocas las voces que reclaman, no ya una solución pactada, sino la contención en el derramamiento de sangre. En los primeros días de lucha, el intento del efímero Gobierno de Martínez Barrio, que pretende contener la sublevación mediante un acuerdo, choca tanto con la reacción de Mola («ni pactos ni nada que no sea la victoria aplastante y definitiva») como con la de los sindicatos izquierdistas, ansiosos de defenderse con las armas. Diversos sectores republicanos tratarán en ocasiones, con diversos grados de convicción o respaldo entre sus propias filas, de llegar a un entendimiento que pare la Guerra: Azaña, con apoyo de Besteiro (y el beneplácito vaticano), tantea al gobierno inglés en 1937 con este fin; Casado, de nuevo con Besteiro, cree poder negociar una paz honrosa a comienzos de 1939, e incluso Negrín, al tiempo que resistía, no descartó algún tipo de negociación.
Los sublevados, respondiendo a las declaraciones hechas por Franco a un periodista el 27 de julio de 1936 («Salvaré a España del marxismo al precio que sea... cueste lo que cueste») buscaban la destrucción del enemigo y sus autoridades sofocaron las escasas voces que, matizadamente, se referían a él con comprensión: las del obispo de Pamplona en noviembre de 1936 («no podemos ser como... esos hermanos ciegos... que odian»), las de Hedilla, jefe de Junta de Mando de Falange, el mismo año, abogando por una represión sujeta a la ley, o las del mismo Yagüe, que en un discurso de abril de 1938 habló de soldados azules y rojos que «sienten... la necesidad de unificarse».
Por el contrario, la retórica del Estado republicano y de voces autorizadas de sus partidos y sindicatos (como Azaña, Prieto o Zugazagoitia) subrayó, a pesar de una realidad que le rebasaba, la necesidad de respetar la legalidad y de no caer en la barbarie. Entre julio y diciembre de 1936 abundan los pronunciamientos y medidas para atajar la violencia incontrolada: la nota del Ministerio de Gobernación del 28 de julio defendiendo la autoridad única del Gobierno en la persecución de los enemigos; el artículo titulado «Un imperativo moral indeclinable», publicado en El Socialista del 23 de agosto, proclamando «el respeto a la vida de los rehenes y los prisioneros»; la creación, ese mismo día, de Tribunales Populares «a fin de evitar matanzas frenéticas»; los artículos escritos por el anarquista Joan Peiró en Llibertat de Mataró, atacando la violencia de sus propias filas, o, incluso, el manifiesto de la FAI del 30 de julio del mismo año en el que se amenazaba con fusilar «a todo individuo que haya realizado actos contra el derecho de gentes».

Indalecio Prieto, líder socialista y ministro en varias carteras, defendió la legalidad republicana y se opuso a la aplicación arbitraria de la justicia durante el conflicto.

Deberían transcurrir varios años desde la muerte de Franco para que, con no pocas dificultades, se normalizara el encuentro simbólico de «las dos Españas». En la imagen, sala de banderas del Museo Naval de El Ferrol (La Coruña).

Propaganda franquista
La carencia de legitimidad democrática del régimen se intentó suplir por una campaña propagandística constante.

Sello de Franco
A partir de 1939, el rostro del dictador se convirtió en motivo permanente en todas las series básicas de sellos de correos.

políticas o la armonía social creada por el franquismo (cajón de sastre en el que acomodar a cualquiera). Para estricto cumplimiento de dicha legislación se crean tribunales especiales en cada una de las regiones militares, cuya notable actividad da cuenta de la meticulosidad puesta en su aplicación. Por lo demás, la Ley para la Seguridad del Estado, de 29 de marzo de 1941, culmina la creación del entramado jurídico para la represión de cualquier tipo de disidencia.

Junto a las leyes purgadoras y a las medidas institucionales adoptadas contra los vencidos, en ocasiones, numerosas personas, en especial las mujeres familiares de republicanos (viudas, esposas, hijas...), se ven sometidas en su vida cotidiana a todo tipo de vejaciones: desde la expropiación de bienes a los cortes de pelo o la ingesta de aceite de ricino, y, ante todo, la exclusión social más absoluta. La poca voluntad e interés que el nuevo régimen tiene en que cicatricen las heridas se pone de manifiesto en el hecho de que hasta el 7 de abril de 1948 el Consejo de Ministros no levanta el estado de guerra.

Los presos y los campos de concentración

Uno de los puntales principales de la represión son los campos de concentración. Aunque su aparición, como lu-

Los presos
Aquellos que se salvaron de ser fusilados fueron recluidos en cárceles y campos de concentración y utilizados como mano de obra barata. En la imagen, prisioneros de las brigadas de Líster y Esquinaza capturados en el frente de Cataluña.

La frontera francesa
Tras la caída de Cataluña, decenas de miles de refugiados cruzaron la frontera francesa, siendo internados, en condiciones infrahumanas, en distintos campos de concentración situados en las localidades costeras de Argelés-sur-Mer, Saint Cyprien, Barcarès, etc. Muchos de ellos participarían en la II Guerra Mundial. Más de 14.000 serían llevados a Mauthausen por los nazis.

gares para la reclusión de prisioneros republicanos, coincide prácticamente con el inicio del conflicto, es a partir de julio de 1937 cuando, en una orden de la Secretaría de Guerra, se regulan dichos campos. Durante la guerra, granjas, plazas de toros, campos de fútbol o estaciones de ferrocarril se utilizan como lugares para el hacinamiento de presos. En ese mismo año se contabilizan más de 100.000 prisioneros. Ante el problema que tal volumen plantea, se procede a la creación de los denominados Batallones de Trabajadores, es decir, a la utilización de la mano de obra disponible en los campos de concentración para la realización de trabajos forzosos. A cada cuerpo de ejército son asignados en principio tres Batallones (compuestos por 600 hombres cada uno) para realizar todo tipo de trabajos: excavación de trincheras, reconstrucción de infraestructuras, etc. A finales de 1937 son más de sesenta y cinco los Batallones existentes, con casi 40.000 hombres dedicados al trabajo en la retaguardia, bien en talleres e industrias militarizadas, bien en labores reclamadas por particulares e instituciones (ayuntamientos y la Iglesia Católica, principalmente). Entre 1937 y 1939 se crearán más de cien campos de concentración.

La finalización del conflicto no supone la desaparición de los campos sino su conversión en recintos para albergar a

PROTAGONISTAS

Dionisio Ridruejo

El poeta, ensayista y político que mejor ejemplificó la evolución desde el falangismo al pensamiento democrático nació en 1912 en Burgo de Osma, Soria.

Tras quedarse huérfano de padre en 1915, estudia el bachiller en diversos internados religiosos e inicia en 1928 la carrera de Derecho en la localidad madrileña de El Escorial, en el Real Colegio de María Cristina, de los agustinos. En 1933 comienzan sus colaboraciones poéticas en *Blanco y Negro* y se afilia a Falange, de la que será Jefe Provincial de Valladolid en 1937.

Sus discrepancias con la nueva orientación de su partido se inician con una breve encarcelación ese mismo año por oponerse al Decreto de Unificación entre Falange Española de las JONS y los carlistas, decretado por Franco. Sin embargo, esto no impedirá que en 1938 Serrano Súñer le nombre Jefe Nacional de Propaganda. Acabada la Guerra Civil, funda con Pedro Laín Entralgo la revista literaria *Escorial* y en 1942, a su vuelta por motivos de salud del frente soviético, donde había luchado junto a la División Azul, renuncia a todos sus cargos políticos, se da de baja en

Ejército Español

En atención a los méritos contraídos en Operaciones de Guerra por Brigada Helmut Karstedt

El Jefe del Estado y Generalísimo de los Ejércitos Nacionales ha tenido a bien concederle la Cruz de Guerra

Y para que conste y para satisfacción del interesado, expido en nombre de S. E. el presente diploma en Burgos a 30 de Septiembre de 1938, III Año Triunfal.

El Ministro de Defensa Nacional

LA CRUZ DE GUERRA
(Izquierda) En agradecimiento al apoyo prestado, Franco concedería en 1938 esta condecoración a las tropas de Hitler que participaron en la guerra. Pocos años después, la División Azul española lucharía junto a ellas en la Segunda Guerra Mundial.

LA CAUSA GENERAL
(Abajo) En 1942 dio comienzo este proceso judicial para averiguar lo ocurrido en la zona republicana desde el inicio de la guerra e incluso antes. La Causa identificó a los defensores de la República y denunció los abusos cometidos contra los partidarios del bando franquista, rindiendo homenaje a sus víctimas (algo todavía pendiente para los republicanos). En el centro, silla de tormento utilizada en una checa de Barcelona.

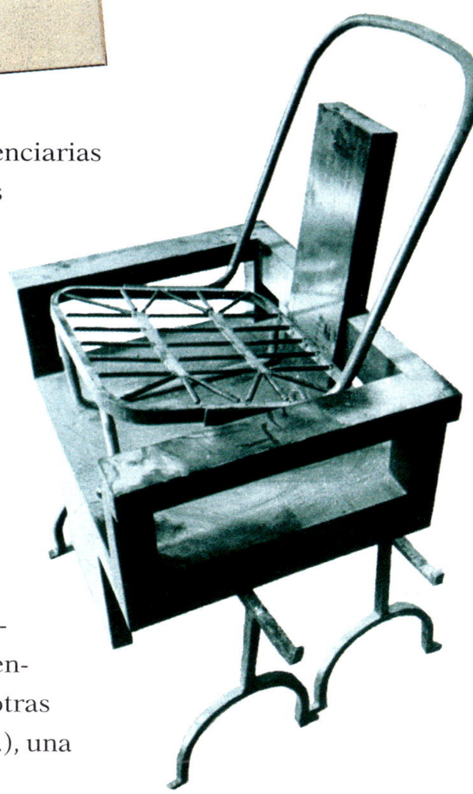

las denominadas Colonias Penitenciarias Militarizadas y a los Batallones Disciplinarios de Soldados Trabajadores. Junto a ellos, la población reclusa en las cárceles conforma los Destacamentos Penales, compuestos por presos destinados a la realización de trabajos fuera de los recintos carcelarios. Con un país en ruinas (200 poblaciones totalmente destruidas; un cuarto de millón de viviendas devastadas; miles de puentes, estaciones, carreteras y otras infraestructuras destrozadas; etc.), una sangría humana impresionante (además de los cientos de miles de muertos directos hay que contabilizar los miles de mutilados) y buena parte de la población exiliada (unas 250.000 personas), el trabajo de reconstrucción, primera urgencia del nuevo régimen, recae, en tanto en cuanto es posible, en los presos republicanos. El denominado Servicio Nacional de Regiones Devastadas es uno de los destinos que mayor número de presos emplea. Por su parte, los presos comunes afectos al Movimiento, independientemente de las penas o delitos cometidos, son amnistiados al poco de acabar la guerra.

Hasta el año 1970 se utilizará a los presos políticos, tanto por parte del Estado como de

Falange y critica al régimen en una carta dirigida a Franco, que le ocasiona el primero de una serie de confinamientos internos que se irán repitiendo hasta 1948 y que le impedirán pisar Madrid y Valladolid. Cuatro años antes había contraído matrimonio con Gloria de Ros (traductora, junto a su marido, del *Cuadern gris* de Josep Pla).

A partir de ese momento, su presencia pública combina las actividades periodísticas (es nombrado corresponsal de *Arriba* en Roma en 1948), literarias (Premio Nacional de Literatura en 1950 por *En once años*), las declaraciones políticas (conferencia de 1955 en Barcelona criticando al régimen franquista) y las detenciones (1956, 1957, 1959).

En 1962 publica en Buenos Aires una obra fundamental de su carrera, *Escrito en España*, y su participación en la reunión del Congreso del Movimiento Europeo, que reúne a opositores antifranquistas del interior y del exterior y que el régimen denominará despectivamente «contubernio de Munich», le obliga a permanecer en el exilio parisino hasta 1964.

De nuevo en España, vuelve a expresar sus críticas a la dictadura y es detenido una vez más en 1966. Después de dar clase en las universidades norteamericanas de Wisconsin y Tejas entre 1968 y 1969, funda una nueva agrupación política, la Unión Social-Demócrata Española (la primera había sido el Partido Social de Acción Democrática, constituido en 1956). Sin embargo, su prematura muerte, ocurrida en junio de 1975, le impediría conocer la ansiada España democrática. A título póstumo se publicó en 1976 *Casi unas memorias*, un sincero y esclarecedor volumen autobiográfico.

El trabajo de los presos
Imágenes de la Academia de Infantería (Toledo), construida por presos republicanos y especial lugar de la memoria franquista por los símbolos que reúne, como este monolito en recuerdo de los muertos y heridos del bando vencedor.

empresas privadas, en labores de reconstrucción o como trabajadores baratos. El listado de obras en las que participan los prisioneros republicanos, tal y como reconocerán las propias autoridades franquistas, es interminable: pantanos (del Ebro, de Entrepeñas, de Pálmaces, de Mediano, de Barahona, de Yesa, de San Esteban...); canales (del Guadalquivir, del Bajo Alberche, del Bierzo, de los Monegros, del Jarama, de Badarán...); reconstrucción de pueblos y ciudades (Belchite, Oviedo, Brunete, Teruel, Lérida, Guernica, Éibar, Huesca, Toledo, Figueras...); construcción de líneas de ferrocarril (Madrid-Burgos, Zamora-La Coruña, Cercedilla-Cotos...); carreteras (Canfranc, El Escorial-carretera de La Coruña, variante de Honrubia, variante de Oropesa...); aeropuertos (Sondica, Labacolla); túneles (Viella, metro de Madrid...); fábricas (Portland Iberia, textil de Sabadell...); estadios de fútbol (Valladolid, Palencia...); pueblos de colonización (Villafranco del Guadalquivir); edificación de cárceles (Carabanchel, Badajoz, Córdoba, Tarragona, Huesca...); obras militares (Hospital Militar «Gómez Ulla», Dirección General de la Guardia Civil, reconstrucción de las Aca-

José Antonio
Su muerte le convertiría en uno de los principales símbolos del franquismo, dando nombre a calles, colegios, localidades, premios..., y repitiéndose su imagen hasta la saciedad en retratos oficiales. A la derecha, monumento en una plaza de Granada y placa en una localidad valenciana.

CIFRAS DE MUERTOS Y REPRESALIADOS

Las cifras de pérdidas humanas ocasionadas por la Guerra Civil y por la inmediata posguerra siguen siendo objeto de gran debate, tanto por motivos ideológicos como por las diferentes formas utilizadas por los autores en el cómputo de bajas. Para llegar a datos verosímiles sobre la magnitud del desastre hay que barajar tanto causas directas (muertos en combate, represalias en la retaguardia, exiliados y fusilamientos de republicanos posteriores al 1 de abril de 1939), como factores indirectos (bajada de la natalidad o aumento de la mortalidad durante la contienda, por malnutrición y enfermedades).

Las cifras de muertos en el campo de batalla proporcionadas por diversos autores, incluyendo víctimas de bombardeos, se sitúan entre 100.000 y 400.000, siendo esta última probablemente exagerada. Las de las represiones y represalias en ambos bandos resultan aún más polémicas. En lo tocante a la represión realizada por las fuerzas franquistas, las últimas investigaciones apuntan a unos 150.000 fusilados entre 1936 y 1943. En ese periodo existieron más de 100 centros de internamiento, por los que pasaron alrededor de 400.000 reclusos. En julio de 1937 el bando sublevado crea la Inspección de Campos de Concentración de Prisioneros, para gestionar de forma más ordenada la represión en las zonas bajo su dominio, pero la propia marcha de la guerra y la cantidad de presos impiden que se desarrolle una red de centros estable.

Parece que fueron menos los muertos ocasionados por la represión en la zona republicana (entre 20.000 y 50.000) y que se concentraron en los primeros meses de lucha, cuando las milicias constituyeron sus propias prisiones o *checas* y el Estado republicano se vio impotente para frenar sus actividades. El 23 de agosto de 1936 se crearon los llamados Tribunales Populares, en un intento de frenar las sacas en las cárceles, mientras que en octubre del mismo año se instituyeron los Jurados de Urgencia, los de Guardia y los de Seguridad. La República intentó así ir recuperando, no siempre con éxito, tanto su autoridad como la legalidad (con el fin de evitar más desmanes y mejorar su imagen internacional, el 14 de agosto de 1938 el Gobierno llegó incluso a prohibir la ejecución de las penas de muerte).

Para completar esta panorámica, hay que mencionar las cifras de exiliados, que se situarían entre 250.000 y 300.000, así como las achacables a factores demográficos, que podrían explicar la pérdida de entre 50.000 y 160.000 vidas (entre 1935 y 1939 hay una drástica caída demográfica: del 25,74 al 16,45‰). En cierto modo, como indica el cuadro adjunto, todas las pérdidas humanas ocasionadas por la contienda podrían acercarse al mítico millón de muertos, inmortalizado por la novela homónima de José María Gironella.

	Según Salas Larrazábal	**Según Santos Juliá et al.**	**Según Gabriel Jackson**	**Según Hugh Thomas**	**Según Ramón Tamames**
Muertos en combate	**160.000**		**110.000**	**400.000**	
Represión en ambos bandos	**Por franquistas: 58.000** (incluye **23.000** en la posguerra)	Por franquistas en guerra y posguerra (24 provincias): **72.527** fusilados (se calcula el doble, **144.000,** incluyendo las demás provincias)	Por franquistas: **200.000**	Represalias (y desnutrición): **200.000**	
	Por republicanos: 72.500	Por republicanos: (22 provincias) **37.843** (se calcula un total de **50.000)**	Por republicanos: **20.000**		
Total muertos en la guerra	**313.500**		**330.000**	**600.000**	**765.000**
Causas demográficas (sobremortalidad, enfermedades, etc.)	**324.000**		Enfermedades y desnutrición (incluye muertes por ejecución de presos en posguerra): **250.000**		Enfermedades y desnutrición: **50.000**
Total (Guerra + demografía)	**637.500**		**580.000**	**600.000**	**815.000**

Partido Único
Los símbolos del Movimiento y del Sindicato Vertical se reproducirían aparatosamente en cada obra llevada a cabo, algo impensable en un sistema democrático. Junto a estas líneas pueden verse en unas viviendas en Estepona (Málaga).

demias de Infantería de Toledo y de Caballería de Valladolid...); viviendas protegidas (en Segovia, Madrid, Barcelona, Guadalajara, Burgos...); viviendas militares (en Madrid, Barcelona, Burgos, Segovia, Tarragona...); y un largo etcétera.

Pero no sólo el Estado utiliza esta mano de obra barata, cuando no gratuita: en numerosas ocasiones se «ceden» trabajadores a empresas particulares y, como se ha señalado, a determinadas instituciones. La Iglesia utilizará presos para construir templos y llevar a cabo reconstrucciones en un largo listado de obras: catedral y seminario de Vich, iglesia del Carmen de Valladolid, conventos de las Madres Adoratrices (en Cartagena, Valladolid y Alcalá de Henares), colegio de los Escolapios de San Antón (en Madrid), etc. El número de empresas, de construcción y mineras principalmente, que trabaja con presos, a lo largo de parte de la dictadura franquista, no es menor: Dragados y Construcciones, Minas del Bierzo, Banús, Cimentaciones y Obras, Carbonífera Palomar, Minas de La Unión, Construcciones Leizarán, Minas de Hellín o Herederos de Ginés Navarro, entre otras muchas. La obra más conocida, por su carácter simbólico, es sin duda la construcción del Valle de los Caídos.

Los refugiados y el exilio

Coincidiendo con la campaña de Cataluña, miles de refugiados españoles, huyendo del avance de las tropas franquistas, cruzan la frontera francesa. A los primeros grupos, tras vencer el Gobierno francés sus resistencias iniciales, les es permitida la entrada el 27 de enero de 1939. Un día después llegan a territorio galo más de 15.000 personas. Ante la avalancha que se avecinaba, las autoridades francesas limitan el acceso a los heridos, las mujeres y los niños. Cuando se hace evidente la derrota

Antonio Machado
Falleció tres días después de su madre, tras haber atravesado ambos la frontera francesa, en un pequeño hotel de Collioure. En las imágenes, su tumba en la actualidad y una placa recordando el lugar de su muerte.

GOBIERNOS REPUBLICANOS EN EL EXILIO

Tras la victoria definitiva de las tropas franquistas el 1 de abril de 1939 y el pronto estallido de la II Guerra Mundial en territorio europeo, los dirigentes republicanos cayeron en el desconcierto de un exilio en el que la derrota se conjugó tanto con el resurgir de las diferencias entre los grupos políticos como con el aguante del régimen vencedor frente al aislamiento internacional. Al morir Manuel Azaña en 1940 le sustituyó como Presidente de la República, de forma interina, Diego Martínez Barrio, que fue ratificado en el cargo en 1945 en México, manteniéndose en él hasta 1962. Al renovarse la Presidencia en 1945 también lo hizo la jefatura del Gobierno, que pasó de Juan Negrín a José Giral. Hasta 1946 el Gobierno republicano en el exilio logró concitar apoyos para aislar al régimen franquista, impedir su entrada en la ONU y tratar de derrocarlo por medios pacíficos. Sin embargo, el 6 de julio de 1947 se aprobaba en referéndum la Ley de Sucesión y en 1948 se escenificaba el acercamiento entre Don Juan de Borbón y Franco, mientras que los nuevos aires de la *guerra fría,* más favorables a la pervivencia de una dictadura prooccidental en España, acababan con toda esperanza de cambio de régimen: en 1953 el Gobierno español firmó acuerdos con EE UU y el Concordato con el Vaticano, mientras que en 1955 España accedía como miembro a las Naciones Unidas.

Para entonces, los sucesivos gobiernos en el exilio, primero del socialista Llopis, después del radical socialista Álvaro de Albornoz y posteriormente del republicano Gordón Ordás, habían ido perdiendo presencia internacional. Entretanto, las fuerzas opositoras del interior, sobre todo a partir de 1956, comenzaban a demostrar su propio empuje.

No obstante, los gobiernos republicanos en el exilio continuaron existiendo hasta las primeras elecciones democráticas de 1977, cuyo resultado aceptaron, aun declarando que la mejor solución para España seguía siendo la República.

Por su parte, los dirigentes que quedaban de los gobiernos autónomos catalán y vasco iniciaron el exilio alejándose de la etapa republicana. Tras la desbandada que produjo entre los nacionalistas vascos exiliados en París la invasión alemana de Francia, Manuel Irujo alentó en el PNV el rechazo del estatuto y la búsqueda de la independencia.

El *lehendakari* Aguirre, sin embargo, al retomar el control del gobierno vasco en el exilio en 1941, moderó su discurso, pero sin dejar de reafirmar el derecho a la autodeterminación del pueblo vasco. El catalanismo, desde una desunión mayor que el nacionalismo vasco, también rechazó inicialmente la etapa estatutaria, tanto desde el Consell Nacional de Catalunya (CNC), formado en 1940 (año en que fue ejecutado Lluís Companys), como desde las secciones exteriores de la Comunitat Catalana.

Sin embargo, la reorganización de Esquerra Republicana de Catalunya a partir de 1942 fue propiciando la defensa del *Estatut,* tendencia que se afianzaría aún más con la elección en 1954, en México, de Josep Tarradellas como Presidente de la Generalitat catalana en el exilio. El nuevo *president* ocuparía el puesto hasta 1980 (regresó a España en 1977, con el célebre «ja sóc aquí»), año en el que se retiró de la vida política.

Distintas personalidades republicanas ocuparían los principales cargos políticos en el exilio hasta el regreso de la democracia. En la imagen, con abrigo claro, a la derecha de Azaña, Juan Negrín, presidente del Gobierno en el exilio hasta 1945.

HIJOS DE REPUBLICANOS
Durante el conflicto fueron evacuados miles de niños hijos de republicanos. En la imagen, un grupo de ellos en Inglaterra.

del ejército republicano, Francia comprende que tiene dos opciones: permitir la entrada a los soldados españoles o evitarlo por la fuerza, posibilidad que enseguida es descartada. A lo largo del mes de febrero, decenas de miles de refugiados cruzan la frontera catalana. Aunque los cálculos son dispares, puede precisarse que en esas semanas llegan a Francia unas 400.000 personas que, inmediatamente, son recluidas en los quince campos de refugiados improvisados al afecto: zonas alambradas, sin abrigo (descampados, dunas de playa...), de las que no les estaba permitido salir. Entre los refugiados se encuentra el poeta Antonio Machado, quien morirá a las pocas semanas de llegar a Francia al empeorar su salud durante la huida.

Además de los refugiados en Francia, varias decenas de miles más consiguieron escapar en barco en los últimos momentos, aunque para la mayor parte de los concentrados en los puertos del Mediterráneo su esfuerzo fue vano. Buena parte de ellos acabará en los campos franceses tras arribar en Marsella o en puertos del norte de África. El Gobierno de la República en el exilio, con algunos fondos que había conseguido preservar, traslada a más de 25.000 refugiados a Latinoamérica, especialmente a México y Argentina. Por sus propios medios, en los meses y años siguientes llegarán allí al menos otras tantas personas. Por su parte, Rusia acogerá a más de 2.000 comunistas, que se suman a los miles de niños que se habían desplazado huyendo de la guerra. Muy pocos refugiados fueron aceptados por el Reino Unido: apenas 200 republicanos que habían ocupado puestos importantes o que destacaban como escritores o artistas de prestigio.

PROTAGONISTAS

LOS «NIÑOS DE LA GUERRA»

Durante la Guerra y la inmediata posguerra la infancia sufrió con especial virulencia las consecuencias del conflicto. Para los niños del bando republicano, la paulatina pérdida de territorio y, finalmente, la victoria de las tropas franquistas comportaron nuevas y lamentables realidades. La caída del frente Norte llevó a los gobiernos central y autónomo vasco a iniciar la evacuación de miles de niños a otras zonas de España y al extranjero. En septiembre de 1937 había en la España leal al Gobierno 564 colonias (158 colectivas y 406 familiares) que daban cobijo a 45.248 niños. Las evacuaciones al extranjero pretendían ser temporales, aunque no siempre fue así. Se calcula que unos 30.000 niños fueron enviados a otros países durante la guerra. Francia fue el país que más menores acogió (en junio de 1938 había en territorio galo unos 11.000) y también sirvió de puente para conducirlos a otras naciones, como Bélgica, adonde llegaron más de 3.000 niños españoles, recibidos principalmente, en acogida temporal o adopción indefinida, por familias socialistas y, en menor medida, católicas. La URSS recibió a más de 3.000 niños, la mayoría en expediciones, y algunos junto a sus padres. Los menores evacuados (sobre todo vascos, 1.315, y asturianos, 896) fueron a las «Casas de niños», internados en los que vivieron hasta el estallido de la Segunda Guerra Mundial. Entre 1956 y 1957 el

EVACUACIÓN
Despedida de un niño antes de ser enviado al extranjero, lejos de las privaciones, del frente y de los bombardeos. Abajo, documento de expedición de niños vascos a la URSS.

EL RÉGIMEN FRANQUISTA

La principal consecuencia de la derrota de la República, no es necesario insistir en ello, fue la dictadura de Franco. Aquel general al que el resto de sus compañeros diera el poder en octubre de 1936 demostró una inteligencia fuera de lo común para alejar a sus posibles rivales, marginar a los discrepantes y adaptarse a las distintas situaciones y escenarios que fueron surgiendo a lo largo del tiempo. La ausencia de un proyecto político concreto por parte de los militares sublevados en 1936 y un cúmulo de casualidades, como las muertes de Sanjurjo y Mola en sendos accidentes de avión, encumbraron a Franco a una posición de la que no descendería jamás. El rechazo a las pretensiones de restaurar la monarquía, propuesta mantenida por algunos de los generales más prestigiosos que lucharon a su lado, impediría otra opción que la de su liderazgo.

La evolución de su régimen particular, sin posibilidad alguna de oposición interior, se adaptaría a las circunstancias internacionales en un ejercicio camaleónico sin igual: si hasta 1943 fue un fiel aliado del eje

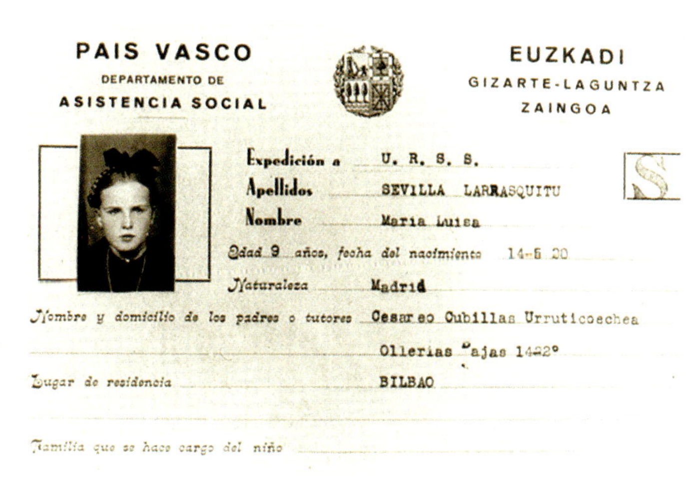

PAIS VASCO
DEPARTAMENTO DE
ASISTENCIA SOCIAL

EUZKADI
GIZARTE-LAGUNTZA
ZAINGOA

Expedición a U. R. S. S.
Apellidos SEVILLA LARRASQUITU
Nombre Maria Luisa
Edad 9 años, fecha del nacimiento 14-5 20
Naturaleza Madrid
Nombre y domicilio de los padres o tutores Cesareo Cubillas Urruticoechea
Ollerias Bajas 14-2°
Lugar de residencia BILBAO
Familia que se hace cargo del niño

Gobierno español propició su regreso, pero, por diversas razones (diplomáticas, ideológicas, emocionales), sólo alrededor de un tercio de los retornados decidió quedarse en España. Otros países, como Inglaterra, Suiza, Dinamarca y México (con el famoso contingente de unos 500 menores, llamados los «Niños de Morelia»), recibieron también durante diversos periodos a niñas y niños españoles. La represión franquista de la posguerra incidió también en los menores del bando derrotado que habían quedado en España. Muchos de ellos, al ser sus padres encarcelados o fusilados, iniciaron un largo periplo que les llevó con frecuencia de las manos de vecinos y familiares a hospicios con frecuencia religiosos. Las madres encarceladas podían tener a sus hijos en prisión hasta los tres o cuatro años, momento en el que a menudo eran despojadas de ellos y privadas de su tutela. En ocasiones, los pequeños fueron dados en adopción sin su consentimiento. La ley del 4 de diciembre de 1941 facilitó esta política al dejar en manos de los Tribunales de Menores la inscripción en el Registro Civil, con otro nombre, de cualquier menor que «no recordara» el suyo o cuya familia no pudiera ser encontrada.

Cine y Guerra Civil

Durante la guerra los dos bandos recurrieron al cine, principalmente como medio de propaganda, pero los republicanos produjeron películas de más variedad temática que los franquistas y en mayor cantidad que ellos (25 largometrajes y 239 cortos, frente a 12 largos y 44 cortos). En la España republicana hubo varias fuerzas emisoras de obra fílmica. Especial importancia tuvo el anarcosindicalismo catalán, en empresas como Ediciones Antifascistas Films o el Sindicato de la Industria del Espectáculo (SIE), que colectivizó las 116 salas de Barcelona y elaboró el noticiario *España gráfica.* Aunque el cine de ficción fue el más desatendido por los contendientes, la CNT también produjo, junto a obras de aliento bélico como *El entierro de Durruti,* otras de contenido social, como *Aurora de Esperanza.*

Organizaciones comunistas, como Film Popular, nacida a finales de 1936 con gran influencia del cine soviético, produjeron cintas como *Ejército popular y el noticiario España al día.* La Alianza de Intelectuales Antifascistas para la Defensa de la Cultura rodó documentales como *Defensa de Madrid.* Por su parte, el gobierno republicano, a través del Ministerio de Propaganda, patrocinó dos importantes filmes: *España leal en armas,* producida por Luis Buñuel en París, y *L'Espoir: Sierra de Teruel,* dirigida por André Malraux.

Aunque la producción cinematográfica franquista tendió a la centralización, hubo varias sociedades dedicadas a este sector, principalmente CIFESA (Compañía Industrial Film Español S.A., creada en 1932), que trabajó para ambos bandos, pero, sobre todo, desde Sevilla, para los sublevados; el Departamento de Propaganda Falangista; la Comisión de Cultura e Instrucción, dirigida por José María Pemán, y el Departamento Nacional de Cinematografía, que, creado en 1938, elaboró un *Noticiario español,* así como varios documentales, algunos realizados por Edgar Neville. De especial relevancia para la labor cinematográfica franquista fue la constitución, a fines de 1937, de Hispano-Film-Produktion, que, además de interceptar las cintas republicanas que iban de camino a Moscú, aprovechó la tecnología y el sistema de financiación cinematográfico de la Alemania nazi para realizar obras de gran éxito como *Carmen de Triana,* de Florián Rey (cuya película *Morena Clara,* de 1936, protagonizada por Imperio Argentina, fue enormemente taquillera en ambas zonas) o *El barbero de Sevilla,* de Benito Perojo.

Desde finales del franquismo y con el restablecimiento de la democracia ha quedado patente el interés de los cineastas y del público por abordar la Guerra Civil desde una perspectiva menos maniquea (que la de *Raza,* 1941, o *Sin novedad en El Alcázar,* 1940) y más plural, en películas como: *Canciones para después de una guerra,* de Martín Patino (1971), *Las bicicletas son para el verano* (1983) de Jaime Chávarri, o *Soldados de Salamina* (2003) de David Trueba, entre otras muchas.

La II República fue una edad de oro para el cine español. En este fotograma de los estudios ECESA puede verse la bandera republicana.

de Berlín; a partir de 1945, expulsado el fascismo de Europa, se convirtió en un país aislado y neutral, abandonado a su propia suerte; a partir de los años cincuenta, sin embargo, gracias a la intensificación de la *guerra fría,* pasó a ser un régimen anticomunista aliado de los Estados Unidos. Durante los años de apogeo nazi, hasta 1943, el régimen subrayó sus señas de identidad fascistas (en su versión local falangista). Una vez que las cosas se torcieron para Alemania e Italia, comenzó el alejamiento, reduciéndose la carga simbólica y procediendo a la retirada de los soldados de la División Azul del frente ruso. Se iniciaría un largo período de autarquía, inactividad económica, hambre y pérdida del tren europeo. Mientras Europa se reconstruye, en parte gracias a la ayuda norteamericana, España es rechazada por las democracias occidentales: no le es permitida su entrada en la ONU en 1945, y un año después, en diciembre de 1946, este mismo organismo aprueba una resolución condenatoria que incluye la retirada de embajadores.

Al finalizar los años cincuenta, gracias a los acuerdos bilaterales firmados con los Estados Unidos en 1953 y a la entrada en

FRANCO, FRANCO, FRANCO
(Arriba) El culto al Caudillo *llegó a la exageración…*

LA *GUERRA FRÍA*
El abrazo entre Franco y el presidente estadounidense Eisenhower, que visitó Madrid en diciembre de 1959, marcó la ruptura del aislamiento del régimen. En el centro, Vernon Walters, intérprete en esa ocasión. Walters fue un destacado diplomático, y su simpatía y conocimiento del castellano propiciaron el acercamiento entre Eisenhower y Franco, por quien el presidente sentía profunda aversión.

LA MEMORIA HISTÓRICA
Recientemente, gracias a la labor de familiares y asociaciones, se ha intensificado el homenaje a la memoria de los que perdieron la guerra.

el Gobierno de un grupo de economistas pragmáticos ligados al Opus Dei, la situación se normaliza y la dictadura franquista empieza a dejar atrás su crisis pertinaz. A partir de los años sesenta se abandona el modelo económico inspirado en el fascismo italiano para dar paso a la liberalización de la economía, tan criticada por Franco durante todos esos años. Desde ese momento hasta el final de la dictadura, el sistema económico se modernizaría, sin llegar nunca a los niveles europeos, apoyándose en el éxodo que lleva desde el campo a las ciudades a cientos de miles de españoles y con la válvula abierta de la emigración exterior. Industrialización, desarrollo urbano, emigración y turismo serán los baluartes económicos del régimen en sus últimos años. Sin embargo, la liberalización económica agudizaría también las contradicciones con la forma del sistema político, acelerando el proceso de descontento ya apreciado en determinados sectores. Tras el fallecimiento de Franco en 1975, España transitaría hacia un sistema democrático.

LA MEMORIA DE LA GUERRA CIVIL

La Guerra Civil ha estado y está presente en la memoria de varias generaciones de españoles. Lo estuvo a lo largo del franquismo, que la utilizó, sin asomo de sonrojo, para acentuar su imagen de bonanza y contrastar la «paz» de su régimen con el enfrentamiento anterior a su llegada. Lo

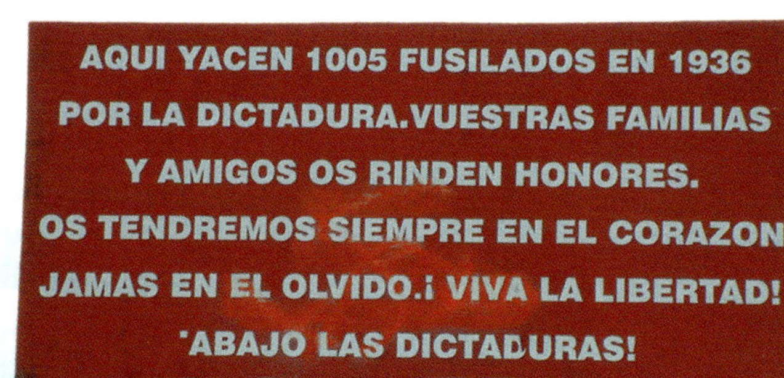

LOS DESAPARECIDOS
Miles de republicanos, aún hoy, continúan enterrados en cunetas de carretera y fosas comunes. En la imagen, fosa común en las proximidades de Teruel.

NOVELA Y GUERRA CIVIL

La guerra civil impuso un corte en la evolución de la literatura española, especialmente en la producción narrativa, que, a diferencia de lo ocurrido en poesía, se redujo enormemente en cantidad y en calidad. Relatos como los de la serie *La novela ideal,* de corte anarquista-sentimental, o los de la revista falangista *Vértice* (de Concha Espina o Edgar Neville, por ejemplo), ejemplifican un quehacer novelesco entregado a las necesidades ideológicas de cada uno de los bandos. Pocas de las novelas publicadas durante la contienda se alzan literariamente por encima de su posición partidista. Quizá las obras narrativas más notables aparecieran en 1938. En el campo republicano: *Valor y miedo,* conjunto de relatos de Arturo Barea, y *Contraataque,* testimonio de Ramón J. Sender. En el franquista: *Madrid, de Corte a checa,* de Agustín de Foxá, que, con una prosa heredera de Valle Inclán, describe un Madrid anegado por la violencia de las milicias.

Al terminar la guerra, la mejor novelística centrada en la guerra se escribió en el exilio (Barea, con *La forja de un rebelde,* publicada en castellano en 1951; Sender, con *Réquiem por un campesino español,* de 1953, o Max Aub, con el largo proyecto de *El laberinto mágico,* iniciado en 1943), ya que, en el interior de España, el clima de la inmediata posguerra no permitía más que glosar las hazañas del bando vencedor (como hace, por ejemplo, *La fiel infantería,* 1943, de Rafael García Serrano).

A finales de los cincuenta y sesenta una visión más matizada y compleja de la Guerra Civil comienza a abrirse paso en la novela española. En esta tendencia se encuadran obras como *Primera memoria* (1959), de Ana María Matute; la intimista *La plaça del Diamant* (1960), de Mercé Rodoreda; *Un millón de muertos* (1961), de José María Gironella, un auténtico *bestseller* en su época; *Las últimas banderas* (1967), de Ángel María de Lera, que por primera vez parte del punto de vista de los vencidos, o la compleja *Volverás a Región* (1967), de Juan Benet, que inaugura un espacio alegórico para la historia de España.

Los años setenta y la recuperación de la democracia supondrán una eclosión de novelas sobre la contienda: la varias veces prohibida *Si te dicen que caí,* de Juan Marsé (publicada finalmente en 1976), *Las guerras de nuestros antepasados* (1975), de Miguel Delibes; *Largo noviembre de Madrid* (1980), de Juan Eduardo Zúñiga, visión descarnada de la vida cotidiana en el Madrid asediado, o *El lápiz del carpintero* (1998), de Manuel Rivas, y *Soldados de Salamina* (2001), de Javier Cercas, ambos sonados éxitos de ventas.

A este somero resumen de la ingente producción narrativa nacional sobre la Guerra Civil habría que añadir obras clásicas de autores extranjeros como *Por quién doblan las campanas* (1940), de Ernest Hemingway; *La esperanza* (1938), de André Malraux; *Homenaje a Cataluña* (1938), de George Orwell, o *Los grandes cementerios bajo la luna* (1938), de George Bernanos, todas ellas fruto de la experiencia directa de los autores en la contienda.

La extrema derecha
Tras la muerte de Franco, los nostálgicos del franquismo serían incapaces de organizarse eficazmente y de atraer al electorado, adoptando formas radicales y marginales.

estuvo de nuevo durante la transición, facilitando un proceso pacífico al tratar de evitar todos los actores implicados una situación que condujera a una hipotética repetición del conflicto. Y lo ha seguido estando a lo largo de los años de democracia, como objeto de curiosidad histórica, como explicación de no pocas realidades presentes y como elemento de atracción hacia aquello que forma parte de nuestra historia.

Hoy en día el interés por la Guerra Civil tiene más vigor que nunca. Parte de la memoria que durante la transición no se quiso –o no se pudo– recuperar, por no remover el pasado y centrarse en tratar de superar aquel momento, ha salido a la luz y cuestiones como la recuperación de los cuerpos de los republicanos ejecutados y enterrados en fosas comunes, la historia de los campos de concentración, el recuento de las víctimas o el tratamiento de los símbolos franquistas, entre otras muchas cuestiones, son temas de máxima actualidad.

A casi setenta años de su comienzo, la Guerra Civil española conserva, acrecentada, la atracción que siempre tuvo.

Las estatuas de Franco
Erigidas a lo largo de toda la dictadura, son uno de los símbolos máximos del franquismo. Desde la transición hasta hoy se han convertido en objeto de polémica tanto si son retiradas como si permanecen en lugares públicos.

EL VALLE DE LOS CAÍDOS

El Valle de los Caídos, emplazado en Cuelgamuros (Sierra de Guadarrama), encarna la interpretación franquista de la Guerra. Aunque la idea de un monumento a los muertos (compuesto por un arco de triunfo y una pirámide) surgiera ya en 1936, Franco la hizo suya al término del conflicto y determinó completamente su estructura y características: había de tener una iglesia, un monasterio, un «Centro de Estudios Sociales» y un cuartel. Sólo este último elemento fue finalmente eliminado.

La obra fue encargada a Pedro Muguruza, quien cedió la dirección del proyecto en 1949 a Diego Méndez, creador de la monumental cruz, de 150 m de alto y 46 de ancho que preside el complejo. El escultor principal fue Juan de Ávalos, artífice de los monumentales cuatro evangelistas situados al pie de la cruz.

El decreto de construcción se emitió el 1 de abril de 1940, primer aniversario de la victoria en la guerra, como «homenaje a nuestros muertos... héroes y mártires de la Cruzada». En 1941, en vista de la lentitud de las obras, se comenzó a utilizar mano de obra reclusa que, realizando un trabajo muy arriesgado por un salario miserable, podía reducir su condena. Se calcula que unos 7.000 prisioneros participaron en la construcción del monumento y que en la época de más concentración de obreros reclusos (antes de 1950) 500 trabajaban a un tiempo en él.

La Iglesia Católica apoyó siempre el proyecto pero, antes de su inauguración, el 1 de abril de 1959, con vistas a adecuar el régimen al nuevo marco internacional, presionó para que se diera cabida en la cripta a algunos católicos republicanos fallecidos en la guerra. Estos enterramientos no siempre fueron posibles (algunos familiares, incluso del bando franquista, se negaron, como los de José Calvo Sotelo; otras víctimas no pudieron figurar en la cripta, puesto que había que justificar su catolicismo y su permanencia en «zona nacional» durante la guerra). Finalmente, de las quizá 70.000 personas enterradas en el monumento (no se conoce la cifra), la mayoría son del bando vencedor.

En el discurso de inauguración, Franco volvió a incidir en presupuestos anacrónicos y excluyentes, reivindicando tanto la actitud vigilante ante el «diablo» como el espíritu de «cruzada». Elementos como las truculentas escenas del Apocalipsis de San Juan que flanquean la cripta y la ausencia de cualquier mensaje de integración del vencido subrayan ese ánimo. Las guías del Valle de los Caídos en inglés y en español siempre dieron interpretaciones diferentes del conflicto: más conciliadora la primera (hablaba de «todos los caídos» sin aludir a la «cruzada») y más belicosa la segunda. Aún hoy, los folletos explicativos del monumento más visitado del Patrimonio Nacional, presentándolo como un símbolo de paz, no reconocen explícitamente ni el carácter dictatorial del franquismo ni el trabajo forzoso de los presos políticos en el monumento.

Realizado en su mayor parte por presos políticos, las obras del monumento se prolongaron durante dieciocho años.

Tablas cronológicas
Índice onomástico
Referencias fotográficas

ATLAS ILUSTRADO DE LA GUERRA CIVIL ESPAÑOLA

1936

CRONOLOGÍA

16 de febrero
Elecciones parlamentarias. Victoria del Frente Popular.

17 de febrero
Amnistía para los presos de la revolución de octubre de 1934.

19 de febrero
Alcalá-Zamora encarga a Azaña la formación de un nuevo Gobierno.

26 de febrero
Restablecimiento de la *Generalitat de Catalunya*.

13 de marzo
Atentado falangista contra Jiménez de Asúa. Muere su escolta.

14 de marzo
Falange Española y de las JONS es declarada fuera de la ley y José Antonio detenido.

7 de abril
Destitución del Presidente Alcalá-Zamora. Martínez Barrio, Presidente de las Cortes, es nombrado Presidente interino.

10 de mayo
Azaña es elegido Presidente de la República.

12 de julio
Asesinato del teniente de la Guardia de Asalto José Castillo.

14 de julio
Asesinato del líder de la derecha monárquica José Calvo Sotelo.

17 de julio
Se inicia la sublevación militar en Melilla.

18 de julio
El golpe se extiende por varias ciudades españolas.

19 de julio
En Madrid y Barcelona es sofocada la rebelión.

20 de julio
Muere el general Sanjurjo al estrellarse el avión en el que viajaba de Portugal a España para encabezar la sublevación.

24 de julio
Se constituye en Burgos la Junta de Defensa Nacional.

14 de agosto
Las tropas rebeldes entran en Badajoz.

20 de agosto
García Lorca es asesinado en Granada. *Saca* en la cárcel Modelo de Madrid.

5 de septiembre
Nuevo Gobierno republicano presidido por Largo Caballero.

9 de septiembre
Primera reunión, en Londres, del Comité de No Intervención.

27 de septiembre
El Alcázar de Toledo es liberado de su asedio.

1 de octubre
Franco es investido jefe máximo de los sublevados.

22 de octubre
Se constituyen las Brigadas Internacionales.

6 de noviembre
El Gobierno abandona Madrid y se instala en Valencia.

15 de noviembre
Llegan a España los primeros efectivos de la Legión Cóndor alemana.

18 de noviembre
Alemania, Italia y Portugal reconocen a Franco.

20 de noviembre
José Antonio Primo de Rivera es ejecutado en la cárcel de Alicante.

1937

CRONOLOGÍA

6-28 de febrero
Batalla del Jarama.

8 de febrero
Las tropas franquistas toman Málaga.

8-20 de marzo
Batalla de Guadalajara.

19 de abril
Franco firma el Decreto de Unificación de falangistas y requetés, creando Falange Española Tradicionalista y de las JONS.

26 de abril
Bombardeo de Guernica por la aviación alemana.

3-7 de mayo
Enfrentamientos en Barcelona entre miembros del POUM y anarquistas, por una parte, y comunistas y fuerzas del Gobierno por otra.

17 de mayo
Negrín es nombrado nuevo presidente del Gobierno.

3 de junio
El general Mola fallece en un accidente aéreo.

14 de junio
Detención de dirigentes del POUM en la zona republicana.

19 de junio
Entrada de los sublevados en Bilbao.

1 de julio
Carta colectiva del episcopado español apoyando la rebelión militar.

4 de julio
Se inaugura en Valencia el Congreso Internacional de Escritores Antifascistas.

7-26 de julio
Batalla de Brunete.

15 de julio
La Junta Técnica de Burgos declara fiesta nacional el 18 de julio.

24 de agosto
Da comienzo la batalla de Belchite.

26 de agosto
Las tropas franquistas entran en Santander.

12 de septiembre
El Cardenal Segura es nombrado arzobispo de Sevilla por el Papa Pío XI.

13 de septiembre
Se reúne en Ginebra la Sociedad de Naciones bajo la presidencia de Negrín.

16 de septiembre
La Junta de Burgos pone en marcha la depuración de bibliotecas ordenando la destrucción de determinados libros.

1 de octubre
Las Cortes se reúnen en Valencia.

7 de octubre
El nuncio papal llega a Salamanca.

21 de octubre
Con la toma de Asturias se cierra el frente norte.

30 de octubre
El Gobierno de Negrín se traslada a Barcelona.

2 de noviembre
Traslado a Barcelona del Gobierno vasco.

15 de diciembre
Ofensiva de las tropas republicanas hacia Teruel.

1938

CRONOLOGÍA

30 de enero
Se disuelve la Junta Técnica y se forma el primer gobierno de los sublevados.

22 de febrero
Teruel vuelve a manos franquistas.

5 de marzo
Continúan con gran intensidad los bombardeos sobre Barcelona.

11 de marzo
Hitler se apodera de Austria.

3 de abril
Yagüe toma Lérida.

5 de abril
Nuevo Gobierno republicano, del que sale Prieto. Negrín reafirma su posición como jefe del Ejecutivo. Con la llegada de las tropas franquistas a la provincia de Lérida, es abolido el Estatuto de Autonomía de Cataluña.

9 de abril
Ley de Prensa promulgada por el gobierno de Burgos.

21 de mayo
El gobierno de Burgos prohíbe el uso oficial de cualquier idioma que no sea el castellano.

14 de junio
Los tropas comandadas por el general Aranda toman Castellón.

24 de junio
El representante del Vaticano y el embajador de Portugal presentan sus cartas credenciales a Franco.

5 de julio
Restablecimiento de la pena de muerte en la zona franquista.

25 de julio
Reagrupamiento de las tropas franquistas para culminar la ofensiva hacia Valencia.

26 de julio
Ofensiva republicana en el Ebro.

9 de septiembre
Se interrumpe la ayuda alemana a Franco.

21 de septiembre
Negrín anuncia ante la Sociedad de Naciones la retirada de los voluntarios extranjeros que luchan al lado de la República.

30 de septiembre
Acuerdo de Munich que resuelve la crisis de Checoslovaquia, dando un respiro al gobierno franquista.

1 de octubre
La Sociedad de Naciones supervisa la retirada de las Brigadas Internacionales.

11 de octubre
Se inicia el proceso contra algunos líderes del POUM.

28 de octubre
Fallece en Mallorca, en accidente aéreo, Ramón Franco, hermano del general Franco.

11 de noviembre
El Gobierno republicano solicita a la Unión Soviética el mayor pedido de armamento realizado hasta entonces.

15 de noviembre
Desfile de despedida de las Brigadas Internacionales.

16 de noviembre
Finaliza la batalla del Ebro con el repliegue republicano.

23 de diciembre
Ofensiva franquista hacia Barcelona.

30 de diciembre
Ataque de la aviación franquista contra la base naval de Cartagena. Las tropas de Franco continúan su veloz avance en el frente catalán.

1939

CRONOLOGÍA

15 de enero
Toma de Tarragona.

23 de enero
Negrín ordena al aparato de la Administración evacuar Barcelona.

24 de enero
El abandono de Barcelona por parte del Gobierno republicano y de la *Generalitat* provoca el pánico entre la población, que huye hacia la frontera francesa.

25 de enero
El Gobierno abandona Barcelona y se traslada a Figueras.

26 de enero
Las tropas franquistas entran en Barcelona.

1 de febrero
Se celebra en el castillo de Figueras la última reunión en suelo español de las Cortes republicanas.

1-2 de febrero
Bombardeos de la aviación franquista sobre Cartagena y Valencia.

5 de febrero
Toma de Gerona.
Los principales dirigentes republicanos cruzan la frontera francesa.

7 de febrero
Miaja es nombrado jefe de las fuerzas republicanas

9 de febrero
Toma de Menorca. Más de quinientos republicanos la abandonan buscando refugio en Francia.
Entra en vigor la Ley de Responsabilidades Políticas, aprobada por el gobierno de Burgos.

10 de febrero
Las tropas franquistas controlan los puestos fronterizos catalanes.
El cuartel general de Franco considera finalizada la guerra en Cataluña.

12 de febrero
Reunido en Madrid, adonde ha regresado Negrín, el Gobierno republicano decide continuar la guerra.

21 de febrero
Franco preside en Barcelona un gran desfile militar

22 de febrero
El poeta Antonio Machado muere en Collioure (Francia).

27 de febrero
Francia y Gran Bretaña establecen relaciones diplomáticas con el Estado franquista.

28 de febrero
Dimisión de Azaña ante la Comisión Permanente de las Cortes. Martínez Barrio es designado nuevo Presidente de la República.

6 de marzo
Creación del Consejo Nacional de Defensa por el coronel Casado, que se rebela contra Negrín.

7 de marzo
Incapaz de hacerse con el control de la situación, Negrín y sus ministros, así como los principales líderes comunistas, salen de España.

15 de marzo
Casado y Besteiro hacen saber a Franco su deseo de negociar la paz.

26 de marzo
Franco anuncia el avance definitivo de su ejército

28 de marzo
Las tropas franquistas entran en Madrid.

1 de abril
Parte de guerra firmado por Franco anunciando el fin de la guerra.
El papa Pío XII, Hitler y Mussolini felicitan a Franco por su victoria.

Índice onomástico

Chamberlain, Neville 135, 146
Chávarri, Jaime 180

Referencias fotográficas

© Biblioteca nacional:
6, 7, 8, 9, 10 ai, 11, 12 ad/ai/b, 13, 15, 16 b, 17 a, 18 ai, 19 ai/b, 21, 22 ai, 23, 24 b, 25, 26 b, 27, 28 ad, 29 ai, 32, 33, 34, 35 ad, 36, 37, 38 ad/bi, 41 a, 45 b, 46 a, 48 a, 49 a, 50 b, 51 b, 52 a, 53 ad, 55 b, 56 ai, 57 b, 60 b, 63 b, 64 ad, 67 a, 68 b, 76 ad, 79 bd, 80, 81, 82 ad/ai/b, 83 ad/ac/ai, 84, 85, 86 ad/b, 88 ad/b, 89 b, 90 ad/ai/b, 91 a/b/, 92b, 94 ad/ai, 95, 96 ad/b, 97 ai/ad/b, 98 b, 99 ai/ad/b, 101 a/b, 102, 103, 104 ad, 105 a/b, 106 b, 107 ai/b, 108 ai/ad, 109 b, 110 b, 11, 112 ad/ai, 113 a/b, 115 a/b, 116 b, 117 a, 118 a, 119 a, 120 b, 122, 123, 124 ai/ad, 125 ai/ad/b, 126 d/b, 127 b, 128 a/b, 130 a/b, 131 b, 133 ad/b, 135 b, 136 a, 138, 139 a/b, 141 ad/b, 142 a, 143 a, 143 bi/bd, 144, 145, 147, 148 ai, ad, b, 149 a, b, 150 a, b, 151 ai, b, 152 ad, b, 154 ai, ad, b, 156 ai, ad, b, 158 ai, ad, b, 159 ai, b, 160 a, b, 161 bi, bd, 163 a, 164 ad, 167, 168 ad, b, 169 b, 171 ai, b, 172 b, 173 c, 175, 177, 178, 179 a, b, 180, 181 b

© Ministerio de Cultura, Archivo General de la Administración:
14, 16 a, 18 ad/b, 19 ad, 20 b, 24 a, 28 b, 29 a, 30, 31 b, 38 bd, 39 c/ad, 40 a, 41 b, 42 a, 43 b, 44, 46 a, 48 b, 52 b, 53 ai, 56 ad, 57 a, 58, 59, 60 ad, 61, 62 a, 65, 66 b, 67 bd/bi, 68 ai/ad, 69 ai/ad, 70 ai, 71b, 72 b, 73 ai/b, 75 a, 76 ai, 77, 78 ai/ad, 87 b, 88 ai, 89 a, 94 b, 98 a, 100 b, 104 ai, 106 b, 109 a, 116 a, 118 b, 120 a, 129, 131 a, 133 ai, 135 a, 136 ai, 141 ai, 157 a, b, 164 b, 165, 172 a, 185

© Hemeroteca Nacional
26 a, 28 a, 35 b

© Jesús de Andrés
10 ad, 31 ad, 38 ai, 39 ai, 47 bd, 51 a, 64 ai, 69 c, 70 ad, 73 ad, 75 bi, bd, 86 ai, 93, 96 ai, 100 a, 114 b, 137, 153, 155, 157 ad, 159 ad, 162 ad, 164 ai, 166, 168 ai, 169 a, 170 a, 170 b, 174, 176 ad, ai, 181 ad, ai, 182, 183, 184

© Archivo Falange Española
74

© Fondo Julián Besteiro y Dolores Cebrián
Fundación F. Largo Caballero
20 a, 162

© Sociedad Estatal de Correos y Telégrafos
53 b, 76 bi, 136 bd, 151 ad, 152 ai, 171

© Giunti / Susaeta
40 bi, 40 bd, 47 a, 49 b, 54, 64 b, 71 a, 78 b, 79 a, 87 a, 92 ai/ad, 114 ad/ai, 119 b, 127 ai/ad, 147 ai, 147 ai, ad, 163 b, 173 a

© Archivo del nacionalismo. Fundación Sabino Arana
140 a/b

© Elena Martínez
176 bd, bi

Los editores desean expresar su agradecimiento a Elena Martínez y a los siguientes organismos por su amable colaboración: Archivo de Falange Española, Fundación F. Largo Caballero y Fundación Sabino Arana.